마지막
1분

Famous last words
compiled by Jonathon Green
© 1979, 1997 by Jonathon Green

Korean translation copyright © 2004 by The Korean Doctors' Weekly
Korean translation published by arrangement with Kyle Cathie Ltd through
PubHub Literary Agency, Korea

이 책의 한국어판 저작권은 PubHub 에이전시를 통한 저작권자와의 독점 계약으로 청년의사에 있습니다.
저작권법에 의해 한국 내에서 보호를 받는 저작물이므로 무단 전재와 무단 복제를 금합니다.

마지막 1분

죽음의 순간 전에 남겨진
유명한 **한마디**!

조나손 그린 엮음 | 김은령 옮김

[청년
의사]

청년의사는 젊은 생각으로
건강한 삶에 필요한 책을 만듭니다.

차례

chapter 1	가슴 속 깊이, 안녕… _ 13
chapter 2	왕은 죽었다 _ 31
chapter 3	아름답고 예의바르게 _ 49
chapter 4	나의 조국을 위해 _ 55
chapter 5	불굴의 진군이여 _ 67
chapter 6	상황이 만들어낸 희생자 _ 79
chapter 7	교수대 위에서의 유머, 그 순간 _ 85
chapter 8	내… 내가 두려워한다고? _ 107
chapter 9	세상의 꼭대기에서 _ 121
chapter 10	쇼는 계속되어야 한다 _ 133
chapter 11	종말이 다가오나니 _ 151
chapter 12	이승과 저승의 경계를 건너 _ 165
chapter 13	나의 신께로 좀더 가까이 _ 175
chapter 14	그 누구보다도 더욱 경건하게 _ 185
chapter 15	도와줄 누군가가 필요해 _ 197
chapter 16	두려움 그리고 싫증 _ 209
chapter 17	성난 얼굴로 돌아보라 _ 221
chapter 18	내 인생의 역작 _ 229

역자 후기 마지막 1분, 짧은 말 그러나 긴 울림을 위해

찾아보기

일러두기

i) 내용 중에 첨가된 각주(::)는 편집자 주입니다.
ii) 인명은 원어 발음에 가깝게 표기하는 것을 원칙으로 하였습니다.

죽음,

그것이야말로 불멸의 것.

우리 모두를 똑같이 대해

더러운 자와 순수한 자,

부자와 가난한 자,

사랑받은 자와 사랑받지 못한 자,

모두에게 평화와 안식을

전해 주도다.

―마크 트웨인―

I am just going outside and I may be some time.

단 한 번뿐인 죽음, 누구나 제대로 대면하고 싶지 않을까

.
.
.

이 책은 1979년 처음 출판된 《유명한 마지막 말Famous Last Words》의 개정판이자 증보판이다. 초판에 3백 명 정도의 유언을 추가했고, 잘 알려지지 않은 사람들에 관해 간단한 소개를 덧붙이자는 생각에서 '짧은 전기'를 실었다. 그렇지만 왕과 여왕, 궁정의 신하, 의사, 변호사, 시인, 화가, 철학가, 사제, 성자, 악당, 살인자, 순교자와 운동 선수들… 인류 역사상 유명세를 탔던 사람들이 생의 마지막 순간에 지난 시간을 뒤돌아보며 남긴 말을 그 목소리 그대로 기록했다는 이 책의 중요한 특징에는 변함이 없다.

어떤 사람들의 마지막 말들이 지금까지 전해져 내려오고, 유명한 것에는 두 가지 이유가 있다. 우선 어떤 면에서건 좋건 나쁘건 일생 동안 유명세를 치렀던 사람들이 세상을 뜨며 남기는 말에는 관심이 가지 않을 수 없다. 또 살아서는 누리지 못했던 명성을 죽음에 이르러서야 얻게 된 사람들이 남긴 마지막 말에는 상당히 심오한 의미가 담기게 된다.

죽음을 맞는 데는 무한히 다양한 방식이 있는데, 여기 소개된 마지막 말들은 그런 모습들을 모두 반영한다. 그럼에도 어떤 특정한 분위기나 스타일이 존재하기에 이 책에서는 18가지로 구분해 마지막으로 남긴 말들을 정리하여 소개했다.

사람들은 여러 가지 방식으로 죽음을 맞게 된다. 전문적인 연설가들은 살면서 내내 기억할 만한 멋진 말들을 연습해 온 것처럼 근사한 말을 남긴다. 성직자들은 자신이 믿음을 지키며 살아

가장 유명한 유언 한마디는 누구의 어떤 말일까? "잠시 바깥으로 나가야겠습니다. 시간이 좀 걸릴지도 모르겠습니다"는 로렌스 오츠가 1912년 남극 탐험 길에서 스콧 대장에게 남긴 말이다(사진 한 가운데 있는 사람이 스콧 대장이고 그 왼쪽 오츠며, 왼쪽에 앉아 있는 사람은 에드워드 윌슨이다). ◀

왔는지 뒤돌아보며 만족해한다. 하지만 역시 많은 사람들은 마지막 순간이 되면 어쩔 수 없이 자신의 어머니를 찾게 된다. 군인들은 용기와 애국심을 표현한다. 악당들은 허세를 부리고 귀족들은 교수대 위에서도 거드름을 떨며 순교자들은 자신을 성인 반열에 올려줄 덕성을 강조한다.

 이런 책은 어쩔 수 없이 '삭제' 또는 '축약'이라는 함정을 지니게 된다. 가능한 한 많은 사람들의 마지막 말을 수집해 연대기별로, 내용에 있어서 다양하게 구성하려 노력했지만 어쩔 수 없는 현실적인 한계가 존재함을 밝힌다. 상당수의 유명 인사들이 자신의 유한성을 예견하지 못했는지 아무 말 없이, 아무 기록도 남기지 않고 세상을 떠났다. 이블린 워, 존 레논, P. G. 우드하우스, 레이먼드 챈들러, 레니 브루스 등은 마지막 말을 남기지 못한 사람들이다. 수백만 명을 매혹시켰던 쇼비즈니스 업계 사람들은 그 복잡한 삶의 방식 때문에 일찍이 세상을 뜰 수밖에 없었다. 전쟁터와 포로수용소에서 쓰러져 간 사람들, 이와 비슷하게 처참한 상황에 놓여 있던 사람들 역시 마지막 말을 남기지 못했다. 여러 사람이 보살펴 주는 가운데 세상에 하직 인사를 남기던 것은 이미 지나간 시절의 일이 되고 만 것이다. 오늘날 대부분의 사람들은 병원에서 세상을 떠나게 되는데, 간호사들은 너무 바빠서 이들의 마지막 한 마디를 기록해 줄 수 없다.

 물론 운 좋게도 멋지게 마지막 한 마디를 남겨야 한다는 사실을 기억하는 사람들은 여전히 남아 있다. 이 책에서는 사후에야

비로소 명성을 얻게 된 사람들 몇 명을 만날 수 있을 것이다.

  죽음이 궁극적인 터부로 여겨지던 시대, 우리는 임박한 퇴장을 당당하게 대면한 남성과 여성의 모습에서 위안을 얻는다. 이들은 두려움과 후회, 열광과 분노, 오만과 놀라움으로 페이지를 채워 주었고 고함치듯이 혹은 웅얼대듯이 마지막 말을 남겼다. 어떤 사람들은 피할 수 없는 죽음에 온몸을 떨었고, 또 어떤 사람들은 편안한 마음으로 죽음을 영접했다.

죽음을 고대하는 사람은 없다. 가능하다면 죽음을 피하고 싶어한다. 하지만 결국 죽음이 다가오면 많은 사람들은 적어도 죽음을 제대로 대면할 수 있기를 간절히 원하지 않겠는가.

조나손 그린

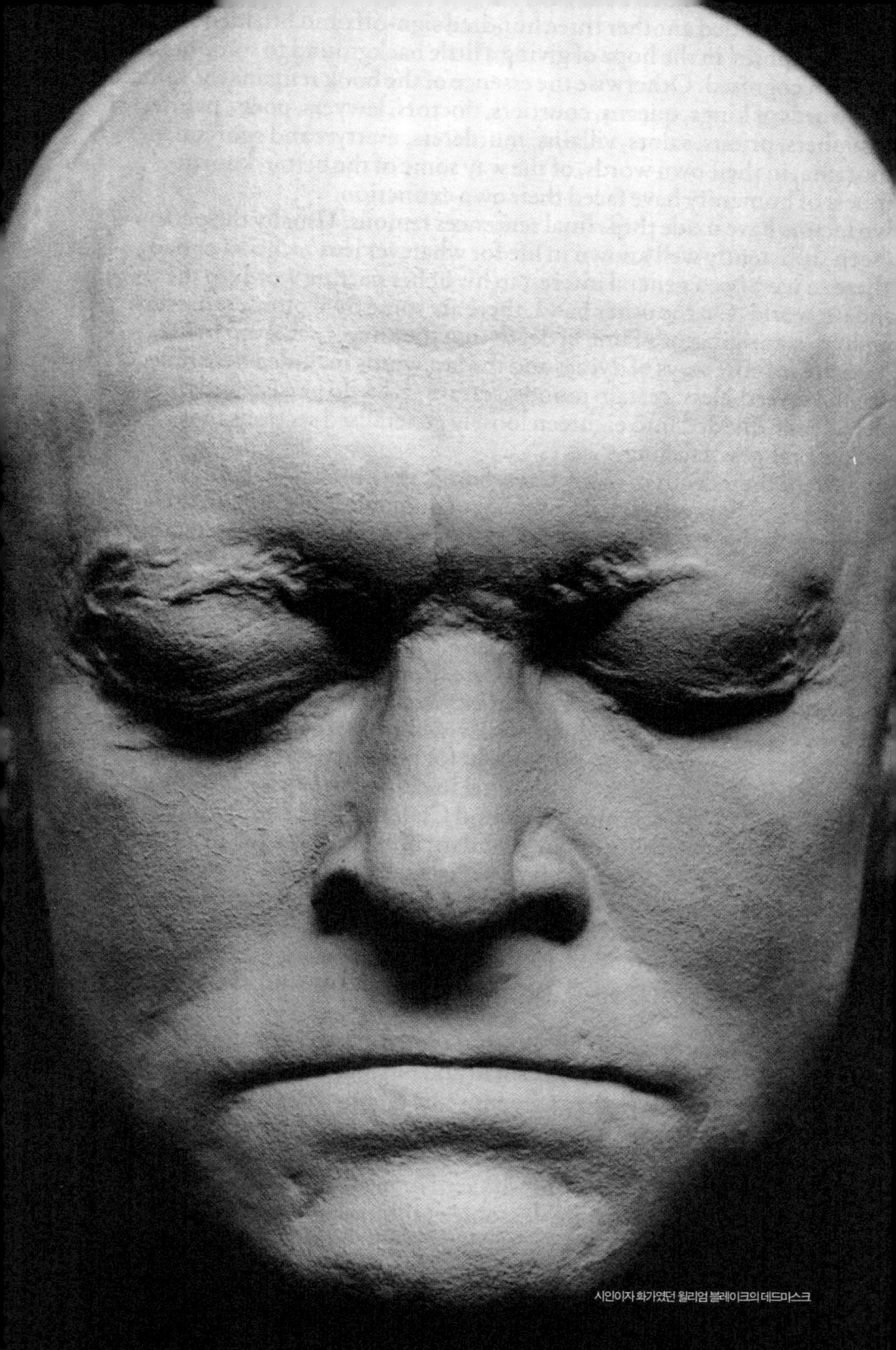

시인이자 화가였던 윌리엄 블레이크의 데드마스크

chapter
.1

a fond farewell

가슴 속 깊이, 안녕...

가족에 대한 사랑을 담아

애비게일 애덤스 Abigail Adams
서간작가이자 미국 존 애덤스 대통령의 부인, 1818년 사망.
친구여, 슬퍼하지 말아요. 나는 떠날 준비가 되었어요. 존, 머지 않아 다시 만날 거예요.

앨리스 애덤스 Alice Adams
미국 독립의 영웅인 네이선 헤일의 연인(부인은 아님), 1775년 사망.
네이선은 어디 있죠?

존 퀸시 애덤스 John Quincy Adams
미국 대통령, 1848년 사망.
이 세상에서 마지막이군. 나는 만족하오.

조셉 애디슨 Joseph Addison
영국의 수필가이자 잡지 〈스펙테이터〉의 공동설립자, 1719년 사망.
기독교도가 어떻게 평화롭게 죽어 가는지 지켜보시오.

토마스 B. 알드리치 Thomas B. Aldrich
미국의 작가이자 저널리스트, 1907년 사망.
모든 걸 뒤로 하고, 나는 이제 잠들어야겠소.

비토리오 알피에리 Vittorio Alfieri
이탈리아의 극작가, 1803년 사망.
내 손을 잡아 주오. 죽어 가고 있나 보오.

앰벌리 자작 Viscount Amberley
영국의 철학자인 버틀란드 러셀의 아버지, 1931년 사망.
모든 것이 끝났군. 이젠 영원히 작별이오.

아낙사고라스 Anaxagoras
그리스 철학자, BC 428년 사망.
가장 기억에 남는 일에 관해 묻자
아이들에게 휴일을 준 것이지.

아그리파 도빈 Agrippa D'Aubigne
프랑스 위그노의 지도자이자 시인, 1630년 사망.
마지막 시를 남기며
드디어 행복한 날이 왔다. 하나님의 방식대로 즐거움을 배우며 하나님 아버지께 영광을 돌리자.

리처드 해리스 바험 Richard Harris Barham
영국 목사이자 재담가, 《잉골스비 레전드》의 저자, 1845년 사망.
죽어 가며 자신이 쓴 마지막 시의 끝 구절을 읊었다.
이제 휴식이다!

모리스 바링 Maurice Baring
영국 소설가, 1945년 사망.

점심 식사로 무엇을 먹고 싶냐는 질문에
가져다 주고 싶은 거라면 무엇이든지.

찰스 벨 경 Sir Charles Bell
신경의 기능을 발견해 낸 영국의 해부학자, 1842년 사망.

아내에게
나를 좀 안아 주오.

앤소니 베네젯 Anthony Benezet
미국 군인이자 사회개혁가, 노예제폐지론자로 1784년 사망.

아내에게 보낸 마지막 전보에서
오랫동안 사랑과 평화 속에 살았던 것 같소.

파크 벤자민 Park Benjamin
미국 언론인, 1864년 사망.

"나를 알아보겠어요?" 하고 묻는 아내에게
메리, 왜 내가 당신을 알아보지 못하겠소?

엑토르 베를리오즈 Hector Berlioz
'환상교향곡'으로 널리 알려진 프랑스 작곡가, 1869년 사망.
특히 러시아의 작곡가인 발라키레프에게 깊은 감사를 전하고 싶다.

테오도르 베자 Theodore Beza
신학자, (::프랑스 인으로 스승인 칼뱅을 따라 제네바로 건너갔다.) 1605년 사망.
자신의 종교적 고향이라고 할 수 있는 제네바를 걱정하며

제레미 벤담 Jeremy Bentham
영국의 정치학자이자 '공리주의'의 창시자, 1832년 사망.

내가 죽어 가고 있는 것 같군. 고통을 최소화하는 일에 관심을 기울여야겠소. 하인들이 이 방에 들어오지 못하도록 하고 어린아이들의 접근도 막으시오. 죽음을 목격하는 것이 그들에게는 고통스러운 일인 데다가 나에게도 아무 도움이 안 될 테니.

제네바는 안전하고 평화롭겠지?

윌리엄 블레이크 William Blake
영국의 시인, 1827년 사망.

평소 즐겨 부르던 노래를 들려 달라는 아내에게
내 사랑, 그 노래는 내 것이 아니오, 내 것이 아니라오.

게바르트 폰 불뤼허 Gebhard von Blücher
프로이센 장군, 1819년 사망.

부관에게
노스티츠, 자네는 지금껏 나에게서 많은 것을 배워 왔네. 이제 인간이 얼마나 평화롭게 죽을 수 있는가를 배우게 될 걸세.

알렉산더 보로딘 Alexander Borodin
러시아 작곡가, 1887년 사망.

솔 바울즈 Saul Bowles
미국 언론인, 1915년 사망.

어디가 아프냐는 질문에
아픈 곳은 없네. 그저 종말이 다가
오길 바랄 뿐.

자신을 돌봐 주던 간호사에게
저 멀리 다른 세상에 당신을 위해
늘 기도하는 한 영혼이 있다는 사
실을 믿어도 좋습니다.

앤 브론테 Anne Brontë
《애그니스 그레이 Agnes Gray》를 쓴
영국 소설가, 1849년 사망.

브론테 가의 언니 샬럿에게
언니, 기운을 내! 기운을 내라구!

로버트 브루킹스 Robert Brookings
미국의 사업가이자 자선사업가, 브루킹
스 연구소 설립자로 1932년 사망.

내가 하고 싶었던 모든 일을 해 보
았다. 이제는 마지막이다.

엘리자베스 바렛 브라우닝
Elizabeth Barrett Browning
영국 시인, 1861년 사망.

기분이 어떠냐는 질문에
근사해요.

로버트 브라우닝 Robert Browning
영국 시인, 1889년 사망.

마지막으로 발표한 시집 《아소란도
Asolando》가 인기를 끌고 있다는 말에
정말 고마운 일이군.

요한 뷔허 Johann Bücher
독일 법학자, 1892년 사망.

이제 작별을 고해야겠네. 지친 내

요하네스 브람스 Johannes Brahms | 독일 작곡가, 1891년 사망.
마지막 와인을 즐기며
아, 정말 맛이 좋군. 고맙소.

눈을 감고 잠들 수 있도록 허락해
주게.

윌리엄 세실, 벌리 경
William Cecil, Lord Burghley
엘리자베스 시대의 정치가, 1598년 사망.

자신의 모든 일을 집사에게 맡기며
그동안 자네가 나를 믿어 주었으
니 이제 내가 자네를 믿고 모든 것
을 맡겨야겠네.

페루치오 부조니 Feruccio Busoni
이탈리아의 피아니스트이자 작곡가,

윌리엄 세실, 벌리 경

미구엘 드 세르반테스 Miguel de Cervantes | 《돈키호테》를 쓴 스페인 작가, 1616년 사망.

자신의 후원자인 왕에게

" 전하께서 편지를 받으실 무렵에는 이미 저는 한 발을 저 세상으로 가는 등자에 걸쳐 올려 놓았을 것이고 고통이 저를 완전히 정복했을 것입니다. 어제 종부성사를 했습니다. 시간은 너무 짧고 고통은 점점 커지며 희망은 사라지고 있습니다. 살겠다는 의지가 나를 살아 있게 할 뿐입니다. 전하의 발에 키스를 할 수 있을 때까지 제가 살아 있을 수 있을까요? 스페인에서 다시 뵙게 될 때까지 병세가 심해지지 말아야 할 텐데요. 하지만 죽어야 하는 운명이라면 하늘의 뜻대로 이루어지겠지요. 전하께서 제 소원이 무엇이었는지를 알아주셨으면 합니다. 죽음 후에도 전하를 섬길 수 있기를 바라는 저의 충실한 소망을 기억해 주시기를 바랍니다. "

1924년 사망.

아내에게

게르다, 우리가 함께 한 모든 날들에 감사하오.

에드먼드 캠피온 Edmund Campion

영국 예수회 순교자, 1581년 처형됨.

단두대에서 신교도인 엘리자베스 여왕과 가톨릭 교도인 메리 여왕 중 누구를 위해 기도했냐는 질문을 받고

당신의 여왕이자 나의 여왕인 엘리자베스를 위해, 오랫동안 번영 속에 치세가 계속되기를 기도했소.

찰스 캐럴 Charles Carroll

미국의 정치 지도자. 독립선언서에 서명한 사람 중 가장 오래 살았으며 이 문서에 서명한 사람 중 유일한 가톨릭 교도로 1832년 사망.

의사 선생, 고맙소.

필립 스탠호프, 4대 체스터필드 백작
Philip Stanhope, fourth Earl of Chesterfield

영국의 정치가이자 작가, 1773년 사망.

예의범절로 유명한 그답게 임종을 지키러 온 사람들에게 배려를 아끼지 않았다.

데이롤스가 앉을 수 있게 의자를 좀 가져다 주게.

프랜시스 코브 Francis Cobbe

아일랜드의 자선사업가이자 종교작가, 1904년 사망.

찰스 캐럴

마지막으로 쓴 편지에서
블랑시, 사랑이 담긴 당신의 말에 감동했소. 하지만 아무리 나를 사랑했던 사람이라고 해도 때가 되면 슬픔을 거두어야 한다오.

사무엘 테일러 콜리지
Samuel Taylor Coleridge

영국 시인, 1834년 사망.
아끼던 하인을 위해 유언을 남기며
가장 충직하고 애정이 넘치며 사심 없는 하인인 해리엇 맥클린에게 내 수입의 적절한 부분을 남겨 주길 바라는 바이다. 자세한 설명은 헨리가 할 것이다. 나 자신을 위해서는 아무 것도 요구하지 않는다.

캘빈 쿨리지 Calvin Coolidge
미국 대통령, 1933년 사망.
로버트, 좋은 아침이군.

아더 코난 도일 경
Sir Arthur Conan Doyle

전설적인 명탐정 셜록 홈즈를 창조한 영국의 작가, 1930년 사망.
아내에게
당신은 정말 좋은 사람이야.

허버트 크로프트 Herbert Croft
헤리퍼드의 주교, 1691년 사망.
벤슨 주교와 평생 우정으로 유명하다. 이 두 사람의 묘비에는 우정을 상징하기 위해 서로 맞잡은 두 손이 새겨져 있고 '죽음도 갈라 놓지 못한다'는 말이 적혀 있다. 벤슨 주교 옆에 묻어 달라고 부탁하며
살아서는 늘 하나였다.

존 크롬 John Crome
영국의 풍경화가, 1821년 사망.
친구인 유명한 네덜란드 화가에 관해 언급하며
오, 호브마, 호브마. 당신을 얼마나 사랑했는지.

존 A. 달그렌 John A. Dahlgren
미국의 무기발명가, 1870년 사망.
아내에게
지금 당신에게 필요한 건 아침 식사요. 당신이 밥을 먹으러 가지 않는다면 나는 어떤 치료도 받지 않겠소.

토마스 덴튼 Thomas Denton
영국의 위조화폐범, 1789년 처형당함.
마지막 편지에서
아버지, 어머니. 이 편지를 받으실 때면 저는 '한번 가면 돌아올 수 없는' 나라로 떠나버린 후일 것입니다. 제 아내를 나무라지는 마세요. 어머니 중 가장 훌륭한 어머니였으며 여성 중 가장 훌륭한 여성이었으니까요. 여자들도 천국에 들어갈 수 있다면 그 사람은 반드시 천국에 갈 것입니다. 집사람의 충고에 귀기울였다면 이런 일도

사무엘 테일러 콜리지

일어나지 않았겠죠. 불쌍한 아들 딕에게 축복이 함께하길. 이제 종이 울리는군요. 안녕히.

월터 데브로 Walter Devereax
초대 에섹스 주의 백작이자 2대 헤리퍼드 자작, 1576년 사망.

필립 시드니 경(::영국의 군인, 정치가이자, 시인, 평론가임.)에 대해 언급하며
시드니 경이 잘 지내기를. 하나님께서 사람의 마음을 움직인다면 그가 내 딸과 맺어질 수 있을 텐데. 나는 시드니 경을 아들이라고 불렀소. 그는 현명하고 덕이 있고 경건한 사람이오. 자신이 시작한 길을 그대로 열심히 걷는다면 시드니 경은 영국이 길러낸 가장 유명하고 유능한 신사가 될 것이오.

그레이스 닷지 Grace Dodge
미국 자선사업가, 1914년 사망.

몸이 아파서 만나지 못한 손님들에 관해 물으며
모두들 즐거워했죠?

스테판 A. 더글러스 Stephen A. Douglas
미국 정치가, 1861년 사망.

아들들에게 마지막 충고를 남기며
법을 준수하고 미국 헌법을 존중하라.

마이클 드레이튼 Michael Drayton
영국 시인, 1631년 사망.

후원자의 딸인 앤 레인스포드에게
나의 모든 생각은 당신에 관한 것들뿐. 이런 생각을 모두 모으면 당신을 완벽하게 재현할 수 있는 거울이 되고, 그 속에서는 다른 누구도 아닌 오직 당신만이 보이는 것을.

에드워드 에드워즈 Edward Edwards
영국의 공공도서관 개척자, 1886년 사망.

발을 씻겨준 하숙집 여주인에게
당신에게 정말 많은 것을 빚지는군요.

찰스 엘리엇 경 Sir Charles Eliot
영국의 외교관이자 식민지 관리로 케냐에서 백인우위 정책을 폈다. 1931년 사망.
어머니의 모습이 보이는군.

찰스 디킨스 Charles Dickens
영국 작가, 1870년 사망.

〈타임스〉에 실린 부고 기사 중
아들딸들아, 있는 그대로 받아들이렴. 예술의 모든 법칙을 완수한 작가에게는 죽음이 당연한 일이니까.

존 러브조이 엘리옷 John Lovejoy Elliott | 영국의 윤리문화운동 주창자, 1925년 사망.

> 사랑과 우정이야말로 우리가 살아야 할 목적이고 힘써 노력해야 할 과업이며 죽음을 각오하고 지켜야 할 대상입니다.

랄프 왈도 에머슨
Ralph Waldo Emerson
미국의 철학자 겸 시인, 1882년 사망.
굿바이, 마이 프렌드(Goodbye, my friend).

에피쿠로스 Epicurus
그리스 철학자, BC 270년 사망.
이제는 안녕, 내 말을 모두 기억해 주시오.

크리스마스 에반스 Christmas Evans
웨일즈의 목사, 1838년 사망.
안녕, 계속 노력하기를.

파올로 파리나토 Paolo Farinato
이탈리아 화가, 1606년 사망.
이제 가려고 합니다.
병든 그의 아내 역시 남편의 임종을 맞아 이런 말을 남겼다.
사랑하는 남편이여, 이제 곧 내가 당신과 함께할 것입니다.

윌버 피스크 Wilbur Fisk
미국의 교육자이자 감리교 목사, 1839년 사망.
자신을 알아보겠냐는 아내의 말에
물론이지, 내 사랑. 물론이고 말고.

마조리 플레밍 Marjory Fleming
영국의 신동, 1811년 여덟 살 나이로 사망.
엄마, 엄마….

게오르그 폴스터 Georg Forster
독일의 탐험가이자 과학자, 1794년 사망.
집에 보낸 마지막 편지에서
내 사랑하는 아이들에게, 두 마디 말이 아무 말이라도 하지 않는 것보다 낫다는 것은 사실이다. 그렇지 않니? 더 이상 글을 쓸 힘이 없구나. 안녕, 건강 조심해라. 우리 꼬마들에게 키스를 보낸다.

스티븐 콜린스 포스터
Stephen Collins Foster
미국의 작곡가, 1864년 사망.
'렉타임'(∷빠른 템포로 싱코페이션을 많이 사용한 재즈 음악의 일종.)의 창시자로 가난 속에서 죽었는데 이런 메모가 그의 주머니 속에서 발견되었다.
친구와 마음이 따뜻한 사람들에게.

마가렛 폭스 Magaret Fox
퀘이커 지도자인 조지 폭스의 영국인 아내, 1702년 사망.
딸에게
나를 좀 안아 주렴. 평화 속에 자

랄프 왈도 에머슨

리하고 싶다.

아나톨 프랑스 Anatole France
프랑스의 작가이자 풍자가, 1924년 사망.

이것이 바로 죽음이라는 것이지. 시간이 아주 오래 걸렸군. … 아, 어머니.

사이몬 프레이저, 12대 로밧 남작
Simon Fraser, twelfth Baron Lovat

1747년 처형당한 제임스 2세의 지지자. 죽음을 앞두고 길고 긴 마지막 말을 남겼다.

처형을 구경하기 위해 모인 몇몇 사람들이 관람석 붕괴로 사망하자
불행이 끔찍할수록 더 멋진 구경거리가 되지.
교수대 주변에 많은 사람들이 모인 것을 지켜보며
양쪽에서 부축 받지 못하면 세 발짝도 움직이지 못하는 머리 허연 늙은이의 목이 떨어지는 것을 보겠다고 이렇게 많이 몰려들었단 말인가?
머리를 단두대 나무 턱에 올려놓으며, 고상한 모습으로 호라티우스의 라틴어 시구를 읊었다.
Dulce et decorum est pro patria, mori(조국을 위해 죽는 것은 황홀하고 고귀한 일이다).
그후 기도를 하고 자신의 변호사이자 대리인인 W. 프레이저를 불러 금장식 된 지팡이를 주며
당신의 충직한 도움을 감사하는 뜻에서, 지상에서 지녔던 나의 모든 권력을 맡긴다는 의미로 이 지팡이를 건네오.

마지막으로 친구인 제임스 프레이저에게 말했다.
이보게, 제임스. 이제 나는 천국으로 가지만 자네는 이 사악한 세상에 조금 더 남아서 계속 수모를 당해야 할 듯하군.

레옹 감베타 Leon Gambetta
프랑스 정치가, 1882년 사망.

그의 임종을 지키러 온 방문객이 기절하는 것을 보고
저런, 혹시 저분이 다치지는 않았을까?

아주노르 드 가스파렝 백작
Count Agenor de Gasparin

프랑스 귀족, 1871년 사망.

남편 뒤에서 계단을 올라가려는 아내에게
아니, 당신이 나보다 먼저 올라가는 게 좋겠소.

앤 길버트 Anne Gilbert
동화작가, 1904년 사망.

머리를 빗어준 딸에게 두 번 키스를 하며
한 번은 고마움의 키스이고, 한 번은 굿나잇 키스란다.

메리 구치 Mary Gooch
1923년 연인과 함께 동반 자살을 시도해 자신 혼자만 성공한 여성.

내가 아끼던 푸른색 모슬린 손수건을 든 채 죽게 해 주세요. 내가 지금 지닌 어떤 것도 가져가지 말고 그저 나를 죽게 내버려 둬요. 그리고 슬픔을 이겨내세요.

율리시스 S. 그랜트 Ulysses S. Grant
미국 대통령, 1885년 사망.

아니타 허핑스턴, 지금 비가 오고 있군.

토마스 그레이 Thomas Gray
《시골 교회 정원의 비가》를 펴낸 영국의 시인, 1771년 사망.

몰리, 내가 죽을 것 같소.

앤소니 노리스 그로브스
Anthony Norris Groves
영국 선교사, 1853년 사망.

소중한 아들아, 나는 죽는다. 형인 헨리와 프랭크가 나에게 했던 것처럼 어머니에게 잘 해드려라. 그러면 하나님께서 너에게 축복을 내려 주시고 너를 받아들이실 것이다. 나에게 허락하셨던 그 소중한 평화를 너에게도 주실 것이다. 내가 지금 지닌 금은보화는 과연 무엇이겠느냐? 나는 너에게 아버지의 축복을 내려 주려 한다.

제임스 해크먼 James Hackman
영국의 목사, 1779년 사망.

코벤트 가든 극장에서 샌드위치 경의 정부였던 미스 레이를 총으로 쏜 다음 자살을 시도했으나 실패하고 체포되었다. 마지막 편지에서

친애하는 프레데릭, 이 편지가 자네에게 도착할 무렵 나는 이 세상 사람이 아닐 걸세. 하지만 나의 불행한 운명에 너무 마음 아파하지는 말게. 가능한 한 물리치고 억누르려 했지만 어쩔 수 없이 감정에 휘둘리고 말았네. 사랑이 얼마나 큰 자리를 차지하고 있었는지 자네도 잘 알고 있을 걸세. 변변치 못한 나의 형편 때문에 그녀를 잃었다는 생각에 제정신이 아니었네. 세상은 나를 비난하겠지만 마음 따뜻한 자네는 이해해 줄 거라고 믿네. 소중한 친구인 자네에게 하나님의 은총이 함께하길! 감사하는 마음을 표현할 수 있도록 자네에게 돈을 남길 수 있었으면 좋았을 텐데.

율리시스 S. 그랜트

제임스 헐 James Hall
교수형 당한 영국 살인자, 1741년 사망.
돈 때문에 자신의 주인을 살해한 그가 처형 전날 아내에게 보낸 마지막 편지에서

여보, 지난 번 당신이 나를 만나러 왔을 때 우리 둘이서만 시간을 보내지 못해 미안했소. 많은 이야기를 나눌 수 있었으면 좋았을 것을. 헤어질 때 슬픔이 더할까 봐 애써 피했던 거라오. 당신과 아이들을 두고 떠나는 것이, 더구나 세상이 수군거릴 이런 방식으로 가족을 두고 떠나는 것이 마음 아프오. 그렇지만 무지한 자라고 해도 고통스러운 몇 시간 동안의 범죄에 있어 당신이 아무 상관이 없다는 사실을 알고는 오히려 당신의 불행을 동정할 거요.

나 자신을 위해서뿐 아니라 다친 사람과 당신, 우리 아이들을 위해서 내가 선한 사람이었으면 얼마나 좋았을까.

하지만 나는 그런 사람이 아니었고 이 세상에서는 그럴 수도 없었소. 하나님의 크신 은혜와 주 예수 그리스도의 덕으로 다음 생에서는 행복하게 살 수 있으면 좋으련만. 당신과 헤어진 후 마지막으로 세례를 받았는데, 나를 교화시키려고 몇 번이나 노력했던 브로우튼 씨는 참 좋은 사람이었다오. 그분과 나의 노력으로 하나님께서 모든 죄를 씻어 주셔서 천국으로 들어갈 수 있기를. 마지막으로 당신과 아이가 행복하게 살 수 있도록 기도했소. 하나님께서 우리 가족을 도와 주실 것이오. 내 운명을 받아들이고 평화 속에 죽으려 하오. 이 세상에서 내가 당신에게 줄 수 있는 위로란 이것뿐이오. 당신을 *사랑하는* 남편, 제임스 헐.

자네는 오직 한 명밖에 없는 나의 친구이기에 부탁할 일이 있네. 고스포트의 나이트 씨에게 1백 파운드 빚을 졌다네. 내 집을 저당 잡혔다는 사실을 문서로 기록해 그에게 주었네. 집이 팔리고 압수 당한 가구와 집기들이 팔리면 빚을 갚기에 충분한 금액이 될 걸세. 하나님께서 자네에게 평안과 행복을 내려 주시길. 아마 사람들은 내가 지금 느끼는 고통을 알지 못할 걸세. 하나님께서 내 사랑하는 여인을 지켜 주시고 내 행동을 용서해 주시기를! 오직 하나님만이 이 비참한 상황에서 나를 구해 주실 수 있을 터이네. 자네의 충실한 친구를 기억해 주게. J. 해크먼.

일라이야 임피 경 Sir Elijah Impey
영국의 판사, 1809년 사망.
침대로 데려다 주려는 간호사에게 무거운 몸을 기대었다고 미안해하며
나 때문에 어디 다친 것 아니오?

사무엘 존슨 Samuel Johnson
영국의 수필가이자 사전편찬자, 비평가. 1784년 사망.
의붓딸에게
내 사랑하는 딸아, 하나님의 축복이 함께하기를.

토마스 킹 Thomas King
영국 유니테리언파 목사, 1864년 사망.
마지막으로 아들을 바라보며
우리 집 꼬마, 정말 사랑스럽지 않습니까?

알렉산더 코르다 Alexander Korda
헝가리 출신 영화제작자, 1956년 사망.
의사에게 남긴 마지막 말로
지금 내가 당신에게 작별 인사를 한다면, 다시 깨어나지 않을 것이라고 약속할 수 있습니까?

라파이에트 부인
Madame de Lafayette
프랑스 작가, 1693년 사망.
남편에게
당신이 나를 사랑했다는 것이 사실인가요? 난 정말 행복한 사람이군요! 키스해 주세요! 내가 당신의 여자라는 게 얼마나 행복한지 몰라요.

론스데일 경 Lord Lonsdale
영국의 모험가, 1944년 사망.
딸에게 보낸 마지막 편지에서
내 인생은 정말이지 즐거웠다.

조지, 초대 리텔튼 남작
George, first Baron Lyttelton
영국의 예술애호가, 1773년 사망.
사위에게 주는 마지막 충고로
친절함을 잊지 말고 덕을 쌓거라.

O. O. 매킨타이어 O. O. McIntyre
미국의 신문 칼럼니스트, 1938년 사망.
아내에게
"여보, 이쪽으로 좀 와 주겠소? 당

신의 얼굴을 보고 싶어.

돌리 매디슨 Dolly Madison

미국 대통령 제임스 매디슨의 아내, 1849년 사망.

내 불쌍한 아들.

모리스 메테르링크
Maurice Maeterlinck

벨기에 시인이자 극작가, 1949년 사망.

나에게는 아주 자연스러운 일이지만 당신이 걱정이오.

오트마 메르겐탈러
Ottmar Mergenthaler

독일 출신의 라이노타이프(::영문용 자동 주식기로 1886년 뉴욕 트리뷴 신문사에서 사용·공개함으로써 세계적인 센세이션을 일으켰다.) 발명가, 1899년 사망.

그 자리에 있던 가족들에게

엠마, 내 아이들과 내 친구들, 모두가 서로에게 친절하기를.

프랭크 멀로 Frank Merlo

극작가 테네시 윌리엄스의 비서, 1963년 사망.

자신을 찾아온 윌리엄스가 '내가 가는 게 낫겠냐'고 묻자

가지 마세요. 당신과 함께 있는 것에 익숙하니까.

존 에버릿 밀레이 경
Sir John Everett Millais

영국의 화가, 1896년 사망.

병으로 인해 말을 할 수 없게 된 밀레이는 죽기 직전 필담으로 의사소통을 했다. 〈영국 전기 사전〉(::1882년에 조지 스미스에 의해 집필이 시작된 이후로 많은 사람들의 공헌에 의해, 현재 수천 명의 저명한 영국인에 관한 연대기를 정리한 사전으로 22권이 있음.)의 집필을 시작한 조지 스미스에 관해 언급하며

내가 아는 가장 친절하고 훌륭한 신사인 조지 스미스를 만나고 싶을 뿐이오.

윌리엄 모리스 William Morris

영국의 시인이자 장식가, 출판업자, 사회운동가. 1896년 사망.

번 존스(::화가이자 장식가로 윌리엄 모리스와 함께 중세 응용 미술을 부활시키는 데 중요한 역할을 하였다.)에게 보낸 편지에서

빨리 오십시오, 당신의 얼굴을 잠깐이라도 보고 싶습니다.

**알프레드 햄스워스,
노스클리프 공**
Alfred Harmsworth, Lord Northcliffe

영국의 출판업계 거물, 1922년 사망.

자신의 장례와 부고 기사에 대한 마지막 지시를 내리며

노스 핀칠리에 누워 계신 어머니 곁에 가능한 한 가까이 묻히고 싶네. 땅 위로는 묘비만 나와 있게 하는데 여기에 이름과 출생년도, 사망년도만 적어야 하네. 〈타임

영국의 화가 밀레이의 작품, 〈바다에서 온 소식〉

로즈 로댕 Rose Rodin | 조각가인 오귀스트 로댕의 아내, 1917년 사망.

계속 바람을 피우는 남편에 대해 순진한 걱정을 하며

> 내가 죽는 건 상관없어요. 다만 남편을 두고 가야 하는 게 걱정될 뿐이에요. 누가 남편을 돌봐 주죠? 이 불쌍한 남자는 어떻게 될까요?

스)에는 나를 제대로 아는 사람이 내 인생에 대한 리뷰 기사를 써야 하고 리드 기사는 그 날 당직을 서는 기자 중 가장 뛰어난 사람이 담당해야 하네.

존 보일 오레일리
John Boyle O'Reilly

아일랜드의 혁명가이자 작가, 1890년 사망.

사랑하는 맴시, 내가 당신의 수면제를 몇 알 먹었어. 피곤해서 의자로 가 눕고 싶은걸. 바로 잠이 들 것 같아… 내 사랑! 내 사랑!

소피아 피바디 Sophia Peabody

1864년에 죽은 미국 작가인 나다니엘 호손의 아내.

남편에게

피곤해요… 너무 피곤해요… 먼 곳으로 가게 되어서 기뻐요… 내가 살려고 노력했던 건 당신과… 장미꽃… 꽃 때문이었어요.

조지 로렌스 필킹턴
George Lawrence Pilkington

우간다를 탐험한 영국 모험가.

친구여, 고맙네. 나를 전쟁터에서 데리고 나왔으니 정말 고맙네. 이제는 좀 쉬어야겠어.

노아 포터 Noah Porter

미국의 사전편찬자, 1892년 사망.

아이에게

가서 어머니를 깨우거라. 아버지가 어머니와 상의할 일이 있단다.

윌리엄 H. 프레스콧
William H. Prescott

미국의 역사학자, 1849년 사망.

자신이 잊어버린 미국 외교관의 이름을 아내가 기억하자 즐거워하며

당신은 어떻게 그런 것을 다 기억하지?

마르셀 프루스트 Marcel Proust

《잃어버린 시간을 찾아서》를 쓴 프랑스 소설가, 1922년 사망.

가정부에게 자신의 말을 받아쓰게 하며

셀레스트, 당신에게 이렇게 내 말을 받아쓰게 한 것은 잘한 일인 것 같아. 하지만 그만해야겠어. 더 이상 계속할 수가 없어.

지아코모 푸치니 Giacomo Puccini

〈라보엠〉과 〈토스카〉로 널리 알려진 이탈리아 오페라 작곡가, 1924년 사망.

엘비라, 불쌍한 내 아내.

알렉산더 푸시킨 Alexander Pushikin
《보리스 고두노프》를 쓴 러시아의 소설가, 1837년 사망.
이제 안녕, 친구들.

토마스 윌리엄 로버트슨
Thomas William Robertson
영국의 배우이자 극작가, 1871년 사망.
아들에게
잘 있거라, 아들아. 하나님의 축복이 함께하길. 내일 다시 나를 보러 오려무나. 만일 내가 아무 말도 하지 못하게 된다면 놀라는 대신, 잊지 말고 키스해 주렴.

지오아키노 로시니
Gioacchino Rossini
이탈리아 오페라 작곡가, 1868년 사망.
죽으며 아내 이름을 불렀다.
올림페….

벤자민 러쉬 Benjamin Rush
미국 독립 운동가, 1813년 사망.
아들에게 남긴 마지막 말

마크 트웨인 Mark Twain | 본명은 사무엘 L. 클레멘스. 미국의 유머 작가, 1910년 사망.

딸 클라라에게

> 죽음, 그것이야말로 불멸의 것. 우리 모두를 똑같이 대해 더러운 자와 순수한 자, 부자와 가난한 자, 사랑받은 자와 사랑받지 못한 자, 모두에게 평화와 안식을 전해 주도다.

가난한 사람들에게 관대하렴.

조르주 상드 George Sand
본명은 아마딘 뒤팽. 프랑스 소설가로 1876년 사망.

가족들에게

안녕, 나는 이제 떠납니다. 안녕 리나, 안녕 모리스, 안녕….

사포 Sappho
그리스의 여성 시인, BC 580년 사망.

딸에게 보내는 작별의 시에서

노래가 가득한 집에 통곡의 소리가 울리는 것은 옳지 않다. 그런 일은 우리에게 어울리지 않아.

요한 고트프리트 조이메
Johann Gottfried Seume
독일의 시인, 1910년 사망.

원하는 것이 있느냐는 말에

아무 것도 필요하지 않소, 웨이겔. 조금 더 조심했으면 말하지 않았을 이야기로 인해 당신을 화나게 한 적이 있다면 미안하오. 죄의식이 느껴져서 어떻게 보답해야 할지 모르겠네. 눈이 점점 희미해지는군….

세베루스 Severus
로마의 귀족, 390년 사망.

먼저 세상을 떠나 가족묘지에 묻힌 아내와 딸에게 보내는 글에서

오랫동안 사랑 속에서 함께 살아온 부인, 그리고 내 딸! 이 무덤 안에 내 자리를 마련해 주오. 죽어서 우리가 헤어지지 않도록.

헤리엇 비처 스토우
Harriet Beecher Stowe
《톰 아저씨의 오두막》을 쓴 미국의 작가, 1896년 사망.

간호사에게

정말 고맙습니다.

로버트 A. 태프트 Robert A. Taft
미국의 상원의원, 1953년 사망.

아내에게

여보, 당신 모습이 좋아 보여 기쁘오.

고드프리 털 경 Sir Godfrey Tearle
영국의 배우, 1954년 사망.

연인이었던 배우 질 베넷에게

당신은 내 인생의 태양이었소.

어빙 탈버그 Irving Thalberg
할리우드 영화제작자, 1936년 사망.
내 자식들이 나를 잊지 말기를.

마리 투소 Marie Tussaud
마담 투소 밀랍인형관(::실물 크기의 저명 인사들의 밀랍인형이 전시된 박물관으로 영국의 런던 베이커 스트리트에 있다.)의 창설자, 1850년 사망.
두 아들에게
내 모든 재산을 공평하게 나눠줄 것이다. 바라건대 절대 다투지 마라.

쥘 베른 Jules Verne
《80일간의 세계일주》를 쓴 프랑스 소설가, 1905년 사망.
자녀들에게
오노랭, 메셜, 발렌틴, 수잔느, 모두 왔지?

윌리엄 와일드 경 Sir William Wilde
아일랜드의 외과의사이자 오스카 와일드의 아버지, 1876년 사망.
아들이 여는 파티의 소음에
저런 나쁜 녀석들 같으니….

알프레드 윌리엄스 Alfred Williams
영국 시인, 1905년 사망.
아내에게
여보, 우리 두 사람에게 비극이 다가오고 있소.

토마스 울프 Thomas Wolfe
《천사여, 고향을 보라》를 쓴 미국 소설가, 1938년 사망.
먼저 세상을 떠난 아내에게
마벨, 당신에게 가고 있소.

울시 추기경 Cardinal Wolsey
영국의 성직자, 1530년 사망.
헨리 8세가 로마 교황청과의 관계를 끝내려 했을 때 반대했던 다른 많은 사람들은 처형을 당했지만 그는 예외적으로 자신의 침대에서 죽음을 맞았다.
내게 주어진 시간이 이렇게 빨리 흘러갔군. 킹스턴, 내가 부탁한 것들을 잊지 말게, 내가 죽고 나면 내 말을 더욱 잘 이해할 수 있을 걸세.

윌리엄 워즈워드 William Wordsworth
영국의 낭만파 시인, 1850년 사망.
여동생을 찾으며
하나님의 은총이 함께하길, 도라, 너 왔니?

윌리엄 위철리 William Wycherly
영국 극작가, 1716년 사망.
마지막 소원이 무엇이냐고 나이 어린 아내가 묻자
내 소원은 단 한 가지, 당신이 다시는 나이 많은 노인과 결혼하지 않는 것뿐이라오. ■

chapter
.2

the king is dead

왕은 죽었다
권좌에서 내려올 때...

아비멜렉 Abimelech
유대의 왕.(::왕이 되기 위해 70명의 형제를 죽인 비정상적인 인격의 소유자로 변절자들과의 추격전에서 한 여인이 던진 돌에 맞아 죽었다.)

칼을 뽑아 나를 베어라. 그러면 사람들이 나를 가리켜 '여자의 손에 죽었다' 고 하지 않을 테니.

앨버트, 색스-코부르-고타 공
Albert, Prince of Saxe-Coburg-Gotha

빅토리아 여왕의 부군, 1861년 사망.

공식적으로 남긴 마지막 유언에서

나는 부와 지위와 권세를 누렸다. 하지만 단지 그뿐이었다면 얼마나 가련한 일인가. 세월의 바위가 부서지고 있으니 당신의 품속에 숨을 수 있기를.

알베르 1세 Albert I
벨기에의 국왕, 1934년 등반 중 사망.

등반을 나서며 동료에게

기분이 좋을 때면 어려운 길을 따라가지. 그렇지 않을 때라면 쉬운 길로 간다네. 한 시간쯤 후, 자네와 만나게 될 걸세.

알렉산더 1세

알렉산더 1세 Alexander I
러시아의 차르,(::러시아의 황제를 일컫는 말로 표트르 1세가 원로원에서 황제로 임명받은 후 사용하기 시작함.) 1825년 사망.

정말 멋진 날이군.

알렉산더 2세 Alexander II
러시아의 차르, 1881년 암살당함.

양의 피를 온몸에 뒤집어쓰고 수많은 문을 통과해 왔다.

알렉산더 대왕 Alexander the Great
마케도니아의 왕자이자 세계를 손에 넣었던 정복자, BC 323년 사망.

가장 강한 사람에게로!

교황 알렉산더 6세 Pope Alexander VI
본명은 로데리고 보르지아. 1503년 사망.

지금 가고 있는 중이네. 잘된 일이지. 잠깐만 기다리게.

알폰소 13세 Alfonso XIII
스페인 국왕, 1941년 사망.

스페인, 나의 왕이여!

안드로니쿠스 1세 Andronicus I
로마 코메니 왕조의 황제, 1185년 암살당함.

신이여, 내게 자비를 베푸소서!

오스트리아 앤 공주 Anne of Austria
프랑스 루이 13세의 아내이자 루이 16세 초기에 섭정을 함. 1666년 사망.

무슈 드 몬태규, 내가 하나님께 진 빚과 그분이 내게 보여 주신 은혜를 생각해 주세요.

앤 여왕 Queen Anne | 영국 여왕, 1714년 사망.
재무성 지휘봉을 슈르스버리 경에게 건네주며

" 내 국민의 행복을 위해 잘 사용해 주오. "

아우란제브

안토니우스 파이우스 Antonius Pius
로마 황제, 161년 사망.

고요함이여!

아르타 크세르크세스 1세
Arta Xerxes I

페르시아의 왕, BC 424년 사망.

동생 키루스(::페르시아 제국을 건설한 키루스 대왕의 아들들로 두 사람은 형제임.)에게

인간에 있어 가장 불공정하고 가장 상식 없는 자, 키루스라는 영광스러운 이름에 치욕을 남긴 네가 사악한 그리스인들을 이끌고 네 왕과 네 형제들을 살육하고 페르시아의 가장 좋은 것들을 약탈하기 위해 진군해 왔구나. 수만의 노예를 이끄는 주인도 너보다는 나을 것이다. 왕의 얼굴을 쳐다보기도 전에 네 머리는 땅에 떨어지게 될 것이다.

티투스 폼포니우스 아티쿠스
Titus Pomponius Atticus

웅변가 키케로와의 관계로 특히 기억되는 로마의 귀족이자 문학 후원자. BC 132년 사망.

점점 더 커져 가는 고통을 멈추기로 결심했소. 지난 며칠간의 물과 음식은 나의 생명을 며칠 정도 연장시켜 줄지는 모르나 회복의 희망은 없소. 그러니 부탁이오. 이런 나의 결심을 인정하고 내 뜻을 꺾으려는 헛된 노력을 하지 말아 주오.

아우구스투스 Augustus
로마 황제, AD 1년 사망.

아내에게

열심히 살아가시오. 우리 결혼 생활을 잊지 마시오. 안녕히!

아우란제브 Aurangzeb
힌두스탄의 황제로 인도 무갈제국의 마지막 황제, 1707년 사망.

외로운 내 영혼, 이제 홀로 가네. 어쩔 수 없는 무기력함을 슬퍼할 뿐. 하지만 무슨 소용이 있을까. 내가 겪은 모든 고통, 내가 범한 모든 죄, 내가 저지른 모든 잘못을 전부 가져가네. 이 세상에 올 때에는 아무 것도 가지고 오지 않았는데 떠나는 이 순간에는 사막의 대상隊商처럼 무거운 죄를 잔뜩 지고 가네. 주변을 돌아보면 오직 신만 떠오를 뿐. 엄청난 죄를 지었고 어떤 고통이 기다리는지 알 수 없네. 무슬림들에 대한 무고한 살육을 저지르지 말기를. 너와 너의 아들에게 하나님의 사랑이 함께하길. 병약한 네 어머니인 우다이퍼는 기꺼이 나와 함께 저 먼 길을 갈 것이다.

샤를 5세 Charles V | 프랑스 왕, 1380년 사망.

> 왕들이 행복하려면 선을 행하는 권세를 가져야 한다는 사실을 알게 되었다.

마르쿠스 아우렐리우스 Marcus Aurelius
〈명상록〉으로 알려진 로마의 황제, 180년 사망.
나는 지는 해이니 이제는 뜨는 해를 좇아가라. 나보다는 죽음을 생각하라.

바바르 Babar
인도의 초대 무갈 황제, 1530년 사망.
아들 하마얀 대신 자신의 목숨을 거두어 달라는 기도가 이루어졌다.
신이시여, 한 생명을 다른 생명으로 대체할 수 있다면, 하마얀 대신 나의 생명을 드리겠나이다.

베아트릭스 Beatrix
바바리아의 대공비, 1447년 사망.
고귀한 왕자여, 존경하는 형제여. 지난 월요일 갑자기 병에 걸려 나아질까 했더니 병증이 더욱 심각해지도다. 만일 하나님이 나를 부르게 되면 추밀원樞密院의 원을 한두 사람 찾아 주오. 어떤 방식으로 세상을 떠야 할지 그들은 알고 있겠지.

캐롤린 소피아 Caroline Sophia
영국 조지 3세의 부인, 1818년 사망.
'더 나은 인생이 있다'는 이야기에 정말 맞는 말이야.

아라곤의 캐서린 Catherine of Aragon
영국 헨리 8세의 첫 번째 부인, 1536년 사망.
그녀와 이혼을 하기 위해 헨리 8세는 결국 영국국교회를 수립했다.
주의 손에 나의 영혼을.

샤를마뉴 대제 Charlemagne
신성로마제국의 황제, 814년 사망.
주여, 당신의 손에 내 영혼을 드립니다.

찰스 1세 Charles I
영국 왕, 1649년 처형당함.
내 아버지가 물려주신 영국국교회의 선언에 따라, 나는 기독교인의 신분으로 죽는다. 이곳에 올 필요는 없었지만 그것은 누구의 책임도 아니다. 나는 국민의 순교자다.

찰스 2세 Charles II
영국 왕, 1685년 사망.
애인인 넬 그윈을 생각하며
불쌍한 넬리가 고생하는 일이 없어야 하는데….

샤를 8세 Chalres VIII
프랑스 왕, 1408년 사망.
가능하다면 그 어떤 죄도, 아무리 사소한 죄라도 다시는 저지르지 않기를 바랄 뿐이다.

미켈란젤로의 작품인 〈클레오파트라〉

클레오파트라 Cleopatra
이집트의 여왕, BC 30년 자살.
과일 단지 안에 들어 있는 독사를 발견하고(::BC 31년 악티움 해전에서 패배한 후, 재기를 꾀하였으나 옥타비아누스군의 공격을 받고 독사로 가슴을 물게 하여 자살했다.)
자, 어디 한 번 볼까?

크리스티나

샤를 9세 Charles IX
프랑스 왕, 1574년 사망.
나의 친절한 간호사여, 이 피와 살인은 무슨 일이란 말인가. 주변에는 그저 사악한 자들만 자리했었구나. 하나님께서 내 죄를 사해 주시길. 그리고 너에게 하나님의 은총이 함께하길.

샤르미온 Charmion
이집트의 여왕 클레오파트라의 시녀, BC 30년 자살.
자살한 여왕이 어떻게 죽음을 맞았냐는 질문을 받자
더할 나위 없이 우아하게 죽음으로써 선조들의 자랑스러운 자손이 되었습니다.

크리스티나 Christina
스웨덴 여왕, 1689년 사망.
자신의 비문을 불러 적게 하며
크리스티나 여왕은 63년 동안 살았다.

서태후
중국의 황후, 1908년 사망.
다시는 이 나라에서 여성이 최고 권력을 잡아서는 안 된다. 이는 청나라의 법도에 어긋나는 것이므로 엄격히 금해야 한다. 환관들이 국사에 관여하지 않도록 하라. 명나라가 망한 것도 환관들 때문이었으니 그 해악을 널리 알려 백성들에게 경고로 삼도록 하라.

키루스 대왕 Cyrus the Great
페르시아 왕, BC 529년 사망.
나의 마지막 말을 기억하라. 친구들에게 친절을 베풀고 적을 비난할 때에도 친절을 베풀라. 아들들아, 잘 있거라. 네 어머니에게도 인사를 전하라. 친구들, 지금 여기 있거나 멀리 떨어져 있는 내 친구들이여, 잘 있게.

키루스 Cyrus the Younger
페르시아 왕, BC 401년 살해당함.
저리 비켜라. 이 악당들아! 썩 비켜!

다리우스 3세 Darius III
페르시아 왕, (::알렉산더 대왕의 침입을 받아, 전투에서 처자를 버리고 달아났다.) BC 330년 사망.
나의 어머니와 아내와 아이들에게 친절을 베풀어 준 알렉산더 대왕에게 신의 보상이 함께할 걸세. 나에게 베풀어 준 인간적 대접을 감사히 여기네. 알렉산더 대왕에게 이런 내 마음을 전하는 뜻으로 나의 심복을 보내네.

디디우스 줄리아누스
Didius Julianus
로마 황제, 193년 사망.
도대체 내가 무슨 잘못을 한 것이지? 누군가를 죽음으로 몰아간 적이 있었나?

에드워드 1세 Edward I
영국 왕, 1307년 사망.
후계자인 아들은 에드워드 1세의 명령을 거부하고 아버지를 웨스트민스터 사원에 안장했다.
행군을 나갈 때면 내 뼈를 들고 가라. 내가 살아 있건 죽었건 반란이 일어나는 모습을 결코 용납하지 않을 테니.

에드워드 2세 Edward II
영국 왕, 1327년 사망.

주여, 베풀어 주신 은혜에 감사합니다. 당신에게 저지른 온갖 죄악과 실수를 너그러이 용서하소서. 알고도 혹은 모르고 저지른 잘못에 대해 모든 이들에게 마음에서 우러나오는 용서를 구하는 바이오.

에드워드 6세 Edward VI
영국 왕, 1553년 사망.

주여, 제 영혼을 받으소서.

에드워드 7세 Edward VII
영국 왕, 1910년 사망.

나는 결코 포기하지 않을 것이다. 사라지지도 않을 것이다. 끝까지 열심히 노력할 것이다.

에드워드 8세 Edward VIII
영국 왕, 후에 윈저공으로 1972년 사망. (::조지 5세가 죽자 독신인 채로 즉위하였는데, 미국 출신의 이혼녀와 열애, 마침내 국왕 자리를 버리고 해외로 떠나 윈저공으로서 그녀와 결혼하였다.)

윈저 공작부인(월리스 심슨)이 옆에 앉아 있겠다고 하자

여보, 나는 괜찮아. 이제 곧 잠이 들 거야. 쉬고 싶구려.

엘리자베스 크리스틴
Elizabeth Christine
프레데릭 대왕의 아내, 1797년 사망.

당신이 나를 잊지 않을 것이란 걸

엘리자베스 1세 Elizabeth I | 영국 여왕, 1603년 사망.
가까운 신하인 로버트 세실이 여왕에게 '이렇게 해야 한다'고 말하자

반드시 이렇게 하라니? 그것이 이 나라 여왕에게 쓸 수 있는 표현인가? 어리석은 자 같으니. 공의 아버지가 살아 있었다면 이런 말은 하지 않았을 것이다. 내가 지닌 모든 것은 아주 짧은 순간을 위한 것이었다.

알고 있어요.

마담 엘리자베스 Madame Elizabeth
프랑스 루이 16세의 누이동생, 1794년 단두대형에 처해짐.

예의를 지켜야겠으니 내 가슴을 가려 주오.

파루크 Farouk
이집트 왕, 1965년 사망.

유명한 바람둥이인 그가 1952년 왕위에서 물러나며 남긴 말로

이제 이 세상에는 영국의 왕, 카드의 다이아몬드, 하트, 스페이드와 클로버, 이렇게 다섯 명의 왕만이 남게 될 것이다.

프란츠 페르디난드 Franz Ferdinand
오스트리아 황태자, 1914년 암살당함.

사라예보에서의 암살로 인해 세계 1차대전이 시작되었다. 피습 때 함께 총상을 입은 황태자비에게

소피, 죽으면 안 되오! 아이들을 위해서라도 살아야 하오!

프레데릭 윌리엄 Frederick William
프러시아 왕, 1746년 사망.

사제가 "여인의 자궁을 통해 벌거벗은 채 세상에 와서 벌거벗은 채 돌아갈 것이다"라고 말하자

벌거벗은 것은 아니지. 적어도 제복은 갖춰 입고 떠날 테니까.

프레데릭 대왕 Frederick the Great
프러시아 왕, 1786년 사망.

노예들을 다스리는 일에 지쳤다. 고비를 넘었으니 이제는 더 나아질 것이다.

프레데릭 5세 Frederick V
덴마크 왕, 1776년 사망.

일부러 누군가에게 상처 입힌 적 없고 내 손에 피 한 방울 묻힌 적 없다는 사실을 생각하며 마지막 순간에 위로를 받는다.

프레데릭 3세 Frederick III
독일 왕, 1888년 사망.

딸에게

지금까지 그랬듯 앞으로도 계속 고귀하고 선한 존재로 남아 있어야 한다. 죽어 가는 아비가 남기는 마지막 말이다.

세르비우스 셀피시우스 갈바 Servius Selpicius Galba
로마 황제, AD 69년 피살됨.

도대체 이게 무슨 일인가? 나는 너에게 속해 있고 너는 나에게 속해 있었던 것을. 하지만 로마를 위해서라면 나를 쳐라!

조지 4세 George IV
영국 왕, 1830년 사망.

늘 옆에서 자신을 보좌해 온 월터 월러 경에게

윌리, 이게 뭐냐고? 바로 죽음이라네. 사람들이 지금까지 나를 속여온 거지.

조지 5세 George V
영국 왕, 1936년 사망.

서명하기 힘들어지자 신하들에게

기다리게 해서 미안하네. 도무지 집중을 할 수가 없군.

애국심으로 가득 찬 유언을 남기며

위대한 이 나라는 별일 없는가?

하지만, 구전에 의하면 자신이 가장 좋아하는 휴양지인 보노르에 갈 수 있을 정도로 곧 회복할 수 있다는 말에 이렇게 말했다고 한다.

제기랄.

지한기르 Gianger
오트만 제국의 술탄인 술레이만의 아들, 1553년 자살.

그의 아버지가 또 다른 아들인 무스타파의 살가죽을 벗겨 자신에게 건네자

격분하여
이런 끔찍한 일이! 불경스럽고 사악한 짐승, 반역자, 살인자! 당신을 어떻게 아버지라고 부를 수 있겠습니까? 무스타파의 보물과 말과 무기를 다 가져가시오.
(::무력이나 책략으로 집권한 왕자는 남은 형제와 그 자녀를 죽일 수 있는 권리가 인정되었기에 왕위 계승을 둘러싼 암투에서 형 무스타파가 희생되었고 이복형을 사랑했던 동생 지한기르는 그 여파로 목숨을 끊었다.)

구스타브스 아돌프스 2세
Gustavus Adolphus II

스웨덴 왕, 1632년 사망.
루첸 전투에서 동생인 라우엔버그 공작에게
나는 이 정도면 됐다. 너는 어서 피하거라.
애국심으로 가득한 또 다른 유언을 남기며
종교와 자유를 위해 나의 피로 봉인을 하리라.

하드리아누스 황제 Hadrian
로마 황제, 138년 사망.
불쌍한 어린 영혼이 훨훨 날아가도다. 나의 손님과 나의 동지들이여, 헐벗고 가쁜 숨을 몰아쉬며 어디로 가는가? 늘 그랬듯이 농담을 하고 편히 즐기라.

하룬 알 라시드 Harun Al-Rashid
아바시드 왕조의 칼리프, 이슬람 통치자이자 예술후원자로 809년 사망.
마지막 순간이 찾아오면 시인이 말한 것을 기억하라. '위대한 종족의 후손으로, 나는 가장 힘든 운명을 받아들였다.'

앙리 4세 Henri IV
프랑스 왕, 1610년에 암살당함.
아무 것도 아니다.

하인리히 4세 Henry IV
독일의 왕이자 신성로마제국 황제, 1106년 사망.
온갖 보물을 탕진해 버리다니 얼마나 슬픈 일인가. 그 보물들을 가난한 사람을 위해 사용했었다면 얼마나 좋았을까? 하지만 전지전능한 분 앞에서 감히 맹세하기를, 나는 교회를 발전시키기 위해 온갖 노력을 다했노라.

헨리 2세 Henry II
영국 왕, 1189년 사망.
패배를 당한 왕에게는 오직 수치뿐이다.

헨리 4세 Henry IV
영국 왕, 1413년 사망.
자신이 아파서 누워 있는 방의 별칭이 '예루살렘'이라는 말에
하늘에 계신 아버지께 찬미를. 내가 이 방에서 죽게 될 것임을 알고

있다. 예언에 따라 이승에서의 삶을 예루살렘에서 마칠 것이다.

헨리 8세 Henry VIII
영국 왕, 1547년 사망.
사제! 사제를 불러와!

헨리, 웨일즈의 왕자
Henry, Prince of Wales
제임스 1세의 아들, 1612년 사망.
무어라 말하고 싶지만 그럴 수가 없구나.

캐서린 하워드 Catherine Howard
헨리 8세의 아내, 1542년 처형당함.
여왕으로 죽지만 차라리 컬페퍼의 아내로 죽을 수 있었으면 좋았을 것을. 신이여, 내 영혼을 구하소서. 여러분 나를 위해 기도해 주시오.
(∷ 왕비가 되기 전 불륜을 거듭한 사실이 왕에게 알려져 엄중한 심문을 받고 유폐되었다가 런던탑에서 참수당함.)

이사벨라 여왕 Isabella
스페인 여왕, 1504년 사망.
나를 위해 울지도 말고 가망 없는 회복을 기원하며 기도를 드리지도 마시오. 대신 내 영혼이 구원받을 수 있도록 기도해 주오.

제임스 2세 James II
영국 왕, 1701년 망명 도중 사망.
자신에게 쉴 곳을 마련해 주고 임종에 찾아온 프랑스 왕 루이 16세에게 고맙소. 평화가 함께하길.

제임스 5세 James V
스코틀랜드의 왕, 1542년 사망.
악마의 농간이어라! 시작한 것처럼 끝도 있을지니. 계집과 함께 시작해서 계집과 함께 사라지리라.

여호람 Jehoram
유대의 왕, BC 849년 암살당함.
이는 반역이다!

존 John
영국 왕, 1216년 사망.
내 영혼은 하나님께 드리며 내 몸은 성 올스테인에게 바친다.

요세프 2세 Joseph II
신성로마제국의 황제, 1790년 사망.
내 묘비에 이렇게 써라. '여기 자신이 맡은 모든 임무에 있어 성공적이지 못했던 요세프 잠들다.'

조세핀 드 보아르나이
Josephine de Beauharnais
프랑스의 황후이자 나폴레옹의 부인, 1814년 사망.
나폴레옹! 엘바! 마리 루이즈!

줄리어스 카이사르 Julius Caeser
로마 황제, BC 44년 암살당함.
자신을 칼로 찌른 음모의 지도자, 마르쿠스 주니우스 브루투스에게
브루투스, 너냐?

요세프 2세

제임스 2세

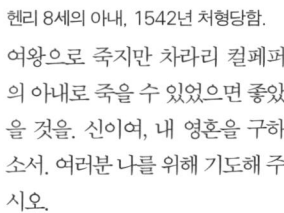

데이비드 칼라쿠아 David Kalakua
하와이의 왕, 1891년 사망.
자신의 유언을 녹음으로 남기며 국민들에게 말하고 싶소, 내가 우리의 신과 우리의 생활 방식을 되찾으려 애썼다고….

압둘 라만 칸 Abdul Rahman Khan
아프가니스탄의 아미르, (∷아랍 국가의 군주를 칭하는 말.) 1901년 사망.
나의 영혼이 신에게 간다고 해도 정신은 이곳 아프가니스탄에 남을 것이오. 내 아들과 내 계승자들에게 하고 싶은 마지막 말은 페르시아인들을 결코 믿지 말라는 것이다.

콘라딘 Konradine
스웨덴 왕, 1268년 처형당함.
아, 어머니! 오늘 이 소식을 들으시면 얼마나 슬프실까….

마리 테레즈 루이즈, 람발의 왕녀
Marie-Thérèse-Louise, Princess de Lamballe
프랑스 귀족, 1792년 군중들에 의해 피살당함.
마리 앙투아네트와 내통해 혁명에 반대한 혐의로 잡힌 그녀에게 군중들이 '프랑스 만세'를 외치라고 강요하자 당신들에게 큰 화가 있기를!

레오폴드 1세 Leopold I
벨기에 왕, 1865년 사망.
내 곁을 떠나지 마오.

레오폴드 2세 Leopold II
벨기에 왕, 1909년 사망.
몸이 뜨거워지는 게 느껴지는군.

로타 1세 Lothar I
프랑크족의 왕, 885년 사망.
이토록 위대한 왕에게 죽음을 행사하는 저 높은 곳의 왕은 어떤 분인가?

루이 1세 Louis I
프랑스 왕, 840년 사망.
저리 비켜, 비키거라!

생 루이 Saint Louis
프랑스의 루이 11세, 1270년 사망.
이제 하나님의 저택으로 들어가는구나.

루이 13세 Louis XIII
프랑스 왕, 1643년 사망.
디네! 나를 괴롭히는 생각이 자꾸 일어나는구나. 하나님, 온 마음으로 당신께 귀의합니다.

루이 15세 Louis XV
프랑스 왕, 1774년 사망.
신하들에게 보내는 공식적인 사과문에 관해 언급하며
알모너, 지금 적은 것을 읽어 보게, 되풀이해 잘 읽어 보게.

루이 16세 Louis XVI
프랑스 왕, 1793년 단두대형에 처해짐.
이 잔을 마지막까지 남김 없이 마셔야겠군.

루이 17세 Louis XVII
루이 16세의 10살짜리 아들, 감옥에서 1795년 사망.

레오폴드 1세

루이 16세

루이 14세 ^{Louis XIV} | 프랑스 왕, '태양왕'이라고도 불렸다. 1715년 사망.

> 왜 우느냐? 내가 영원히 살 것이라고 생각했느냐? 죽는 것이 사는 것보다 더 힘들구나.

말할 게 있어요. 내가 받는 고통은 그렇게 심하지는 않아요. 음악이 저렇게 아름답잖아요. 들어 봐요. 저 목소리 중에서 내 어머니의 목소리가 들려요!

루이 18세

루이 18세 ^{Louis XVIII}
프랑스 왕, 1824년 사망.
침대에서 일어나 앉으려 노력하면서
왕은 모름지기 똑바로 서서 죽어야 하는 법!

부르봉 가의 루이 1세, 콩데 공
Louis I de Bourbon, Prince de Condé
프랑스 귀족, 1569년 야르낙전투에서 사망.
적의 공격을 피해 얼굴을 가리라고 말하는 친구 다장스에게
이봐, 다장스, 자네조차도 나를 구할 수는 없을 걸세.

부르봉 가의 루이 2세, 콩데 공
Louis II de Bourbon, Prince de Condé
절대왕정을 반대하는 프롱디스트 지도자이자 후에 루이 14세가 가장 아끼는 장군 중 한 명이 된 프랑스 귀족. 1688년 사망.
신을 믿지 않았던 그가 죽음 직전에 이 말을 남겼다고 하지만 그 신빙성을 의심하는 사람들이 많다.
당신의 정의가 나를 평화롭게 합니다.

루이 드 도펭 ^{Louis de Dauphin}
루이 15세의 아들, 1765년 사망.
버던 추기경의 손을 잡으며
당신 손을 내 심장에 올려놓고 그 손을 치우지 마시오.
의사가 맥박을 짚으려 하자
추기경의 이 손을 치워 주시오. 그의 손이 얼마나 무거운지 모르겠구려.

마담 루이즈 ^{Madame Louise}
루이 15세의 딸, 1800년 사망.
서둘러! 천국으로 빨리 뛰어가자.

루이즈 ^{Louise}
프러시아의 왕비, 1820년 사망.
왕비이지만 내 팔을 움직일 힘조차 없구나.

프러시아 왕비, 루이즈

오스트리아의 마가렛
Margaret of Austria
네덜란드를 섭정했으며 1530년 사망.
조카이자 나중에 신성로마제국의 황제가 되는 카를 5세에게 보내는 마지막 편지에서
너를 나의 유일한 후계자로 결정했다. 이런 나의 뜻을 받들어 책임을 다해야 한다. 네가 없는 동안 이 나라를 그저 그대로 유지한 것

마리 앙투아네트 Marie Antoinette | 프랑스 루이 16세의 왕비, 1793년 단두대 형에 처해짐.

단두대로 올라가며 형리의 발을 밟자
미안해요, 일부러 그런 건 아니에요.

이 아니라 더욱 광대하게 넓혀 놓았다. 이제 이 나라를 너에게 남겨주려 한다. 나에게 충성을 보여 주었던 이 나라의 정부와 관리들도 너에게 건네줄 것이다. 하늘이 보상을 내리고 너 역시 만족할 방식으로 모든 것을 네게 돌려 줄 것이다. 신하들의 뜻을 받아들여 영국과 프랑스 왕과 친선을 유지하라. 영혼의 구원을 믿고 나에게 보여주었던 사랑을 가신과 하인들에게도 보여 주길 바란다. 마지막 인사를 고하며 너의 번영과 장수를 기원할 것이다. *1530년 11월 마지막 날, 사랑하는 마가렛 고모가.*

마가렛 Margaret
스코틀랜드의 왕비, 1445년 사망.
Fin de la vie! Qu'on ne m'en palre plus. (인생의 끝! 더 이상 나에게 죽음을 언급하지 말라.)

오스트리아의 마리아 테레지아
Maria Theresa of Austria

오스트리아 대공비이자 헝가리, 보헤미아의 여왕. 신성로마제국 프란츠 1세의 아내로 1780년 사망.

잠들 수도 있지만 그럴 수는 없

다. 죽음이 너무나 가까이 와 있으니까. 내가 의식 없는 틈을 타 죽음이 찾아오게 내버려둘 수는 없지 않은가. 15년간 죽음을 대비해 왔으니 깨어 있는 채로 맞이해야겠지.

마리아 테레사 Maria Theresa
프랑스 귀족, 1683년 사망.
창밖에 내리는 비를 보며 내 앞에 놓인 먼 길을 떠나기에는 그리 좋지 않은 날씨군요.

메리 1세 Mary I
영국 여왕, 1558년 사망.
영국령이던 칼레가 자신의 즉위 기간 중 프랑스로 넘어간 것을 애통해하며
죽고 나서 내 시신을 열어 보면 심장에 '칼레'라고 새겨져 있을 것이다.

메리 2세 Mary II
영국 여왕, 1694년 사망.
자신을 위해 기도하다 감정이 북받쳐 말을 잇지 못하는 틸스톤 대주교에게
왜 기도를 멈추십니까? 나는 죽음이 두렵지 않습니다.

메리, 스코틀랜드의 여왕
Mary, Queen of Scots
자매인 엘리자베스의 명령에 의해 반역죄로 1587년 처형.
울지 마시오. 당신들을 위해 기도할 테니. 주여, 당신을 믿습니다. 당신은 나를 영원토록 보호하실 것입니다. 주여, 당신의 손에 내 영혼을 바칩니다.

메리 1세

막시밀리언 Maximilian
멕시코 황제, 1867년 사망.
마지막 순간에 아내의 이름을 중얼거렸다.
로테!

요하임 뮤라 Joachim Murat
'나폴리의 왕', 1815년 군대에 의해 처형당함.
병사들, 제군의 임무를 다하게. 심장을 겨냥하고 얼굴은 그냥 남겨두게. 죽음을 너무나 자주 대면해 와서 두렵지 않으니.

나폴레옹 2세 Napoleon II
나폴레옹 보나파르트의 외아들이자 라이히슈타트의 공작, 1832년 결핵으로 사망.
어머니를 불러 줘! 어머니를! 저 테이블을 치워 버려. 더 이상 필요한 것은 없으니.

나폴레옹 3세 Napoleon III
프랑스 왕, 1873년 추방 기간 중 사망.
끔찍한 패배로 끝나 자신의 폐위와 제 3공화국 수립을 이끈 전투(::1870년 프로이센·프랑스 전쟁 중 프랑스가 참패한 스당 전투.)를 떠올리며
그 때 스당에 있었나?

오스카 Oscar
스웨덴 왕, 1901년 사망.
나로 인해 극장을 닫아서는 안 된다.

페리클레스 Pericles
아테네의 정치가, BC 429년 사망.
내 유언에 따라 그 어떤 아테네 인

44

마르쿠스 샐비우스 오토 Marcus Salvius Otho

로마 황제, AD 69년 자살.(∷네로의 친구로서 네로가 죽은 뒤, 친위대원에게 추대되어 제위에 올랐으나 3개월 만에 라인군단의 지지를 받은 비텔리우스와 싸워 패하고 자살하였다.)

자살을 그만두라고 간청하는 군대 앞에 칼을 세운 채로

너희들의 목숨을 보존하기 위해
내 목숨을 끊을 수 있는 영광을 빼앗지
말라. 더 많은 희망이 남아 있을수록 나의
이른 최후는 영광스러울 것이다.
나의 죽음으로 더 많은 로마인이 피
흘리는 일을 막을 수 있고 분열된 제국에
평화와 고요함을 가져올 수 있지 않은가.
제국의 평화와 안전을 위해 기꺼이 죽을
준비가 되어 있다.

자신의 노예를 자유롭게 풀어 주며

가서 군인들에게 이 사실을 알려라.
적어도 그들이 내 죽음의 장식물로 너를
갈가리 찢어 죽이는 일은 없을 것이다.

필리페 3세 Philip III | 스페인 왕, 1621년 사망.

> 왕좌에 오르지 않았으면 좋았을 것을. 왕좌에서 보낸 시간은 광야에서 외롭게 사는 것과 마찬가지였다. 하나님을 모시며 홀로 살았으면 얼마나 좋았을까. 그랬으면 더 평화롭게 죽을 수 있었을 것을. 얼마나 깊은 믿음을 지녀야 하나님께서 마련하신 영광스러운 자리에 앉을 수 있을까. 죽음에 이르러 이렇게 고통스럽다면 그동안 나의 영광이 무슨 소용이 있을까.

도 상복을 입어서는 안 된다.

포르투갈의 피터 왕자
Prince Peter of Portugal

'해상왕 앙리'의 동생, 15세기 사망.

오, 나의 육신이여! 더 이상 네가 할 수 있는 일이 없구나. 나의 영혼이여! 왜 여기서 맴돌고 있는가? 싸우라, 나의 동료여! 이 악당들아! 해볼 테면 해 보아라!

필리페 2세

표트르 대제 Peter the Great

러시아의 차르, 1725년 사망.

마지막 유언을 글로 남겼다. 이 모든 것을 돌려 주라….

표트르 3세 Peter III

러시아의 차르. 아내인 카트리나 여왕의 명령으로 1792년 목 졸려 피살당했다.

나의 스웨덴 통치를 가로막고 내 머리에서 러시아의 왕관을 빼앗아갈 수는 없다. 그러려면 먼저 내 숨통을 끊어야 할 것이다.

필리페 2세 Philip II

스페인 왕, 1598년 사망.

훌륭한 가톨릭 교도로 죽고 싶다. 거룩한 로마 교회에 대한 믿음과 복종 속에서 말이다.

리처드 1세 Richard I

영국 왕, 1199년 프랑스와의 전쟁터에 나갔다가 살해당함.

젊은이, 너를 용서한다. 그의 수갑을 풀고 100실링을 주어 보내거라.

리처드 3세 Richard III

영국 왕, 1485년 사망.(∷리치먼드 백작 헨리와 싸우다 패배하여 전사하였고, 이것으로 장미전쟁이 끝나 백작은 헨리 7세로서 튜더

셉티무스 세베루스 Septimus Severus | 로마 황제, 211년 사망.

> 작은 단지여! 이제 곧 네게 세상이 담을 수 없었던 사람의 유골이 담길 것이다.

왕조의 시조가 되었다.)
나는 한 발자국도 움직이지 않고 영국의 왕으로 죽을 것이다. 반역! 반역이다!

합스부르그의 루돌프
Rudolf of Hapsburg

오스트리아 황태자, 1889년 자살.
연인인 마리 베체라와 자살 문서를 작성하면서 아내에게 남긴 마지막 편지에서
스테파니, 내 존재로 인해 그동안 받았던 고통으로부터 당신은 해방되었소. 이제 행복하게 살기를. 내가 남긴 유일한 존재인 불쌍한 어린 소녀를 잘 대해 주오. 내가 아는 모든 사람, 특히 봄벨르, 스핀들러, 라투어, 노보, 기젤라, 레오폴드에게 안부를 전해 주오. 나는 조용히 죽음과 대면하려 하오. 오직 죽음만이 나의 고귀한 이름을 보존해 줄 수 있으니까. *사랑을 담아 당신의 루돌프로부터.*

살라딘 Saladin
살라흐 앗딘 유스프 이븐 아이유브라고도 한다. 이집트, 시리아, 예멘과 팔레스타인의 무슬림 술탄으로 아이유브 왕조의 창시자이며 가장 유명한 이슬람 영웅, 1193년 사망.

'보이는 것과 보이지 않는 모든 것을 알고 있었으며 동정심 많고 자비로운 그는 다른 어떤 신보다 위대하다'라는 문장을 듣고
맞는 말이군.

사울 Saul
이스라엘 왕, BC 1000년 사망.
목숨이 아직 붙어 있어서 고통이 나를 이토록 괴롭히나니, 원컨대 내 앞에 서서 나를 칼로 찌르라.

스타니슬라우스 1세 Stanislaus I
폴란드 왕, 1766년 망토에 불이 붙어 화상으로 사망.
몸을 따뜻하게 하라고 준 망토가 나를 너무 따뜻하게 해준 것 같네.

탬벌레인 Tamburlaine
인디아에서 러시아를 지나 지중해에 이르는 대제국을 건설한 터키의 지도자, 1405년 사망.
고함을 쳐서 죽음을 놀래켜 쫓아 버린 예는 일찍이 없었다지.

테오도릭 황제 Theodoric
메로빙거 왕, 534년 사망.
칠흑처럼 검은색 말을 타고 사라지며
나는 말타기에 능숙하지 않다. 내가 탄 이 말은 비열한 악마임에 틀림없다. 하지만 하나님과 성모 마리아의 가호가 함께 한다면 돌아

올 수 있을 것이다.

티투스 Titus
로마 황제, AD 81년 사망.
그럴 정도로 나쁜 일을 하지 않았는데 생명이 나에게서 멀어져 가고 있구나. 후회할 만한 일을 한 것 같지 않은데 말이다.

마리 베체라 Marie Vetsera
오스트리아의 남작 부인, 합스부르그의 루돌프 황태자와 1889년 동반자살함.
친구인 마리 라리슈(::황태자의 사촌 누이로 두 사람의 만남을 몰래 도왔다.)에게 남긴 편지에서
마리, 나로 인한 모든 소동을 용서해 주길 바래. 네가 나를 위해 해준 모든 일에 감사해. 만일 너 역시 삶이 힘들다면, 우리가 세상을 뜬 후에는 더욱 그렇겠지만, 우리를 따라 오도록 해. 그것이 네가 할 수 있는 최선일 거야.

빅터 엠마뉴엘 2세
Victor Emmanuel II
이탈리아 왕, 1878년 사망.
얼마나 오래 버틸 수 있을까? 끝내야 할 중요한 일이 몇 가지 남아 있는데.

빅토리아 Victoria
영국 여왕, 1901년 사망.
아들이자 왕위 계승자인 에드워드 7세를 불러
드디어 평화가 찾아오는구나.

비텔리우스 Vitellius
로마 황제, AD 69년 처형됨.

사형 집행인에게
한때는 내가 너의 황제였도다.

정복왕 윌리엄 William the Conqueror
영국 왕, 1087년 사망.
축복받은 마리아의 중재로 그분의 고귀한 아들이자 우리 주 예수 그리스도를 받아들일 수 있기를 바라며 모든 것을 성녀 마리아 당신의 손에 맡깁니다.

윌리엄 2세 William II
영국 왕, 1100년 사냥터에서 화살 오발로 사망.
화살을 쏘았지만 사슴을 맞히지 못한 월터 티렐에게
월터! 어서 쏘게! 악마를 쏘듯 말이야!

윌리엄 3세 William III
영국 왕, 1702년 사망.
이 고통이 오래 갈까?

침묵왕 빌헬름 William the Silent
독일공화국의 창립자, 1584년 암살당함.
'자신의 영혼이 예수님께 갈 것임을 믿느냐'는 질문에
하나님께서 내 영혼과 불쌍한 사람들에게 자비를 베풀어 주신다면. ■

영국 여왕, 빅토리아

'붉은 남작'으로 불린 리트마이스터 맨프레드 프레이어 폰 라히트호펜

chapter
.3

dulce et decorum

아름답고 예의바르게

노병은 죽지 않는다. 다만 계속 말을 이어갈 뿐

랄프 애버크롬비 경
Sir Ralph Abercromby

영국 군인, 1801년 애보키르 전투에서 사망.

부상당한 자신을 위해 한 군인이 모포를 포기했다는 말을 듣고
병사의 모포라고? 즉시 그에게 이 모포를 돌려 주게!

아낙사비우스 Anaxabius

그리스 병사. 매복 중 사망.

명예가 나를 엮어줄 이 자리에서 죽는 것은 좋은 일이지만 자네는 적들이 몰려오기 전에 빨리 몸을 피하길 바라네.

루이스 아미스테드 장군
General Lewis Armistead

독립 전쟁 중 미국군 지도자, 1863년 사망.

빨리 그들에게 총기를 주게!

조지 베이어드 장군
General George Bayard

미국 독립전쟁 지도자, 1862년 프레데릭스버그 전투에서 전사.

내 검정말과 밤색말은 아버지께 드립니다. 지갑에 60달러가 들어 있습니다. 트렁크 속에 있는 서류는 병참부에 넘겨야 할 것들입니다. 아버지, 어머니, 내 여동생들. 다시 한 번 사랑을 보냅니다.

G. E. 벤슨 G. E. Benson

보어전에 참전한 영국 장교, 1899년 바켄라그테 전투에서 사망.

야습과 기습 전문가였던 그는 178명 병사 중 161명과 함께 전사했다.

더 이상 야간 행군은 하지 않을 것이다. 이제 해가 떴다. 모두에게 작별을, 하나님의 축복이 함께 하길.

에드워드 브래드독 Edward Braddock

영국 군인, 1755년 미국 포트 덩케슨 근처에서 인디언에 대항해 싸우다가 전사.

다음 번에는 이들을 훨씬 더 잘 다룰 수 있을 텐데.

피에르 캄브론 제독
Marshal Pierre Cambronne

워털루의 나폴레옹 친위대 대장, 1815년 전사.

항복 요구를 거부하며
말도 안 되는 소리. 친위대는 죽음을 택하지, 항복을 택하는 법은 절대 없다.

조지 캐스카트 George Cathcart

영국 군인, 1854년 크림 전쟁 중 인커만 산 공격 도중 전사.

부관인 메이트랜드에게 이야기를 하던 중 날아온 총탄에 심장을 관통당해 말에서 떨어지기 직전에 남긴 말
지금 우리는 난장판 속에 있는 듯 하네.

조지 커스터 장군
General George Custer

미국 군인, 1876년 리틀 빅혼 전투에서 전사.

벤틴, 이리 오게. 재빨리 가서 병력을 더 불러 오게.

조지 커스터 장군

마르쿠스 주니우스 브루투스 Marcus Junius Brutus | 로마의 장군, BC 42년
필리피 전투에서 전사.

> 잘못된 용기여! 그저 이름에 지나지 않지만 나는 너를 여전히 숭배하도다. 하지만 지금 보니 너는 행운의 노예에 지나지 않았구나.

조지 더프 대령 Captain George Duff
영국의 해군, 1805년 트라팔가 해전에서 전사.

아내에게 보낸 마지막 편지에서
사랑하는 소피아, 함대를 이끌고 이제 작전을 개시할 시간이 되었소. 소중한 당신과 아이들을 내 팔로 안는 행복을 다시 느낄 수 있도록 하나님께 간절히 바라고 있소. 노위치(더프 대령의 아들로, 아버지의 전사 장면을 지켜보았다)는 아주 잘 해내고 있소. 뒷갑판 쪽으로 가 있으라고 명령을 내렸다오.
당신의 조지 더프.

영국 군인, 찰스 고든 장군

던디 자작 Viscount Dundee
'보니 던디' 라는 별칭으로 불린 스코틀랜드의 군인, 1689년 킬리크랭키 전투에서 전사.

전황이 어떠냐는 질문에 '제임스 왕에게는 잘된 일이지만 자작에게는 좋지 않다' 는 말을 듣자
제임스 왕에게 유리하다면 나에게는 불리하겠군.

헨리 에그버트 대령 Colonel Henry Egbert
미국 군인, 1899년 미국이 마닐라 침공 시 전사.

장군, 저는 이제 끝난 것 같습니다. 너무 늙었거든요.

유클레스 Eucles
그리스 군인, BC 490년 사망.
적은 수의 그리스 군대가 페르시아 대군을 무찔렀다는 마라톤 전투의 승리를 전하기 위해 먼 거리를 달려 소식을 마치고 숨을 거두었다.
우리가 이겼다! 승리했다!

찰스 '차이니스' 고든 장군 General Charles 'Chinese' Gordon
영국 군인, 1885년 카르툼 공격에서 전사.

동생에게 보낸 마지막 편지에서
내 임무를 다하려 노력했으니 기쁘단다. 하나님께 감사드린다.
마지막 일기에서
내 조국을 영광스럽게 하는 최상의 일을 행했다.

베르트랑 뒤 게스클랭 Bertrand du Guescline
'브리타니의 독수리' 라는 별칭으로 불린 프랑스의 원수, 1380년 적진을 공격하다가 전사.

오직 무기를 든 자만 상대하는 것이 너희들의 임무임을 기억하라.

목사와 가난한 자들, 여성과 어린 아이들은 우리의 적이 아니다. 폐하와 나의 아내, 형제에게 내 안부를 전하거라. … 이제 막바지에 이른 듯하구나….

장 윔베르 장군 General Jean Humbert
프랑스 군인, 1921년 사망.

내 조국으로부터 멀리, 너무나도 멀리 떨어진 곳에서 죽는구나! 고향의 묘지, 가난했던 부모 곁에서 죽기를 바랐건만. 친구여, 하나님의 뜻이 이렇게 이루어지는군.

장 란느, 몽트벨로 공작
Jean Lannes, Duc de Montebello

나폴레옹 군대의 총지휘관, 1809년 에슬링의 아스페른 전투에서 전사.

여전히 나폴레옹이 초자연적인 존재라고 생각했던 그는 마지막 순간에도 이런 말을 남겼다.

나폴레옹께서 나를 구해 주시길!

칼 테오도어 쾨르너
Karl Theodor Koerner

독일의 애국적인 시인, 1813년 22세 나이로 나폴레옹에 대항하는 전쟁에서 전사해 국민적 영웅이 되었다.

자신의 상처를 언급하며
여기에 상처를 입긴 했지만 별로 중요한 문제는 아니오.

제임스 로렌스 함장
Captain James Lawrence

미국 해군, 1813년 전사.

영국 군함 셰넌 호에 대항해 미국의 체사피크 호를 지휘하며
절대 배를 포기해서는 안 된다.

오토 릴리엔탈 Otto Lilienthal
독일의 항공기 선구자, 1896년 비행기 충돌 사고로 사망.

희생이란 마땅히 일어나게 마련이지.

몽칼므 후작 Marquis de Montcalm
캐나다 주둔 프랑스군 지휘관, 1759년 퀘벡에서 전사.

차라리 잘된 일이지. 퀘벡의 함락을 살아서 보는 것보다 훨씬 낫군.

사이몬 드 몬포트 Simon de Monfort
영국 귀족, 1265년 에브샴 전투에서 전사.

군사들에게
우리 영혼을 하나님께 바치세. 우리 육신은 적의 것이 될 테니.

리트마이스터 맨프레드 프레이어 폰 리히트호펜
Rittmeister Manfred Freiherr von Richthofen

'붉은 남작'이라는 별명(::공중전의 기체 조작이 천재적이었다고 하며, 동체 전부를 주로 진홍眞紅으로 칠한 '포카 Dr1 전투기'에 탑승하여 싸웠기 때문에 불린 별명임.)으로 알려진 독일의 전투기 조종사, 1918년 폭격으로 전사.

안전을 걱정하는 정비사에게
자네는 내가 돌아올 것이라고 생각하지 않나 보지?

필립 시드니 경 Sir Philip Sydney
영국 군인, 1586년 주펜 전투에서 전사.

옆의 부상병에게 물을 건네며
나보다는 자네가 훨씬 더 급한 것 같군.

시모니아데스 Simoniades

그리스 군인, BC 468년 사망.

BC 480년 페르시아군 침공 당시 테르모필레의 통로를 지키다 죽은 스파르타인들을 칭송하는 시에서

라케다이몬(::고대 스파르타의 별명으로, 고전시대에는 스파르타가 중심도시의 명칭으로 쓰인 반면에 라케다이몬은 도시국가의 정식 명칭으로 사용되었다.)에게 우리가 여기서 그리스의 법을 지키다 쓰러졌노라고 말하라.

J. E. B. 스튜어트 장군
General J. E. B. Stuart

미국 군인, 1864년 남북전쟁 옐로 테번 전투에서 전사.

하나님의 뜻이라면, 여기서 단념할 수밖에.

테컴세 Tecumseh

미국 인디언 쇼니족 지도자, 웅변가이자 군사 지도자. 1813년 미국 군대에 대항해 싸우다 전사.

나의 형제 전사들! 우리는 돌아오지 못할 전투에 발을 들여 놓으려 하고 있다. 나의 몸은 전쟁터에 남아 있게 될 것이다.

윌리엄 B. 트래비스
William B. Travis

알라모 요새 지휘관, 1836년 알라모에서 사망.

산타아나에서 1천 명 멕시코 군인들에게 포위되었다. 24시간 계속 공격을 받았지만 단 한 명의 군사도 잃지 않았다. 적들은 항복을 요구했지만 나는 대포 세례로 응답했고 우리의 깃발은 여전히 성벽 위에서 자랑스럽게 휘날리고 있다.

'미친 앤소니' 웨인
'Mad Antony' Wayne

미국 군인, 독립전쟁에 참전했다 1786년 전사.

이것이 마지막인가. 나는 죽어 가고 있다. 더 이상 참을 수 없다. 언덕 위 깃대 옆에 나를 묻어 주오.

제임스 울프 장군
General James Wolfe

영국 군인, 1759년 퀘벡 탈환 전투에서 사망. 그의 경쟁자였던 프랑스의 몽칼므 장군 또한 이 전투에서 전사했다.

마지막 명령을 내리며

장교와 사병들은 조국이 자신에게 무엇을 기대하는지 기억해야 한다. 의지 굳은 병사라면 다섯 개 대대를 능히 당해낼 수 있고 규범 없는 농부들과도 잘 어울릴 수 있다. 사병은 장교의 말에 귀를 기울여야 하고 자신의 임무를 다하기 위해 단호한 의지를 보여 주어야 한다.

부상을 입은 후, 위생병에게

빨리 버튼 대령에게 달려가 세인트 찰스 강에 있는 웹의 연대로 행군해 다리에서 도망치는 자들의 퇴로를 차단하라고 전하라. 나를 위해 울지 말라. 몇 분 후면 행복해질 테니까. 상처 입은 너희들 자신을 잘 돌보라. 나는 하나님을 찬미하며 행복하게 죽을 것이다. ■

미국 군인, 스튜어트 장군

베트남 학생인 낫 치 마이가 1967년 사이공에서 분신하는 모습

chapter .4

my contry 'tis of thee

나의 조국을 위해

사람들은 애국심을 마지막 안식처로 삼는다

존 애덤스 박사 Dr. John Adams
미국의 종교지도자, 1862년 사망.

남북전쟁의 발발에 슬퍼하며 적은 마지막 일기에서

오늘로 나는 91세가 되었다. 작년은 고난과 시련의 한 해였다. 나의 조국, 아, 나의 조국이여! 내가 살아 있는 얼마 안 되는 시간 동안 평화가 돌아올 것이라고 기대하지는 않는다. 하지만 하나님의 백성들에게 영원한 평화가 찾아오기를 고대하고 있다. 하나님께서 이 나라를 다스리신다. 그분은 당신의 모든 목적을 이루실 것이다.

로베르 블룸 Robert Blum
프랑스의 사회개혁자, 1848년 총살형으로 사망.

총살에 일반적으로 사용되는 눈가리개를 거부하며

내 눈으로 직접 죽음을 목격하고 싶다. 나는 자유를 위해 죽는다. 조국이 나를 기억해 주길. 이제 준비되었다. 실수 없이 지체 말고 진행하라.

존 윌크스 부스 John Wilkes Booth
아브라함 링컨 대통령 암살자, 1865년 처형당함.

아들이 조국을 위해 목숨을 마쳤노라고 내 어머니에게 전해 주시오. 최선을 위해 저지른 일이오.

마르코스 보차리 Marcos Bozzari
그리스의 애국자이자 바이런 경(::영국의 낭만파 시인.)의 친구, 1823년 독립전쟁에서 전사.

자유를 위해 죽는 것은 즐거움이지 고통이 아니다!

나폴레옹 보나파르트
Napoleon Bonaparte

프랑스 황제, 1821년 사망.

오, 프랑스! 군대여! 군대 지휘자! 조세핀!(::나폴레옹의 첫번째 아내.)

칼 브란트 장군 General Karl Brandt
나치 전범, 1946년 교수형으로 사망.

교수대에 서는 것은 수치가 아니다. 앞서 처형된 사람들이 그랬듯이 나도 조국을 위해 봉사했으니.

오토 폰 비스마르크 백작 Count Otto von Bismark | 독일의 정치가, 1898년 사망.

> 거짓으로 가득한 의례적인 묘비명은 필요치 않다. 나의 주인인 프러시아 빌헬름 황제의 신실한 하인이었다고만 써달라.

로버트 브루스 Robert Bruce
스코틀랜드 왕, 1329년 사망.

제임스 더글러스 경에게

이제 곧 죽을 것 같소. 내가 죽으면 시체에서 심장을 꺼내 보존처리를 하시오. 나의 금고에서 가능한 한 많은 돈을 꺼내서 당신이 선택한 사람들을 수행원으로 거느리고 여행을 떠나시오. 그리고 우리 주 예수께서 묻히신 신성한 성지를 찾아가 나의 심장을 묻으시오. 용감한 기사여, 고맙소. 내게 약속해 주오…. 왕국에서 가장 충성스럽고 용감한 기사가 나 스스로 행할 수 없는 일을 대신 맡아준다는 사실을 알고 평화롭게 죽을 수 있도록 해주신 하나님께 감사를!

제임스 부캐넌 James Buchanan
미국 대통령, 1868년 사망.

결과가 어떻건 간에, 조국을 위한 마음으로 살았다는 사실을 양심을 걸고 무덤까지 가져가려 한다.

존 C. 칼훈 John C. Calhoun
미국의 정치가, 1850년 사망.

남부동맹! 불쌍한 남부동맹! 신께서만 남부동맹이 어떻게 될 것인지 아실 것이다.

칼리크라테스 Callicrates
그리스 장군, BC 148년 플라테아 전투에서 전사.

내 조국을 위해 죽어야 하기 때문에 슬픈 것이 아니다. 적에 대항해 팔을 들어올릴 수 없기에, 무언가를 달성하길 바랐지만 그럴 수 없기에 슬플 뿐이다.

루이 드 카모엔스 Luis de Camoens
포르투갈의 시인, 1580년 사망.

이제 인생의 막을 내린다. 조국을 너무나 소중히 생각하기에 이 나라에서 죽는 것에서 한 발 더 나아가 이 나라와 함께 죽기를 바랐다는 사실을 모두가 확인하게 될 것이다.

마이클 카모디 Michael Carmody
아일랜드 카운티 코크의 직조공 도제, 1734년 처형됨.

면직물이 인기를 얻으면서 자신이 몸담고 있던 모직산업이 점점 침체되자 범죄에 가담하게 되었는데, 형장으로 걸어갈 때 그와 교수형 집행자가 모두 면직물로 만든 옷을 입고 있었다고 한다.

시민들이여, 죽음을 앞둔 이 죄인의 이야기에 귀 기울여 보시오. 어쩔 수 없이 여러 가지 범죄에 가담했음을 인정합니다. 모직물 제조업자들을 절망으로 몰아가는 상황이 계속되며 굶어 죽을 지경이었으니까요. 그러니 시민 여러분, 지금 내가 입고 있는 면직물 옷을 여러분이 계속 입는다면, 당신들은 이 나라를 절망으로 몰아가게 될 것이고 지금 보는 이런 좋지 않은 결과가 속속 등장할 것이외다. 교수대에서 들려주는 나의 경고가 끝난 후 목매달려 죽은 불쌍한 범인들의 피가 당신들의 집 현관까지 흥건하게 이어질 것입니다. 숨이 끊어져 가는 이 사람의 기도에 관심을 기울인다면 교수대를 장식하고 있는 형집행자에게 면직물 옷을 사주지 마시오. 나를 끔찍한 상황으로 몰고 간 원인을 본다면 무덤에서도 편히 쉬지 못할 것이기 때문이오. 아이들과 하인들이 처형 장면을 보지 못하도록 하시오. 굴 따는 여인과 범죄자들, 행상인들과 교수형 집행자를 제외하곤 이후로 누구도 면직물을 입지 않게 되기를.

이디스 카벨 Edith Cavell
영국의 간호사, 1915년 스파이 혐의로 처형됨.
애국심만으로는 충분하지 않다는 것을 알게 되었다. 누구에게도 증오나 미움을 가져서는 안 되었던 것이다.

조르주 클레망소 Georges Clemenceau
프랑스 수상, 1929년 사망.
독일을 마주한 곳에 선 채로 묻히고 싶다.(::클레망소는 1차 세계대전에서 연합군이 승리한 후 독일인에게는 모멸감을 가져다 준 베르사유 조약을 강행한 인물 중의 하나였다.)

오거스틴 코칭 Augustine Cochin
프랑스의 학자, 1916년 사망.
공화국은 자신이 낳은 자식에 의해 살해당했다. 증오의 1793년, 어리석은 1848년. 드디어 1870년, 프랑스 공화국은 무덤으로 향했다. 로베스피에르에 의해, 마라에 의해 죽음을 당했고 그 다음으로는 음모와 빛과 어리석은 행동에 빠져 인민의 전차에 세 번이나 올라 탄 매문가賣文家들에 의해 죽음을 당한 것이다.

레온 초골츠 Leon Czogolsz
미국 가필드 대통령의 암살범, 1901년 교수형을 당함.
내가 그를 죽인 것은 대통령이 선한 국민, 선한 노동자들의 적이기 때문이었다. 내가 저지른 일에 대해 후회하지 않는다.

리처드 하딩 데이비스 Richard Harding Davis
미국의 종군기자, 1916년 사망.
마지막 기고문에서
프랑스와 그 동맹국들이 승리하는 것이 모든 정의로운 미국인의 희망이자 바람이다. 지금 이들은 미국인이 가장 소중하게 여기는 가치를 수호하기 위해 전쟁을 벌이고 있다. 이들은 미국인을 위해 싸우고 있다. 이들의 승리는 결국 치욕스럽고 끔찍한 고통으로부터

레온 초골츠

나의 조국을 위해 59

이탈리아 코모에 있는 가리발디 동상

주세페 가리발디 Giuseppe Garibaldi | 이탈리아의 애국자, 1882년 사망.
임종 시 '이탈리아 국민'에 관한 고상한 말을 남기는 대신 창가에 날아온 두 마리 새를 언급하며

 내가 가고 나면 저 새들을 잘 돌봐 주게.

스스로를 지킬 준비가 되어 있지 않은 미국인을 구하게 될 것이다. 연합군을 지원하는 말과 행동은 공포에 대항하고 독재에 대항하는 중요한 일격이 될 것이며 더 의미 있는 문명, 더 고귀한 자유, 훨씬 더 살기 좋은 세상을 만들기 위한 노력이 될 것이다.

제임스 더글러스 경
Sir James Douglas

스코틀랜드의 애국자, 1330년 사망.
더글러스는 로버트 브루스 왕의 심장을 황금으로 만든 상자에 담아 예루살렘으로 길을 떠났지만 카스틸랴의 왕, 알폰소를 위해 안달루시아에서 전투를 벌이다 무어인들에게 살해당했다. 죽어 가면서도 브루스의 심장이 담긴 상자를 성지를 향해 앞으로 던졌다고 한다.
이제 당신께서 그토록 원하셨던 곳으로 보내드립니다. 당신의 신하, 더글러스는 당신을 따라 죽음을 택할 것입니다.

마르쿠스 리비우스 드루수스
Marcus Livius Drusus

로마의 정치가, BC 109년 사망.
공화국이 나와 같이 충직한 시민을 다시 만날 수 있을까?

한스 프랑크
Hans Frank

독일의 전범으로 폴란드 주재 나치군 총사령관, 1946년 교수형을 당함.
천 년이 지나도 독일의 죄의식은 지워지지 않을 것이다.

고팔 고세 나라얀 아팔
Gopal Godse Narayan Apal

마하트마 간디의 암살자, 1948년 교수형을 당함.
통일된 인디아를 위해!

존 카터렛, 그랜빌 백작
John Carteret, Earl Granville

영국의 정치가, 1763년 사망.
프랑스와 영국 사이에 벌어진 7년 전쟁을 종식시킨 파리강화조약의 초안을 살펴보며
지난 7년 동안 가장 영광스러운 전쟁을 벌였고 이제는 가장 명예로운 평화를 찾게 되었다.

리처드 그렌빌 경
Sir Richard Grenville

영국 엘리자베스 시대의 항해가, 1591년 사망.
여기서 나 리처드 그렌빌이 죽는구나. 조국과 여왕과 종교와 명예를 섬기는 훌륭한 군인에게 합당한 방식으로 인생을 마칠 수 있기에 기쁘고 고요한 마음으로 죽는

필립 해머튼 Philip Hamerton | 영국의 예술가이자 수필가, 1894년 사망.

> 정의와 권리가 언제나 지켜지고 약자가 핍박받지 않으며 정직한 사람이 그의 순수함 때문에 처벌받지 않는 나라, 불쌍한 동물들이 학대를 받거나 함부로 죽임 당하는 일이 없는 나라를 꿈꾸는 것은 그저 상상에 불과한 일인지도 모르겠다. 아무리 먼 곳으로 여행을 떠나도 이 세상에서 그런 나라를 찾지 못했으며 인류 역사상 그런 나라가 존재했다는 기록을 찾을 수도 없었기 때문이다.

다. 내 영혼은 더할 나위 없는 기쁨을 느끼며 육신으로부터 떠나간다. 하지만 비열한 배반자이자 형편없는 겁쟁이처럼 행동한 자들은 남은 인생 내내 부끄러운 이름을 간직하게 될 것이다.

네이선 헤일 Nathan Hale
미국 독립전쟁의 지휘관, 1776년 영국에 의해 스파이 혐의로 총살당함.
조국을 위해 바칠 목숨이 하나뿐이라는 사실이 안타까울 뿐이다!

아구스틴 드 이투르비데
Augustine de Iturbide
멕시코 군 총사령관이자 잠시 아구스틴 1세 황제로 즉위함. 1824년 사망.
나는 배신자가 아니다! 내 아이들과 그 후손들에게 이런 오명을 남길 수는 없다.(∷1822년 황제로 즉위했으나, 이듬 해 산타나 등 공화파 일당의 반란으로 추방되었음.)

헬렌 헌트 잭슨 Helen Hunt Jackson
미국의 소설가, 1885년 사망.

클리블랜드 대통령에게 보낸 편지 중에서
임종을 앞두고 당신이 인디언들을 위해 베풀어 준 호의에 대해 감사하는 마음으로 이 편지를 보냅니다. 제가 쓴 《불명예의 세기》를 읽어 달라고 요청한 일이 있을 것입니다. 당신이 나의 조국으로부터 불명예의 짐을 벗게 하고 인디언들에게 행해진 잘못을 바로잡을 것이라는 신념 속에서 죽을 수 있다면 더욱 행복할 것입니다. 존경과 감사를 담아, 헬렌 잭슨.

야곱 Jacob
성서 속 인물.
나는 이제 세상을 떠나게 되었다. 나를 헷사람 에브론의 밭에 있는 굴, 내 선조들 옆에 묻어 다오. 그 굴은 가나안땅 마므레 앞 막벨라 밭에 있다. 그것은 아브라함께서 묘자리로 쓰려고 헷사람 에브론에게서 밭째 사둔 것이다. 거기에는 아브라함과 사라 두 분이 묻혀 있고 이삭과 그 아내 리브가 두 분

아구스틴 드 이투르비데

칼 로디 Carl Lody
독일 스파이, 1914년 총살형을 당함.
가족에게 보낸 마지막 편지에서

사랑하는 가족들에게, 나는 하나님을 믿었고 그분은 결정을 내리셨다. 내가 세상을 떠날 시간이 찾아왔으니 이 끔찍한 전쟁에 참가한 수많은 동료들처럼 어둠의 골짜기를 통과하는 여행을 시작해야 한다. 조국을 위한 제단에 하찮은 목숨을 기꺼이 바칠 수 있기를. 전쟁터에서 영웅답게 죽음을 맞이하는 편이 훨씬 나았겠지만 이는 내 운명이 아닌 것을. 알려지지 않은 채로 조용히 적국에서 죽음을 맞지만 조국을 위해 봉사하다 죽는다는 사실을 알고 있기에 한결 마음이 편하다. 런던의 군사대법원은 나에게 군사음모죄로 사형을 언도했다. 내일 런던탑에서 총살을 당할 것이다. 하지만 스파이가 아닌 장교로 죽음을 맞을 것이다. 모두에게 작별을 고하며 하나님의 가호가 함께하길.

도 묻혀 있고 나도 레아를 거기에 묻었다. 그 밭과 거기에 있는 굴은 헷사람에게서 산 것이다.

토마스 제퍼슨 Thomas Jefferson

미국 대통령으로 1826년 독립기념일에 사망.
오늘이 7월 4일인가? 내 영혼은 하나님께 드리고 내 딸은 내 조국에 맡긴다.

헨리 로렌스 경 Sir Henry Lawrence

인도 총독, 1857년 사망.

묘비명을 정리하며
'여기 자신의 임무를 다하려 노력했던 헨리 로렌스 누워 있다', 이런 문장은 어떨까. '우리가 하나님께 반항을 할지라도 그분께서는 자비와 용서를 베풀어 주신다.' 이 말이 다니엘서에 나오지 않나? 내 아내의 묘비명에 쓰여 있는 말이기도 한데.

마오쩌뚱 Mao Zedong

중화인민공화국 주석, 1975년 사망.
그의 마지막 당부에 관해서는 두 가지 설이 등장하는데 해석에 따라 중국의 미래에 관한 상반되는 견해로 이해될 수 있다.

과거의 원칙을 따라 행동하는 것이 옳은가.
또는
과거의 원칙에 따라 행동하는 것이 옳다.

메테르니히 백작 Count Metternich

오스트리아의 정치가, 1859년 사망.
나는 질서의 신봉자였다.

드라자 미하일로비치

Draza Mihailovic

유고슬라비아의 자유투사, 1946년 총살형을 당함.
오랫동안 사건과 음모 속에 서 있었다. 운명은 자비를 베풀어 주지 않았고 힘든 소용돌이 속으로 몰아갔다. 나는 많은 소용돌이를 원했고 많은 소용돌이를 시작했다. 세계적인 소용돌이, 나와 나의 책임을 멀리 밀어 보낼 소용돌이 말이다.

낫 치 마이 Nhat Chi Mai

베트남 학생, 1967년 사이공에서 분신자살.
베트남에 평화를 가져오려는 사람들에게 사랑을 일깨우고 어둠을 깨치는 횃불이 되기 위해 이 한 몸을 기꺼이 바칩니다.

호레이쇼 넬슨 경 Lord Horatio Nelson

영국 제독, 1805년 트라팔가 해전에서 사망.
유언에 관해 여러 가지 이야기가 있지만 가장 유력한 것으로는
내 임무를 다하고 갈 수 있어 신께 감사한다.

호레이쇼 넬슨경

나의 조국을 위해

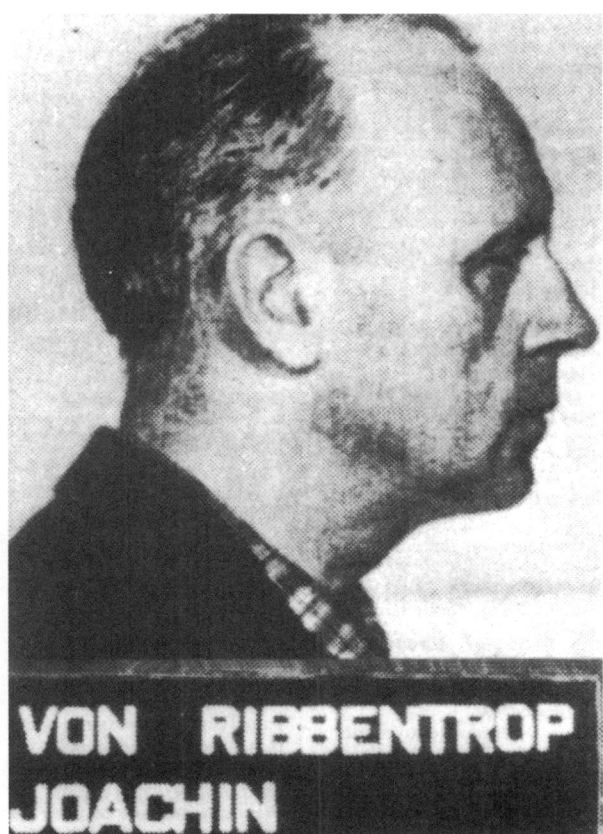

나치의 외무장관이었던 요하임 폰 리벤트로프, 전범 재판 직전에 찍은 사진.

'대피트', 윌리엄 피트 1세
William Pitt the Elder

영국의 정치가, 1779년 사망.

아들에게

조국이 부르니 어서 가라. 너의 모든 관심을 조국에 집중하거라. 조금 후면 지상에 존재하지 않을 이 늙은이 때문에 우느라고 조국을 위한 신성한 봉사를 잠시도 늦춰서는 안 된다.

윌리엄 피트 2세

'소피트', 윌리엄 피트 2세
Willam Pitt the Younger

영국 수상, 1806년 사망.

그의 마지막 말에 관해서 여러 가지 설이 있지만 가장 유력한 것으로 조국이여, 어떻게 내가 당신을 떠날 수 있는가. 조국이여, 어떻게 내가 당신을 사랑하지 않을 수 있겠는가. 나의 조국, 오 나의 조국이여. 맛있는 송아지 요리를 한 입 먹을 수 있으면 좋을 텐데.

붉은 웃옷 Red Jacket

세네카 인디언의 지도자, 1830년 사망.

내 동포들 사이에 나를 묻어 주오. 창백한 얼굴의 백인들 사이에서 일어나고 싶지 않소.

요하임 폰 리벤트로프
Joachim von Ribbentrop

독일의 외무장관으로 1946년 교수형을 당함.

신이여, 독일을 구하소서! 내 마지막 소원은 독일이 다시 통일되고 동독과 서독 사이에 협정이 이루어져 다시 평화가 온 누리에 퍼지는 것이다.

해롤드 함스워스, 로더미어 자작
Harold Harmsworth, Viscount Rothermere

영국의 신문왕, 1940년 사망.

지금 내가 조국을 위해 할 수 있는 일은 더 이상 아무 것도 없구나.

로버트 팰컨 스콧
Robert Falcon Scott

남극 탐험가, 1912년 사망.

마지막으로 남긴 메모에서

우리가 살아난다면 내 동료들의 고난과 인내와 용기를 전함으로써 모든 영국인들의 심금을 울릴

폴 지그프리드 Paul Ziegfried | 독일 시민, 1917년 자살.

런던에 살던 독일인인 그는 '적대적 외국인'으로 분류되어 독일로 귀환해야 할 상황이 되자 극약을 마셨다.

> 독일로 돌아가는 것과 죽음 사이에서 나는 후자를 선택했다.

수 있을 텐데. 이 메모와 우리 시신이 그 이야기를 대신할 것이다.

클라우스 폰 스타우펜버그 백작 Count Klaus von Stauffenberg

1944년 히틀러 제거 계획에 실패해 총살당한 독일 장교.

신이여, 신성한 독일을 구하소서!

쑨 원 Sun-Yat-Sen

중국 총통, 1925년 사망.

평화와 투쟁, 중국을 구하라.

제툴리오 바르가스 Getulio Vargas

브라질 대통령, 1954년 자살.

'가난한 자의 아버지'로 불리며 개혁을 이끌었지만 대통령 재선 후 비리 사건이 밝혀지자 신문을 받는 대신 자살을 선택했다.

국민을 약탈하는 자들에 대항해 싸웠다. 모든 것을 걸고 싸웠다. 미움과 비방과 중상모략으로도 내 의지를 꺾을 수는 없을 것이다. 이 나라를 위해 내 생명을 바쳤으니 이제 내 죽음도 바친다! 아무 것도 남지 않았다. 조용히 영원으로 향하는 첫발을 옮겼고 역사로 남기 위해 생명을 포기했다.

노아 웹스터 Noah Webster

미국의 사전편찬가, 1843년 사망.

나는 많은 어려움을 헤쳐 왔다. 어떤 것은 극복했고 또 어떤 것은 극복하지 못했다. 많은 실수를 저질렀지만 조국을 사랑했고 내 나라 젊은이들을 위해 열심히 일했다. 젊은이들이 그 어떤 죄도 저지르지 않게 하려고 애썼다.

아더 울프 Arthur Wolfe

아일랜드 대법관, 1803년 사망.

더블린에서 일어난 폭동 중, 다른 법관으로 오인을 받아 타고 가던 마차에서 살해당했다.

살인은 마땅히 처벌받아야 하지만, 나의 죽음으로 누군가 고통받아서는 안 되고 이 나라의 법에 의해 심판되어야 한다.

얀 지스카 John Ziska

체코슬로바키아의 국민 영웅, 1424년 사망.

시지스문트가 이끄는 독일군을 물리쳤을 뿐 아니라 이동용 병기를 처음으로 배치한 지휘관으로 2백 년이 더 지난 후 곳곳에서 그의 전략을 본격적으로 받아들이기 시작했다.

나의 살갗을 벗겨 보헤미안의 신념을 위해 울리는 북을 만들라! ■

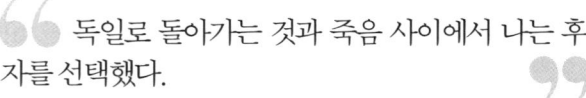

히틀러를 폭사시킬 계획을 세웠던 클라우스 폰 스타우펜버그와 동조자들이 처형된 베를린의 창고. 히틀러는 이들의 처형 장면을 촬영해 여흥으로 즐겼다. ▶

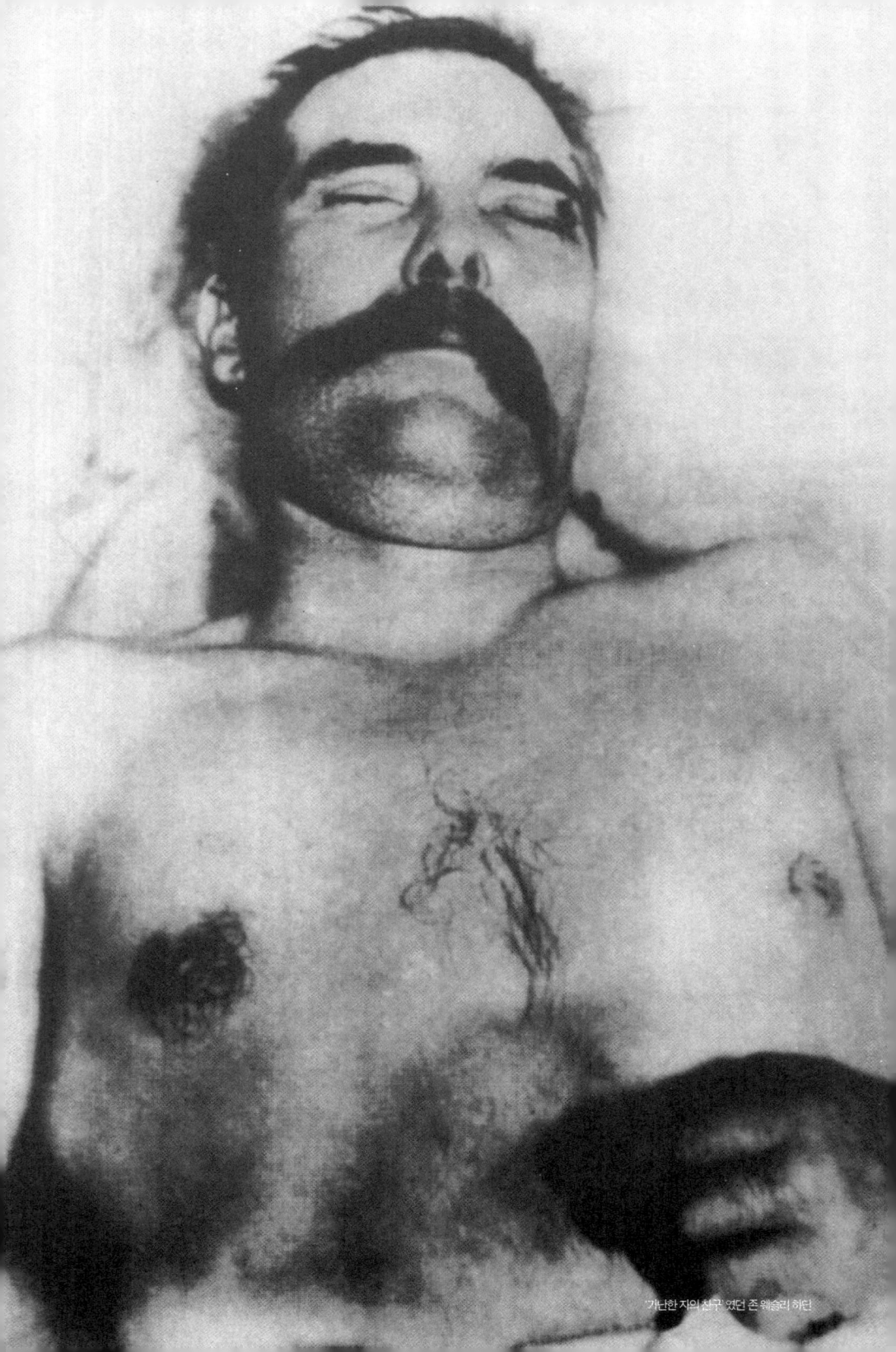
가난한 자의 친구 였던 존 웨슬리 하딘

chapter .5

the tough get going

불굴의 진군이여

고집스러운 삶을 살다 이른 나이에 죽다

루이 아가시 Louis Agassiz
프랑스의 박물학자, 1910년 사망.
연극은 끝났다.

랍비 아키바 Rabbi Akiba
AD 32년, 산 채로 가죽이 벗기는 형을 당함.
유일신에 대한 믿음을 지키다 죽음을 당했다.
신은 한 분이다!

에단 앨런 Ethan Allen
미국 독립전쟁의 장군, 1789년 사망.
'천사들이 당신을 기다리고 있는 것 같다'는 말을 듣자
기다리고 있다고? 나를 기다린다고? 그렇다면 계속 기다리라고 하지!

이름 없는 멕시코의 양도둑
1882년 교수형을 당함.
부패한 인종차별주의자인 로이 빈 판사가 "가장 가까운 나무에 목을 매달아 숨이 끊어질 때까지 줄을 힘껏, 힘껏, 아주 힘껏 당기라는 것이 법원의 명령이다. 이 검은 피부에 칠나 먹는 망할 자식아!"라는 판결을 내리자 이에 응답하여
내가 도둑이라는 사실을 인정합니다. 하지만 이 법원은 살육당한 희생자들의 긴 리스트에 또 하나를 더하려 들고 있습니다. 당신을 보니 정의를 구현하는 판사보다는 시체 위를 빙빙 도는 독수리가 떠오릅니다. 굶주린 하이에나 양반! 당신은 재판 내내 악마 같은 미소를 만면에 띄우고 앉아 있더군. 향기로운 꽃 냄새가 나는 봄에 관해 이야기하고 노란 달이 뜨는 가을에 대해 이야기하면서 병에 걸린 창녀의 자식들을 저주하다니. 당신은 내가 교수형을 당할 것이라고 이야기하는데, 내게 죽음을 선고하며 꾸며낸 진지함과 사악한 조소가 부풀어올라 위스키에 찌든 당신 얼굴에 가득하군. 내 영혼에 하나님의 가호를 비는 배려 같은 것은 하지도 않는군. 변소에 우글거리는 구더기 같은 배불뚝이, 똥이나 처먹을 인간! 나는 당신을 끝까지 저주할 거야. 내 숨이 끊어질 때까지 힘껏, 힘껏, 아주 힘껏 목에 걸린 줄을 잡아당길 수 있겠지만 네놈 역시 언젠가는 나에게 열심히 아주 열심히 굽실거려야 할 거다. 하나님이 더러운 너의 늙은 영혼에 저주를 퍼부으시길!

마르쿠스 안토니우스
Marcus Antonius
로마의 장군, BC 30년 자살.(::이집트 여

아르키메데스 Archimedes | 그리스 수학자, BC 212년 사망.

자신을 죽이기 위해 몰려온 군인들에게

> **내가 그려 놓은 도형에서 물러서시오!**
>
> (::고향인 시실리가 로마에 의해 점령당한 후, 로마 군인들에게 죽임을 당하는 순간에도 연구에 몰두하고 있었던 아르키메데스의 위대함을 평소 흠모하던 적장은 그의 소원대로 묘비에 원뿔, 원기둥, 구가 내접해 있는 그림을 새겨넣었다고 한다.)

왕 클레오파트라와 사랑에 빠져 옥타비아누스 등 고국의 신임을 잃고, 악티움 해전에서 옥타비아누스에게 대패한 후 이집트로 도망쳐, 알렉산드리아에서 자살하였다.)

운명의 마지막 순간을 맞은 나에게 동정을 보낼 필요는 없소. 사랑에 대한 추억을 간직하고 내가 세상 사람 중 가장 권세 있는 남자였다는 사실을 기억하며, 로마인에 의해 패배 당한 로마인으로 불명예스럽게 최후를 맞는 것이 아니라는 사실을 기쁘게 받아 주길 바라오.

샤를르 드 베두와예르
Charles de Bedoyère

프랑스 귀족, 반역 혐의로 1815년 총살형에 처해짐.

총살을 집행하기 위해 서있는 군인들에게 자신의 가슴을 가리키며

바로 여기를 제대로 명중시켜야 하오.

빌리 더 키드 Billy the Kid

본명은 윌리엄 보니. 미국의 무법자, 1881년 사망.

자신을 죽이러 온 보안관 팻 가렛에게

Quien es?(이건 또 누구야?)
(::13~15세 때에 어머니를 욕보이려 한 남자를 죽인 것이 악의 길에 빠진 계기가 되었으며, 총잡이로서 용맹을 떨쳤으나 무법자로 소도둑 같은 짓을 한 것으로 전한다.)

쥘 조셉 보노 Jules Joseph Bonnot

프랑스의 범죄자, 1913년 사망.

'무장강도'로 악명 높은 그는 경찰과 총격전 중 사망했다. 자신의 피로 마지막 유언을 남기며

온 세상에 이름이 널리 알려졌으니 이제 나는 유명해졌다. 이런 영광 없이 어떻게 살까. 나는 내 나름대로 살아왔고 이렇게 살 권리가 있다.

지오다노 브루노 Giordano Bruno

이탈리아의 이단자, 1600년 화형당함.

화형 직전에 재판관에게

죽음을 선고하는 당신이 죽음을 받아들이는 나보다 더 두려워하는 것 같군. 나는 기꺼이 순교자로 죽을 것이고 내 영혼은 연기와 더불어 천국으로 향할 것이다.

빌리 더 키드

조지 바이런 경 Lord George Byron | 영국의 낭만파 시인, 1824년 그리스에서 열병으로 사망.

> 망할 의사들이 나에게 약을 잔뜩 먹이는 바람에 제대로 서있을 수도 없다. 그저 잠들고 싶을 뿐. 자비를 구해야 하는 걸까? 오라, 가까이 오라. 허약함은 용서할 수 없다. 나로 하여금 마지막까지 인간으로 남아 있게 하라.

로버트 오하라 버크
Robert O'Hara Burke

오스트레일리아의 탐험가, 1861년 탐험 도중에 굶어 죽음.

오스트레일리아를 횡단한 첫 번째 유럽인이 되려고 시도하다 사고를 당하여 마지막 메모를 남겼다.

우리가 공정한 인정을 받을 수 있기를 바란다. 임무를 다했지만 버림을 받고 말았다. 기대했던 것과 달리 우리를 도울 사람들이 오지 않았다. 병참부대는 자신들의 책임을 포기하고 말았다. 킹은 고귀한 모습을 보여 주었다. 그는 마지막 순간까지 나와 함께했으며 내 손에 권총을 쥐어 주고 내가 바라는 곳에 쓰러질 수 있도록 해 주었다.

마르쿠스 툴리우스 키케로
Marcus Tullius Cicero

로마의 웅변가이자 정치가, 작가. BC 43년 사망.

자네들이 옳은 일을 하고 있다고 생각한다면, 나를 찌르게! (::카이사르가 암살된 뒤 안토니우스를 탄핵하다가 그의 부하에게 원한을 사서 암살당했다.)

아이크 클랜튼 Ike Clanton
미국의 목장주, 1881년 어프 형제와 벌인 OK 목장의 결투에서 사망.

신이시여, 마지막 한 발을 쏠 수 있도록 총알을 건네주는 사람은 없습니까?

버나드 코이 Bernard Coy
미국의 살인자, 1946 알카트라즈(::일명 '더 록'으로 불리는 악명 높은 감옥으로 유명했으며, 현재는 관광 명소로 사용되고 있다.) 탈옥에 나섰다가 경비원들의 총격을 받고 사망.

어찌 됐건 중요하지 않아. 이 감옥에 도전해 보았으니까.

밥 돌튼 Bob Dolton
미국의 무법자, 1892년 코피빌 습격으로 사망.

이 습격에서 유일하게 살아남은 형제인 에밋에게
내 걱정은 하지마. 이 정도면 충분하니까. 절대 포기하지 마. 운에 맡기는 거야!

데카브리스트 The Dekabrist
러시아 12월 혁명동조자들, (::러시아 최

밥 돌튼과 갱들

초로 근대적 혁명을 꾀한 혁명가들.) 1825년 학살당함.

성 페테르스부르크에 폭탄이 퍼부어지기 전

우리는 죽을 것이다. 하지만 멋지게 죽을 것이다.

시몬 듀보프 Simon Dubov

1941년 리가의 유대인 거주 지역 공습 때 나치에 의해 살해된 유대인 역사학자.

Schreibt und farschreibt!(쓰고 기록하라!)

레이몬드 페르난데스
Raymond Fernandez

미국의 살인자, 1951년 전기의자형으로 사망.

나는 죽을 것이다. 뭐, 그건 괜찮다. 1949년 이래 계속 준비해 온 일이니까.

7명의 마카베 형제 The Seven Maccabaeus Brothers

유대의 애국자들, BC 10세기 그리스의 압제자인 안티오쿠스에 의해 고문당하고 살해당함.

다음 내용은 H. 사우스웰 목사가, 폭스가 쓴 《순교자의 책》에서 인용한 마카베 형제들의 이야기를 기초로 한 설명이다.

> 첫째인 마카베는 옷을 벗기우고 형틀에 매달려 심하게 매질을 당했다. 그 다음 커다란 수레바퀴에 결박당한 후 온 몸의 근육이 찢겨나갈 때까지 다리에 무거운 추를 달아 잡아당기는 벌을 받았다. 그 다음 활활 타는 불 속에 던져져 심한 화상을 입었다. 고문관들은 그를 불 속에서 꺼내 혀를 자르고 기름이 끓는 솥에 넣어 죽을 때까지 서서히 불을 땠다. 이런 끔찍한 고문을 받으면서도 그는 목숨이 붙어 있어 말을 할 수 있는 동안 하나님을 찾으며 동생들에게 잘 참아내라고 격려했다.

때가 되면 우리 동포들을 위해 남자답게 죽어야 한다. 우리의 명예를 더럽혀서는 안 된다.

둘째는 쇠사슬에 손이 묶인 채 머리끝에서 발끝까지 산 채로 살가죽이 벗기는 고문을 당했다. 그 후 표범에게 던져졌지만 야수들도 그에게 손을 대지 않았다. 그는 끔찍한 고통 속에서 극심한 출혈로 죽어 갔다.

어떤 형식으로 죽음이 찾아오든 우리는 우리의 믿음과 법을 위해 기꺼이 고통을 받을 것이다.

셋째 마치르는 모든 뼈가 산산조각 난 채 얼굴 가죽을 벗겨내는 형벌을 받았다. 혀가 잘린 후 펄펄 끓는 기름 속에 던져졌다.

앞서 세상을 떠난 형들을 낳은 아버지와 어머니가 바로 나의 아버지, 어머니이다. 그러니 나 역시 이 고통을 영광스럽게 받아들이는 것이 당연하지 않은가! 우리 형제는 똑같이 가르침을 받았고 숨이 붙어 있는 한 그 가르침을 따를 것이다.

넷째인 유다는 혀가 잘린 다음 채찍으로 맞고 그 다음 커다란 수레바퀴에 매달렸다…

너희들이 아무리 불을 지펴도 내 뜻을 꺾지 못할 것이다. 진실을 번복하는 일은 결코 하지 않을 것이다.

안티오쿠스는 이 말을 듣고 화가 나서 유다의 혀를 뽑아 버리라고 시켰다. 하지만 이 용감한 청년은 계속 말을 이어 갔다.

당신이 나의 말하는 힘을 빼앗을 수는 있을지 모르지만 마음 속을 보시는 우리 하나님께서는 침묵에 담긴 의미를 알고 계신다. 이런 행위로 나

를 막을 수는 없다. 나의 믿음을 지키기 위해 기꺼이 생명을 바칠 것이다. 하나님을 찬미하는 나의 혀를 뽑아버린다고 해도, 기억하라! 하나님의 귀하신 손이 당신의 죄 많은 머리에 복수를 퍼부어 주실 것임을.

다섯째인 아카스는 펄펄 끓는 쇳물에 던져졌다.
당신이 받게 될 고통을 준비하라! 나는 당신이 내게 부과할 가장 극심한 고통을 기꺼이 받아들일 준비가 되어 있다. 나는 선을 위해 기꺼이 죽으려고 여기에 왔다. 내가 이런 잔혹한 처벌을 받을 만한 나쁜 일을 저지른 적이 있던가. 우리가 하나님의 말씀을 따라 그분이 지으신 우주를 경배하는 일에 소홀했던 적이 있던가. 하나님의 신성한 법에 거슬리는 일을 했던 적이 있던가. 처벌 대신 보상이 마땅히 뒤따라야 하는 행동을 보였을 뿐인 것을.

여섯째인 아레스는 기둥에 거꾸로 매달린 채 서서히 불태워지는 고문을 당했다. 혀를 뽑힌 다음 마지막으로 뜨거운 기름 속에 내던져졌다….
내 위로 형들이 많지만 나는 그들만큼이나 굳은 마음을 지니고 있다. 우리는 같은 부모에서 태어난 형제들이고 같은 가르침을 받았다. 그러니 그 가르침에 따라 함께 죽을 것이다. 내가 돼지고기를 거부하기 때문에 고문하겠다고 결정했다면, 좋다, 고문을 시작하라!
고통 가운데 큰 목소리로
영광스러운 고통이여, 나의 동포들이 믿음을 지키기 위해 기꺼이 무릎 꿇었을 고통이여! 나는 내 형제들을 따를 것이다. 하나님을 의지하며 기꺼이 죽음을 맞을 것이다.

일곱째이자 막내인 야곱은 팔이 잘리고 혀가 뽑힌 후 끓는 기름에 던져졌다.
폭군이여! 하나님을 섬기는 자를 죽음으로 몰고 가고 하나님을 경배하는 자를 고문하는 당신이 소유한 왕국과 부에 대해 전지전능하신 하나님께서 어떤 조치를 내리실지 두려움이 없느냐? 당신과 같은 본성과 열정을 지닌 자들의 혀를 뽑으며 양심의 가책을 느끼지 않느냐? 진정한 믿음을 영광스럽게 하기 위해 나의 형들은 영광스러운 죽음을 맞이하였다. 이런 이유로 나 역시 죽음을 맞을 것이며 용감한 형들의 전례를 따르기 위해 기꺼이 고통을 받아들일 것이다. 내 아버지이신 하나님께서 이 나라에 자비를 베풀어 주시기를!

이들의 어머니인 알라모나는 아들이 모두 순교한 후 왕의 명령에 따라 벌거벗긴 채 매질을 당했고 양 가슴을 잘린 후 기름 가마에 던져졌다.

존 웨슬리 하딘 John Wesley Hardin

텍사스 국경 근방에서 가장 악명 높은 살인자, 1895년 바에서 살해당함. 엘파소에서 주사위 놀이를 하던 중 총에 맞았다.

이기려면 6이 네 번 나와야 하나?

카르타고의 장군인 하스드루발의 아내
The wife of Carthaginian general Hasdrubal

남편은 도망쳤지만 그녀는 카르타고의 신전에서 자신과 자녀들의 몸에 불을 붙여 자살했다. 불꽃이 솟아오르자 로마의 장군, 스키피오에게

당신들 로마인은 전쟁의 법에 따라 행동했을 뿐이지만 카르타고의 신과 그 신을 따르는 사람들은 자신의 조국과 자신의 신과 자신의 아내와 자식을 배신한 비열한 자를 벌하실 것이와. 그로 하여금 당신의 승리를 칭송케 하시오. 이는 곧 모든 로마인들이 보는 앞에서 그가 받아야 마땅할 불명예와 고통을 당하는 것일 테니….

제임스 버틀러 히콕
James Butler Hicock

'와일드 빌'이라 불린 미군 정찰병이자 저격수, 도박꾼. 1876년 사망.

사랑하는 아그네스, 우리가 다시 만나지 못하게 된다면, 내가 마지막 총알을 발사하며 부드럽게 불러보는 이름이 바로 사랑하는 내 아내, 당신의 이름이라오. 그리고 마지막 순간이 되면 적들에게조차 기쁘게 인사를 고할 수 있을 것이오. 나는 바다에 뛰어들었고 이제는 건너편 해안으로 헤엄쳐 가기 위해 노력할 것이오.

윌리엄 핫먼 William Hotman

미국 독립의 영웅, 1781년 사망.

영국군이 미국 독립군의 요새와 그 안의 모든 것들을 폭파시키려 하자 핫먼은 심각한 부상을 입은 몸을 던져 폭탄의 도화선을 꺼버렸다.

도화선까지 기어가서 우리의 피로 폭약을 적실 것이다. 우리에게 생명이 남아 있는 한 이 요새와 병기 그리고 부상당한 동지들을 지켜낼 것이다.

조지 잭슨 George Jackson

미국 흑인 운동가, 1972년 피살당함.

솔다드 감옥에서 살해당하기 두 달 전 자신의 책을 출판한 출판사의 편집인에게 보낸 편지에서 카스트로가 몬카다 병영을 습격하였으나 실패하고 체포된 후 재판에서 한 말을 빌어,

경고하지만, 이제 시작일 뿐이오.

제시 제임스 Jesse James

미국의 열차 강도이자 무법자, 1882년 총에 맞아 사망.

몸을 숨기려고 애쓰며 누군가 지나가는 사람이 있다면 나를 보게 되겠지.

윌리엄 존스 William Jones

미국의 도박꾼, 1877년 사망.

전통적으로 내려오는 도박꾼의 조사를 장례식에서 읊어달라고 부탁하며 내가 죽고 나면 코트와 모자를 제대로 갖춰 입힌 채 관에 넣어 주오. 처음 패 그대로 밀고 나간다는 사실을 신에게 알릴 수 있도록.

제임스 버틀러 히콕

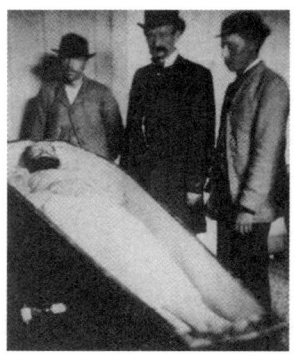

제시 제임스

조지 리슬 경 Sir George Lisle

영국의 왕당파로 1648년 처형당함.

나의 주인인 폐하께서 다시 왕위에 오르는 모습을 볼 수 있다면 나는 스스로를 행복한 사람이라고 생각할 것이다. 내 행동이 결백하다는 것을, 결코 처벌의 대상이 아니라는 사실을 확신한다. 살아오면서 내가 흘린 뜨거운 피가 가장 야만적이고 차가운 피에 쓸려 가는 것을 보게 되었도다! 그 야만스러운 고트족과 반달족조차도 이런 일을 저지른 적은 없다. 인류 역사상 그 어떤 시대에도 이런 끔찍한 일은 없었다. 자신의 왕을 감옥에 가두고 목을 친 반역자와 배신자들이 또 어디 있을까! 적으로부터 왕을 구하고 이 혼란스러운 왕국에 평화를 가져오기 위해 나는 기도를 드린다. 자, 반역자와 배신자들이여! 너희들이 원하는 대로 하라! 주 예수여!

찰스 루카스 경 Sir Charles Lucas

영국의 왕당파로 조지 리슬 경과 함께 1648년 처형당함.

나는 배신자가 아니라 내가 모시는 왕과 왕국의 법에 충실했을 뿐이다. 영국의 모든 법에 따라 탄원한다. 나의 군주였던 분들이 주신 임무이자 내 행동을 정당화하는 의무라 여겨 싸워 왔다. 그러니 병사들이여! 내게 총을 쏘라!

마레샬 드 메일리 Maréchal de Mailly

프랑스 귀족이자 군사령관, 1789년 혁명군에 의해 살해당함.

모자에 혁명군 표식을 꽂지 않으면 살해하겠다는 협박을 거부하며

선량한 시민 여러분, 여러분은 군인의 특징을 잘 모릅니다. 군인은 목숨을 위협하는 모든 협박에도 불구하고 조용한 죽음을 당당히 맞이하도록 가르침을 받으며 어떤 협박에도 꿈쩍하지 않도록 배우게 됩니다. 영광스러운 일에 종사하며 용감하게 죽음에 맞서왔기에 협박에 따르지 않는 것입니다. 팔십이 다 된 이 노인이 며칠 혹은 몇 달 더 살지 모르지만 내 원칙을 바꾸기에는 너무 늦었다고 생각하오.

토마스 B. 모란 Thomas B. Moran

미국의 소매치기, 1971년 사망.

나에게 '버터핑거'라는 별명을 붙여준 잘난 체하는 기자를 용서할 수 없다. 내게는 전혀 재미있는 일이 아니니까.

스키피오 나시카 Scipio Nasica

로마의 장군, BC 46년 탑서스 강가에서 자살.

나에겐 아무런 잘못이 없다.

넵튠 Naptune

수리남의 흑인 노예로 노예감독관을 살해한 혐의로 처형당함.

왼쪽 팔이 잘리고 뼈가 으스러지는 고문을 당한 후, 마른 빵을 씹으며 보초를 서고 있는 병사를 보며

이봐, 백인 양반, 어떻게 고기도 없이 빵만 먹을 수 있지?

병사가 '가난하기 때문'이라고 대답하자

그렇다면 내가 당신에게 선물을

에드워드 '데스 밸리 스코티' 스코트 Edward 'Death Valley Scotty' Scott | 미국
의 은둔자, 1954년 사망.

> 나에게는 네 가지 인생 원칙이 있었다. 다른 사람을 다치게 하는 말은 절대 금할 것, 충고하지 않을 것, 누구도 귀 기울이지 않을 것이므로. 불평하지 않을 것, 설명하지 않을 것.

하나 드리지. 내 몸에서 떨어진 팔을 주워 배가 부를 때까지 씹어 먹도록 하오. 빵과 고기가 잘 어울릴 테니.

로렌스 오츠 대위
Captain Lawrence Oates

영국의 탐험가로 스코트의 남극 원정대에 참여했다가 1912년 사망.
오츠가 남긴 말이 약간 달랐다고 주장하는 사람들이 있지만 공식적으로 알려진 그의 마지막 말은
잠깐 밖에 나갔다 오겠습니다. 시간이 좀 걸릴지도 모르겠습니다.

찰스 피스 Charles Peace
영국의 도둑이자 살인자, 1879년 교수형에 처해짐.
교수대가 무엇이라고 생각하나? 바로 천국으로 향하는 지름길이라네.

E. J. 스미스 선장
Captain E. J. Smith

타이타닉 호의 선장, 1912년 익사.
구명정으로 옮겨 타기를 거절하며
그저 이렇게 가게 해 주시오.
또 다른 증인들은 이렇게 전한다.
영국 신사답게 품위를 지키세!

아이작 스트라우스 부인
Mrs. Isaac Straus

타이타닉 호의 승객, 1912년 익사.
혼자서 구명정에 타기를 거절하며
남편과 난 지난 40년간을 함께 해 왔습니다. 앞으로도 우리는 헤어지지 않을 겁니다.

테옥세나 Theoxena
BC 4세기에 죽은 그리스 여인.
남편을 처형한 마케도니아 필리포스 대왕의 밀사들이 추격해 오자 해변으로 달려가 함께 도망친 여인들에게 독약과 단도를 내밀고 나서 자신은 바닷가로 뛰어들었다.
지금 우리에게 있어 유일한 치료이자 복수의 수단은 죽음뿐이다. 폭군의 자만심과 잔인함과 욕정을 피하기 위해 적합한 방법을 선택하자. 용감한 동료들과 가족들이여, 원하는 바에 따라 칼을 들거나 독약을 들이켜 즉각적으로 혹은 천천히 다가올 죽음을 맞으시오.

조니 토리오 Johnny Torrio
미국의 갱, 1924년 피습 당해 사망.
그 당시 토리오의 부하였던 알 카포네가 범인으로 추정되고 있다.
마늘이 묻은 총탄이군. ■

로렌스 오츠 대위

보니 파커와 그의 파트너인 클라이드 배로우의 모습을 담은 수배 전단

보니 파커 Bonnie Parker | 미국의 은행 강도, 전설적인 '보니와 클라이드' 중 한 명으로 1934년 사망.
마지막으로 남긴 시 '자살의 이야기' 중에서

> 언젠가 그들은 함께 쓰러져,
> 나란히 누워 있게 되겠지.
> 몇몇 이들은 슬프게 생각하겠지만,
> 법은 법일 테니….
> 하지만 보니와 클라이드에게 법은 곧 죽음일 뿐.

1966년 살해당한 흑인 이슬람 지도자 말콤X

chapter .6

victims of circumstance
상황이 만들어낸 희생자
그 누구도 이런 결과를 바라지는 않았다

비토리아 아코람보니
Vittoria Accoramboni

브라키아노의 공작부인. 죽은 남편 친척들의 명령에 따라 단도로 자살했다.

그녀의 인생은 존 웹스터의 연극 〈화이트 데빌〉과 루드비히 티에그의 소설 《비토리아 아코람보니》로 그려지기도 했다.

예수님, 저를 용서하소서!

PSA 182편 조종사

1978년 샌디에고 상공에서 작은 비행기와 충돌하면서 비행기 폭발로 사망.

마지막 무선 교신에서

끔찍한 일이 일어났습니다… 무엇인가와 충돌한 듯합니다. 관제탑! 비행기가 점점 추락하고 있습니다! 어머니, 사랑해요!

이름이 밝혀지지 않은 축구팬

90분 경기에서 1대 1을 기록하며 팽팽한 접전을 벌이다 78명이 압사한 이브록스 경기장 난동에서

누가 골을 넣었지?

마사 벡 **Martha Beck**

미국의 살인자, 1951년 전기의자형으로 사망.

누구의 잘못인가가 뭐 그리 중요한가요? 나는 그저 사랑 때문에 일을 저질렀습니다. 사랑으로 고통받아 본 사람은 내 말을 이해할 겁니다. 사람들은 나를 감정 없는 뚱뚱한 여자로 그리겠지요. 맞습니다. 하지만 뚱뚱한 것이 죄라면 이 세상에 얼마나 많은 여성들이 유죄 판결을 받게 될까요. 나는 감정 없는 인간이 아닙니다. 멍청하지도 어리석지도 않습니다. 감옥과 사형수 감방은 레이몬드(그녀의 공범)에 대한 나의 감정을 더욱 깊게 만들었습니다. 사랑 때문에 저지른 범죄가 역사상 얼마나 되겠습니까? 내가 마지막으로 하고 싶은 말은 이것입니다. 죄 없는 자는 나에게 돌을 던지세요.

성 토마스 베케트
Saint Thomas Becket

영국의 주교이자 순교자, 1170년 암살당함.

'불온한 사제'로 불리던 그는 헨리 2세의 분노를 사 캔터베리 성당에서 살해당했다.

예수 그리스도와 그분의 교회를 위해 기꺼이 죽을 준비가 되어 있다. 위대하신 우리 주의 이름으로 말하나니, 여기 있는 다른 사람들은 해치지 말라. 그들은 이 문제와 아무 상관없는 사람들이다. 나를 협박해도 소용없는 일이다. 영국의 모든 칼이 내 머리를 겨눈다고 해도 내 마음을 바꿔 놓을 수 없을 것이므로.

폴크 베르나도트 백작
Count Folke Bernadotte

스웨덴의 외교관이자 국제연합의 선구자, 1948년 암살당함.

'행운'을 바라는 사람들의 마음을 헤아리며

나야말로 그 행운이 필요하오.

찰스 프로만 Charles Frohman | 미국의 극장주, 1915년 사망.

독일 잠수함의 폭격으로 침몰한 SS 루스타니아 호에 탔다가 익사했다.

> 왜 죽음을 두려워합니까? 죽음이야말로 인생에 있어 가장 아름다운 모험입니다.

엠브로스 비어스 Ambrose Bierce

《악마의 사전》을 쓴 미국의 작가, 1913년 실종되어 사망한 것으로 추정.(∵ '비터 비어스(신랄한 비어스)'라는 별명을 들을 정도의 날카로운 필체로 유명한 저널리스트였으나 이혼 후, 1913년에 인생에 지친 몸을 이끌고 멕시코에 간 채 소식이 끊겼다.)

사라지기 전 마지막 남긴 편지에서

> 멕시코에서 백인으로 사는 것은 안락사나 마찬가지다.

가스파르 드 콜리니
Gaspard de Coligny

프랑스 위그노 지도자, 1572년 살해당함.

파리 가톨릭 교도들에게 신교도 3천여 명이 살해당한 '성 바르톨로뮤의 학살' 당시 첫 번째 희생자였다.

> 젊은이, 나이와 좋지 않은 건강을 고려해 이 노인의 죽음을 앞당기는 일은 삼가해 주길 바라오.

마이클 콜린스 Michael Collins

아일랜드의 애국자이자 독립운동가, 1921년 살해당함.

1921년 아일랜드 평화 조약에 서명하며 자신의 암살을 예언하듯 말했다.

> 지금 나는 나의 사형 집행 영장에 서명을 하는 것이다.

A. P. 도스티 A. P. Dostie

미국의 노예 폐지운동가, 폭도에 의해 살해당함.

> 나는 죽는다. 자유를 위해 죽는다. 선의가 계속 이어지기를.

다니엘 드레이퍼 Daniel Draper

미국의 감리교 목사, 난파선에서 익사.

> 우리 모두 천국이라는 항구에 도달하게 될 것입니다. 하나님, 당신을 받아들이지 않았던 사람들이 지금 이 순간 개종할 수 있게 해주소서. 얼마 안 있으면 모두 심판의 순간을 맞이할 테니 하나님을 만날 준비를 합시다. 예수 그리스도께서….

장 E. 뒤랑티 Jean E. Duranti

헨리 3세 치하의 툴루즈 의회 회장, 1589년 폭도에 의해 살해당함.

> 내 사랑이여, 안녕. 하나님께서 허락하신 생명과 선과 명예로부터

이토 히로부미 伊藤博文

근대 일본 성립에 있어 중요한 역할을 담당한 정치가. 1909년 한국의 독립운동가 안중근에 의해 저격당함.

안중근의 신원에 관해 이야기를 듣고 자신이 그의 목표를 지지해 줄 수 있었다고 애석해하며

> 바보 같은 친구로군!

이제는 헤어져야 할 때요. 죽음은 끝을 의미하지, 삶에 대한 처벌은 아니라오. 내게 씌워진 혐의는 거짓된 것이오. 내 영혼은 하나님의 전능한 판결 앞에 서게 될 것이오. 그분을 믿어야 한다오. 하나님께서 당신을 언제나 지켜 주실 거요.

폭도들에게

좋소, 당신들이 찾는 사람이 여기 있소. 도대체 내가 무슨 잘못을 저질렀단 말인가? 여러분, 당신들이 보기에 나에게 죄가 있소? 하나님, 제 영혼을 맞아 주소서. 하지만 지금 무슨 일을 저지르고 있는지 알지 못하는 저들을 나무라지 마소서.

에바리스트 갈루아 Evariste Galois
프랑스의 수학자로 현대 대수학을 수립했지만 1823년 결투에서 목숨을 잃음.
울지 말라! 스무 살에 죽기 위해 내가 지닌 모든 용기를 냈으니.

교황 요한 바오로 1세
Pope John Paul I

1978년 교황이 된 지 34일째 사망. 급진 단체인 '붉은 여단'이 암살 사건을 벌이자 이에 관해 언급한 것이 마지막 유언이 되었다. 〈타임〉 기사에서
그들은 서로를 죽이고 있다. 젊은 이들까지도 말이다.

〈뉴스위크〉 기사에서

젊은이들이 또다시 서로에게 총을 겨눈다는 말인가? 정말 끔찍한 일이 벌어지고 있군.

테리 카스 Terry Kath
미국 밴드 '시카고'의 멤버, 1978년 사망. 장전된 총으로 러시안 룰렛 게임을 하며
걱정 말아! 이 총에는 총알이 들어 있지 않거든.

레오 10세 Leo X
이탈리아의 교황, 1521년 독살당함.
르네상스 시대 가장 호사를 누린 교황 중 한 명으로, 유럽에서 교황의 권력을 최고 위치로 끌어올렸다.
나는 살해당했다. 내 급작스러운 죽음을 막을 수 있는 치료제는 없었다.

윌리엄 맥킨리 William McKinley
미국 대통령, 1901년 암살 당함.
우리 모두는 죽는다. 우리 모두 죽어, 우리 모두….

존 피츠제럴드 케네디
John Fitzgerald Kennedy

미국 대통령, 1963년 암살당함.
달라스 방문을 고집하며
만일 누군가 나를 죽이려고 마음 먹는다면 어찌되었건 나를 죽이겠지.

상황이 만들어낸 희생자 **83**

1940년 멕시코에서 등산용 도끼로 암살당한 레온 트로츠키

말콤 X Malcolm X
흑인 이슬람 지도자, 1966년 살해당함.
할렘에서 열린 회의에 함께 참석했던 세 명의 이슬람교도에게 총격 당하며
형제들, 진정하게.

데이비드 그레이엄 필립스
David Graham Phillips
미국의 소설가이자 사회개혁가, 1911년 정신병자에게 피살당함.
총알 두 발은 어떻게 피해 보겠지만 여섯 발은 피하기 힘들군.

에른스트 로엄 Ernst Roehm
나치 S.A.(::나치 돌격대를 말함.) 지휘자, 1934년 사망.
다른 S.A. 지휘관들과 함께 히틀러의 대량숙청 때 살해되며 남긴 유언에서
죽음을 당할 운명이라면, 아돌프가 직접 나와 우리를 죽이게 하시오.

마리 프랑수와 사디 카르노
Marie François Sadi-Carnot
프랑스 대통령, 1894년 암살당함.
자신을 구하려 달려온 사람들에게
당신들의 도움에 깊은 감명을 받았소. 나를 위해 해준 일에 대해 감사하게 여기는 바이오.

에곤 쉴레 Egon Schiele
오스트리아의 예술가로 1918년 1차 세계 대전의 마지막 날 스페인 독감으로 사망.
전쟁은 끝났고 나는 가네.

레온 트로츠키 Leon Trotsky
러시아 혁명의 지도자, 망명 중 1940년 살해당함.
병원으로 이송되는 길에
이번에는 그들이 성공한 것 같군.
■

에곤 쉴레

스파이 혐의로 처형된 무희 마타 하리

chapter .7

gallows humour
교수대 위에서의 유머, 그 순간

죽음은 문제가 아니다. 어떻게 죽느냐가 중요할 뿐!

존 안드레 John André
영국 군인으로 미국 장군인 베네딕트 아놀드와 협상하다가 1780년 스파이 혐의로 처형당함.

나의 죽음은 받아들일 수 있지만 그 방식에는 찬성할 수 없다. 죽음이란 순간의 고통에 지나지 않을 터이니. 내가 남자답게 운명을 받아들였음을 당신들이 증거해 주기를 바란다.

아치볼드 캠벨, 8대 아가일 백작
Archibald Campbell, eighth Earl of Argyll
스코틀랜드의 정치 지도자, 1661년 이단으로 단두대형에 처해짐.

에든버러 한 가운데에서 목이 잘리며 신교도인 나는 마음 가득 교황과 성직자들, 모든 미신에 대해 증오를 품고 죽는다. 나는 최근에 일어난 왕의 죽음에 관해서 어떤 사실도 알지 못하고, 아무 연관도 없다.

베네딕트 아놀드 Benedict Arnold
미국인으로 애국자였으나 영국군에 투항했다가 1801년 반역 행위로 총살당함.

자유를 위한 투쟁에서 내가 입었던 옛 군복을 입은 채 죽게 해주오. 주님, 잠시 다른 군복을 입었던 일을 용서해 주십시오.

앤소니 배빙튼 Anthony Babington
영국의 가톨릭 지도자, 엘리자베스 1세 암살 모의 혐의로 1586년 사형당함.

나는 여왕의 살해를 정당하고 칭찬할 만한 일로 여겼소. 확고한 가톨릭 교도로 죽음을 맞이하겠소.

장 실뱅 베일리 Jean Sylvan Bailly
프랑스의 천문학자이자 정치가, 혁명군 치하 초대 파리 시장이었다가 1793년 단두대형에 처해짐.

형 집행을 기다리며 온몸을 떨면서 내가 몸을 떠는 것은 단지 추위 때문이오.

제임스 베인엄 James Bainham
영국의 순교자, 1532년 화형당함.

천주교도들이여! 당신들 눈앞에서 이루어질 기적을 보라! 불 속에 있어도 나는 마치 새털 이불 속에 있는 것처럼, 아무런 고통을 느끼지 않으니. 마치 장미 정원에 있는 느낌이도다.

바스코 누네즈 드 발보아
Vasco Nunes de Balboa
스페인의 탐험가이자 서인도 제도 정복자, 1519년 사형당함.(::스페인 왕의 영토

베네딕트 아놀드

존 브래드포드 John Bradford | 영국의 국교를 거부하다 1555년 화형당함.

> 마음을 편하게 갖게나. 오늘 저녁 우리 순교자들은 예수 그리스도와 함께 저녁 식사를 하게 될 걸세. 말을 타거나 불의 전차를 타고 천국에 들어갈 수 있다면 바로 이런 방법이 아닐까. 구원에 이르는 길은 험하고 그 문은 좁디좁으니, 찾을 수 있는 자가 누구이겠는가?

를 넓히고 마젤란보다 먼저 태평양을 발견한 공적에도 불구하고, 부하의 사악한 계교로 반역으로 몰려 사형당했다.)

말도 안 되는 일이오, 나는 언제나 나의 왕을 충성껏 섬겨 왔고 그저 왕의 영토를 넓히는 일에 노력했을 뿐이오.

슈발리에 드 라 바르
Chevalier de la Barre

프랑스의 귀족으로 예수 수난상 훼손 혐의로 목이 잘림.

이런 사소한 일 때문에 이 젊은 신사를 처형하리라고는 생각하지 못했소.

존 '애니 버드' 벨
John 'Any Bird' Bell

1831년 14세 나이로 교수형에 처해짐. 영국에서 16세 미만으로 사형당한 마지막 주인공으로 5천 명 군중이 보는 앞에서 처형당함.

여기 모인 모든 사람들이 나를 보며 경고로 삼겠군.

존 벨링엄 John Bellingham

스펜서 퍼시발 수상의 암살범, 1812년 교수형에 처해짐.

용기와 단호함으로 운명에 맞설 수 있게 해주신 하나님께 감사드릴 뿐이다.

줄피카 알리 부토 Zulfikar Ali Bhutto

파키스탄의 대통령이자 수상, 1979년 교수형에 처해짐.

지난 세월 동안 나는 시인이자 혁명가였다. 이 몸에서 마지막 숨이 떠날 때까지 그렇게 남아 있을 것이다.

란존 드 비롱 공작
Duc de Lanzone de Biron

미국 독립전쟁 당시 프랑스 군 지휘관으로 본국으로 귀환했다가 1793년 공포정치 때 단두대형에 처해졌다.

사형집행관에게 마지막 부탁을 하며
친구여, 정말 미안하지만 마지막 굴을 먹을 때까지 기다려 주게나.
단두대에 올라서
하나님과 법률과 나의 왕께 잘못을 저지른 것 같다. 신념과 회한으로 가득 한 채 죽음을 맞이하는 바이다.

엘리자베스 브랜치와 그녀의 딸 메리
Elizabeth Branch & her daughter Mary

영국의 살인자로 1740년 서머셋 주 아이벨체스터에서 일어난 살인 사건의 범인으로 처형됨.

심부름을 하는 데 너무나 오랜 시간이 걸렸다는 이유로 하녀인 제닌 버트워어스를 살해했다. 처형장에서는 성난 군중으로부터 모녀를 보호하기 위해 군대가 동원되었다. 어머니인 엘리자베스가 남긴 말 중에서

한 가정의 안주인과 바깥주인 여러분, 당신들에게 전하고 싶은 말이 있습니다. 집에서 부리는 하녀를 노예나 하찮은 심부름꾼으로 여겨 잔인하고 비열하게 대하지 않기를 바랍니다. 나는 하녀를 노예나 부랑자, 도둑 정도로 여겨 무시하고 경멸했고 그러다가 잔인한 행동을 하게 되었습니다. 감정을 마음 속으로 잘 다스려야 합니다. 물론 하인들이 주인의 머리 위에 올라서도록 내버려두면 좋지 않은 결과가 나타날 것입니다. 하지만 내 행동이 지나치게 심해서 이런 일이 벌어졌습니다. 하녀를 때리기는 했지만 결코 죽이려는 생각은 없었습니다. 그래서 나에게 내려진 형벌이 공정하지 않다고 생각합니다. 신께서 재판관들과 나에 대해 좋지 않은 증언을 한 사람들을 용서하시길! 부모 입장에 있는 사람들을 위해 한 가지 더 당부를 하려 합니다. 자녀들 앞에서는 잔혹하고 거친 행동을 조심하십시오. 나를 보고, 또 나의 말에 따라 똑같은 일을 저지른 딸이 함께 처벌받는 무서운 일이 일어나고 말았습니다. 이것이 가장 슬픈 일입니다. 하녀를 죽이려는 의도는 없었으며, 이제 곧 뵙게 될 예수께서 나의 심판관이 되실 것입니다. 하나님께서 나의 죄를 용서해 주셔서 자비를 베풀어 주시길 바랍니다.

딸인 메리가 남긴 말 중에서

여러분, 이 불행한 사태에 대해 동정심을 보여 주십시오. 잔혹하고 거친 행동을 저지른 어리석은 나의 불행한 종말을 보고 앞으로는 이런 일을 피하도록 하세요. 인생의 가장 아름다운 나이에 죽음을 맞이하게 되었습니다. 여러분 나를 위해 기도해 주세요.

윌리엄 브레르튼 William Brereton

영국 귀족, 1536년 참수형에 처해짐.

헨리 8세의 두 번째 아내였던 앤 볼린과의 관계로 인해 처형당함.

1천 명의 죽음과 상관 있다면 기꺼이 목숨을 내놓겠지만, 지금 나에게 내려진 판결은 정당하지 않다. 판결을 내려야 한다면, 제대로 된 판결을 내려라!

마티아스 브린스덴
Matthias Brinsden

일자리를 얻지 못한 직조공, 아내를 죽인 혐의로 1722년 처형됨.

교수대에서 다음과 같은 마지막 유언을 낭독했다.

친절한 부모 밑에서 태어나 공부를 했고 견습생으로 일했습니다. 하지만 술을 마시게 되면서 스스로를 통제할 수 없었습니다. 한나

라는 여자와 사랑에 빠졌는데, 다섯 명이나 되는 남자가 그녀를 따라다니는 바람에 고생을 좀 했지요. 우리는 결국 결혼을 해서 열 명의 아이를 낳았고(그 중 다섯은 어려서 죽었습니다) 서로 깊이 사랑했습니다. 하지만 다투고 싸우는 일이 잦아졌습니다. 여러분, 결코 그녀에 대해 나쁜 감정이 있었던 것은 아니고 죽일 생각도 없었습니다. 그저 성경에 나와 있는 대로 아내란 남편에게 복종해야 한다는 사실을 가르치려 한 것뿐입니다. 월요일에 아내의 머리를 때려 혼을 냈는데 화요일에도 똑같은 일이 벌어질 것입니다. 세상 사람들은 내가 육욕에 빠져 큰딸과 잠자리를 했다고 말하지만, 맹세코 절대 그렇지 않습니다. 갓난아기였을 때 이후로 그 애가 남자였는지 여자였는지 제대로 알지 못했을 정도니까요. 아이가 말을 잘 듣거나 착한 일을 하면 가끔 안아 주거나 키스를 하고 또 가끔 케이크나 파이를 주곤 했지만 함께 잠자리를 하거나 임신시킨 적은 없습니다. 하지만 재앙에 빠져 미움을 사는 나 같은 사람을 보며 많은 여성들은 나쁜 일을 추측하곤 합니다. 선량한 기독교도 여러분! 나를 위해 기도해 주십시오. 나는 죽어 마땅합니다. 죄를 저질렀으니 기꺼이 죽겠습니다.

존브라운

존 브라운 John Brown
미국의 노예제도 폐지론자, 1859년 교수형에 처해짐.

교수형 집행자에게 내가 필요 이상으로 기다리는 일은 없었으면 좋겠소.

제임스 칼드클로 James Caldclough
영국의 노상 강도, 1739년 교수형에 처해짐.

겸손한 마음으로 젊은이들에게 경고의 말을 들려 주려 한다. 나쁜 친구뿐 아니라 나쁜 가정 환경 역시 조심해야 한다. 내가 죽기 전 남기는 이 말을 기억하라. 그러지 않으면 나처럼 좋지 않은 결말을 맞게 될 테니. 물론 그러지 않기를 하나님께 기도해야 할 것이다. 지금 겪는 고통은 내가 저지른 범죄에 대한 처벌이라 할 수 있다. 살인을 저지르지는 않았지만 그만큼 잘못을 저질렀다고 할 수 있으니 말이다. 가난한 신사가 적절한 도움을 받지 못해 죽음을 맞게 되었다. 잘못을 저지른 사람들에게 사죄를 구할 수 있다면 그렇게 하고 싶다. 하지만 슬프게도 그렇게 하지 못하니 그저 그들이 나를 용서하길 기도할 수밖에. 내 인생에 만족스러운 면이 몇 가지 있기를 바랐지만 이 세상에 남기고 갈 것이 없다. 예수 그리스도께서 나의 영혼을 받아 주시길.

아치볼드 카메론 Archibald Cameron
스코틀랜드의 제임스 2세 지지자, 교수형을 당하고 시신의 사지를 찢기는 참형을 받았다.

카메론은 컬로덴 전투에서 패배한 보니 프린스 찰리(찰스 스튜어트)를 숨겨 주었다가 반역 행위로 처형당했는데, 그 과정에서 대단한 용기를 보여

주어 화제가 되었다. 티번의 형장에 도착해 자신이 교수대에 오르는 것을 도와 주려는 목사에게

오늘은 나의 새로운 생일이니 어찌 기쁘지 않겠소. 첫 번째 탄생일보다 훨씬 더 많은 사람들이 모여서 나의 새로운 생일의 증인이 되어 주는군. 하나님, 감사합니다. 마음은 아주 편하지만 긴 여행 때문에 조금 피곤하군요. 드디어 마지막 날이 왔습니다. 책임을 다했다고 증거하는 모습을 보게 될 것이오. 적은 물론 내 목숨을 빼앗아 가는 데 일조를 한 사람들을 모두 용서했습니다. 모든 이들의 자비 속에 죽어갈 수 있어서 하나님께 감사드립니다. 신앙에 따라 아무런 갈등 없이, 그리고 흔들림 없이 내가 믿어온 교회의 일원, 영국국교회의 일원으로 죽어갑니다. 바라오건대 우리 주님께서 나의 죄를 모두 용서해 주시길. 간수가 함께 하지 않은 상황에서 펜과 잉크와 종이를 사용할 수 있는 권한을 거부하고 싶지만 이런 순간에는 무언가 글로 적어 남기는 것이 관습이고 내가 죽어가며 어떤 감상을 느끼는지 조국이 알아주었으면 하는 마음으로 급히 몇 자 적어 아내에게 전하는 바이오. 죽어 가는 남편의 뜻을 아내가 전할 것입니다. 자, 이제 이 세상을 떠날 준비가 되었소.

목사가 교수대를 내려가며 계단을 잘못 디뎌 넘어질 뻔하자

조심하시오. 당신도 나처럼 갈 길에 대해 알지 못하는가 보오.

베아트리체 첸치 Beatrice Cenci

이탈리아의 귀족 여성, 가학적인 아버지를 살해한 혐의로 1599년 참수형을 당함.

그 당시 많은 사람들로부터 동정을 샀던 그녀의 이야기는 퍼시 비시 셸리의 〈첸치〉를 비롯한 많은 시와 연극과 소설의 소재로 등장했다. 처형장에서 마지막으로 남긴 말.

주님! 성모 마리아님!

체로키 빌 Cherokee Bill

미국의 무법자, 1896년 교수형을 당함.

이런 일은 빨리 끝날수록 좋지.

말할 것이 있느냐는 질문에

없소. 나는 여기 죽으러 온 거지, 연설을 하러 온 것이 아니오.

자크 클레망 Jacques Clement

프랑스의 정치 선동가, 1589년 반역 행위로 처형당함.

앙리 2세의 살해 혐의를 받는 그에게 '성난 왕의 얼굴을 보고 싶지 않느냐'고 질문하자

물론 보고 싶고 말고! 할 수 있다면 그를 죽이고도 싶다!

윌리엄 콜링번 William Collingbourn

리처드 3세에 대한 반역 행위로 15세기에 교수형을 당한 후 사지 참수를 당함.

형집행관이 자신의 가슴을 가르고 심장을 꺼냈을 때에도 콜링번은 계속 불평을 중얼거렸다고 한다. 그의 불굴의 투지로 인해 처형은 한 시간이나 계속되었다.

예수님, 아직도 더 많은 고통이 남아 있나이다.

귀도 레니의 〈베아트리체 첸치〉. (::절세 미녀로 알려진 그녀의 아름다운 모습을 보기 위해 많은 사람이 처형장에 몰려들었으며, 처형 장면을 보고 있던 귀도 레니는 단두대에 오르기 직전의 베아트리체 첸치를 그렸다.)

체로키 빌

앙드레 셰니에 André Chénier | 프랑스의 시인이자 정치 평론가, 1794년 단두대형에 처해짐.

당시 최고의 프랑스 시인으로 여겨졌던 그는 단두대에 올라서도 여전히 시를 지었다고 한다.

> Le Sommeil du tombeau pressera ma paupière. (무덤의 잠이 내 눈꺼풀 위에 올라앉는구나.)

토마스 크랜머

마일즈 코르벳 Miles Corbet
영국의 변호사이자 찰스 1세를 사형에 처한 고등법원 판사, 1602년 처형.

처음 의회를 위해 봉사하라는 부름을 받았을 때 나에게는 영지가 있었다. 하지만 의회를 위해 일하며 재산을 다 쓰고 말았다. 그 후로 왕이나 주교의 땅을 사들인 적이 없다. 이미 갖고 있는 것으로 충분했고 그 정도면 만족할 만하다고 생각했기 때문이다. 하나님과 조국을 위해 봉사하는 것이 나의 목표였다. … 이런 목표를 위해서 죽어야 하겠지만 이는 내가 일부러 의도한 일은 아니다. 왕을 사형시키려는 안건이 의회에 상정되었을 때 나는 반대했지만 의회에서 통과된 후에는 따를 수밖에 없었다. 내가 최고법정에 자리 잡고 앉았던 것은 단 한 번에 지나지 않는다.

샤를로트 코르데이 Charlotte Corday
프랑스 혁명가 마라의 암살자, 1793년 단두대형에 처해짐.

형장에서 단두대를 바라보며
이전에 한 번도 단두대를 본 적이 없으니 궁금해하는 것도 당연하지 않은가. 단두대는 죽음의 화장대로, 우리를 불멸로 이끌어 주도다.

토마스 크랜머 Thomas Cranmer
캔터베리 주교이자 영국 종교개혁의 고안자, 1555년 화형당함.

청교도 신앙을 부인했다가 다시 자신의 고백을 철회하면서 자신의 유약함에 비통해하며 오른쪽 팔을 불 속에 밀어 넣었다.

내 믿음을 부인하며 서명을 한 이 팔이 죄를 저질렀으니 마땅히 제일 처음 죄값을 치러야 한다.

토마스 크롬웰 Thomas Cromwell
에섹스 백작으로 헨리 8세의 심복, 1540년 참수형을 당함.

자신이 받들던 왕으로부터 추방당한 후 사형에 처해졌다.

악마가 우리를 유혹할 준비를 마쳤다. 나는 유혹을 받았지만 이제 거룩한 가톨릭 교회의 신앙 속에 죽어 가는 모습을 보여줄 것이며 왕의 평안을 기도할 것이다. 왕께서 건강하게 천수를 누리고 번영을 누리시길. 잘생긴 요정 같은 에드워드 왕자께서 왕위를 이어 이

장 프랑수와 뒤코 Jean-François Ducos | 프랑스 귀족, 1793년 단두대형에 처해짐.

머리카락을 자르고 있던 형집행관을 보며

> 단두대의 칼날이 당신이 들고 있는 가윗날보다는 날카로웠으면 좋겠군.

나라를 오랫동안 다스리기를. 다시 한 번 바라나니 나를 위해 기도해 주소서. 이 육신에 생명이 남아 있는 한 내 믿음에 대해 추호도 흔들림이 없을 것이다.

조르주 당통 Georges Danton
프랑스 혁명의 핵심 인물, 1794년 단두대형에 처해짐.

내 목을 사람들에게 보여 주라… 그럴 만한 가치가 있을 테니.

에드워드 마커스 데스파드 대령 Colonel Edward Marcus Despard
영국 군인, 반역과 음모로 1803년 교수형을 당함.

감옥 앞에 마련된 교수대에서 한 연설은 군중으로부터 많은 호응을 얻었다.
시민 여러분, 보시다시피 나는 지난 30년 동안 조국을 위해 성실히 또 명예롭게 봉사하다가 저지르지도 않은 범죄로 인해 여기 교수대에 서서 죽음을 기다리고 있습니다. 진실의 친구이자 자유와 정의의 친구였고 가난한 자와 억압받은 자들의 친구였던 한 남자를 파멸시키기 위해 정부 관리들은 핑계를 만들어 냈습니다. 여기 모인 분들이 내가 그토록 갈망했던 건강과 행복, 자유를 누릴 수 있기를 빌겠습니다. 내 힘이 닿는 한 여러분과 세상 모든 사람들이 그런 축복을 누리기를 바라겠습니다.

로버트 데브로, 2대 에섹스 공작 Robert Devereux, Second Earl of Essex
영국의 군인이자 조정 관료, 1601년 교수형에 처해짐.

당신의 명령에 겸허하게 복종하는 의미로, 당신의 법에 따르는 의미로, 또 당신의 기쁨을 위해 모든 것을 바치는 의미로, 주님, 저에게 내려진 합당한 처벌을 기꺼이 받겠습니다. 이 미천한 종에게 자비를 베푸시기를. 당신의 손에 제 영혼을 드립니다.

제임스 더글러스, 4대 모튼 백작 James Douglas, fourth Earl of Morton
스코틀랜드의 귀족, 1581년 사망.

스코틀랜드 메리 여왕의 남편인 단리 경의 살해에 가담된 것으로 추정되는 그는, 자신이 핼리팩스에서 수입해 스코틀랜드에 설치한 단두대에 올라 처형당했다.

왕께서는 오늘 충실한 신하를 잃게 될 것이다.

존 두들리, 노덤벌랜드 공작 John Dudley, Duke of Northumberland
반역 행위로 1553년 참수형을 당함.

에이미 허친슨 Amy Hutchinson

1750년 폭력을 휘두르는 남편을 살해한 혐의로 교수형을 당한 후 불태워졌다. 방화를 저지른 후 옛 연인(자신을 차버린 이 남자 때문에 어쩔 수 없이 폭력적인 남성과 결혼해 불행하게 살게 되었다)과 도망갔다가 잡혔다. 아내를 죽인 살인범으로 교수형 선고를 받은 존 바카스와 동시에 죽게 되었다. 존 바카스는 에이미 허친슨의 처형 장면을 보게 해달라고 부탁했고 그 부탁이 받아들여졌다. 그 후 바카스는 형집행관이 자신의 목에 밧줄 묶는 것을 도왔고 스스로 발판을 차 죽음을 맞이했다. 에이미 허친슨이 남긴 마지막 말 중에서

내가 저지른 범죄에 대해 후회하고
분노하고 있는 지금, 내가 할 수 있는
일과 하나님께 할 수 있는 기도는 첫째,
야비하고 잔혹한 남성으로부터 모욕당할
경우 친구들에게 알리라고
젊은 여성들에게 말하고 싶습니다.
둘째, 또 화가 난 상태로 누군가를 내버려
두어서는 안 되고 자신에게 무관심한
사람과 결혼해서도 안 된다고 말하고
싶습니다. 애정 없이 결혼을 한다면
사소한 문제 때문에 두 사람이 헤어질 수
있습니다. 셋째, 서로 사랑하고 용서하며
인내할 수 있는 사람과 결혼해야 합니다.
두 사람 사이에 질투를 불러일으킬
누군가가 끼여들 여지를 남겨 놓아서는
안 됩니다.

네빌 히스 Neville Heath | 영국의 살인자, 1946년 교수형에 처해짐.

마지막 위스키 한 잔을 부탁하며

> 아… 위스키 더블이었으면 더 좋았을 것을.

에드워드 6세의 계승자인 메리에게 왕권을 빼앗아 제인 그레이를 영국 여왕으로 앉히려고 노력했다.

나는 1천 번 죽음을 당해도 마땅하도다.

앨버트 피시 Albert Fish

미국의 아동추행범이자 살인자, 1936년 전기의자형으로 사망.

수십 명의 아이들을 살해한 그는 스스로 고장난 사형실 전기의자의 전극을 고쳤다.

전기의자에 앉아 죽음을 맞이하다니 얼마나 놀라운 일인가! 이제 곧 최고의 흥분을 느끼게 될 것이다. 내가 지금껏 시도해 보지 않은 유일한 흥분을!

수브리우스 플라부스 Subrius Flavus

네로 황제에 대항해 음모를 꾸몄다가 AD 67년 참수형을 당함.

목을 확실하게 내밀라는 말에

당신의 칼놀림이나 확실히 하게!

샘 푸이 Sam Fooy

미국의 살인자, 1875년 교수형에 처해짐.

기자들을 불러 놓고 처형 전날 밤 자신이 꾼 꿈에 관해 이야기하며

교수대 줄이 당겨지는 순간 나는 아무런 고통도 느끼지 않았습니다. 그저 잠이 들었다가 아름다운 정원에서 눈을 떴죠. 아름다운 폭포가 흘러내리고 그 물살 위로 별빛이 춤을 추었습니다.

고든 포셋 햄비 Gordon Faucet Hamby

'존 알렌'이라고도 알려진 미국의 범죄자로 1920년 미국 '싱싱' 교도소에서 처형됨.

랍스터 샐러드를 먹으며

이곳에서 받은 좋은 처우에 대해 감사하고 싶습니다. 모든 사람들이 잘 대해 주었으니까요. 희생자들이 문제를 일으키지 않았다면 내 총 앞에서 죽음을 맞지 않았을 것입니다. 새삼스럽게 도덕군자인 척하는 것은 아니지만 젊은이들에게 이 말은 전해 주십시오. 나쁜 일은 아예 시작하지 않는 것이 좋다고. 일단 범죄를 저지르면 결코 그치지 못할 테니까요.

토마스 해리슨 Thomas Harrison

군인 출신으로, 후에 찰스 1세에게 사형을 선고한 고등법원 판사 중 한 명. 1660년 찰스 2세의 왕정복고 후 참수를 당해 시신이 절단되는 처형을 받았다.

하나님께서는 전쟁터에서 나를 보호하셨도다. 하나님 덕분에 나는 높은 성벽을 건너뛸 수 있었고 하나님 덕분에 적진을 뚫고 달릴 수 있었으며 하나님 덕에 이 죽음을 맞이하게 되었으니 그분께서

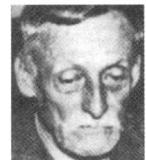

앨버트 피시

헤르만 폰 카트 Hermann von Katte | 독일의 혁명가, 1730년 처형당함.

프레더릭 황제가 황태자였을 때 모반 혐의로 기소되자

> 내가 그토록 사랑하는 황태자를 위해서라면 죽음조차도 달콤하다.

내가 편안한 죽음을 맞을 수 있도록 돌봐 주실 것입니다. 예수여, 당신 손에 제 영혼을 드립니다.

리처드 유진 히콕
Richard Eugene Hickok

미국의 살인자, 1965년 교수형에 처해짐.

존재하지도 않는 재산 때문에 중서부의 한 가족을 살해한 두 명의 젊은이 중 한 명. 트루먼 카포티의 소설 《차가운 피 In Cold Blood》는 이 이야기를 소재로 한 것이다.

나쁜 감정은 없었다고 밝히고 싶습니다. 지금 이 세상보다 더 나은 세상으로 나를 보내 주겠지요.

존 하우튼 신부 Father John Houghton

런던 카르투지오 수도원장, 1535년 교수형을 당한 후 시신을 절단당했다.

가톨릭교를 거부하던 헨리 8세를 지지하지 않아 사형당했다. 자신의 가슴을 가르고 심장을 꺼낼 준비를 하고 있는 집행관을 보며

주님, 제 심장으로 무엇을 하시렵니까?

윌리엄 하워드, 스태포드 자작
William Howard, Viscount Stafford

영국 가톨릭 신자, 1680년 참수형을 당함.

반역 모의에 참여했다는 혐의로 처형되며 형집행관에게

나는 당신을 용서하겠소. 교수대 나무받침이 나의 베개가 될 것이며 아무런 고통 없이, 슬픔도, 두려움도 없이 영원한 휴식을 취할 것이오.

토마스 헌터 목사
Rev. Thomas Hunter

영국의 사제, 1700년 살인 혐의로 처형당함.

세상에 신은 없소. 신이 존재한다고 믿을 수가 없소. 만일 있다고 하면 그분께 도전을 하겠소!

제임스 잉스 James Ings

영국의 대신들을 암살하려 했던 '카토 가 모의'에 참가했다가 1820년 처형되었다.

동료 죄수인 윌리엄 데이비슨에게

자, 마지막 인사로 악수를 하세. 친구여, 용기를 잃지 말게. 머지 않아 모든 것이 끝날 터이니. 오, 나에게 죽음 아니면 자유를 달라!

동료 죄수인 존 토마스 브루언트가 잉스의 말에

물론 자유롭게 죽는 것이 노예처럼 사는 것보다 훨씬 낫지.

하고 응답하자 잉스는

나는 모든 독재자의 적으로 죽어 갈 것이네. 이제 조금 후면 저 관

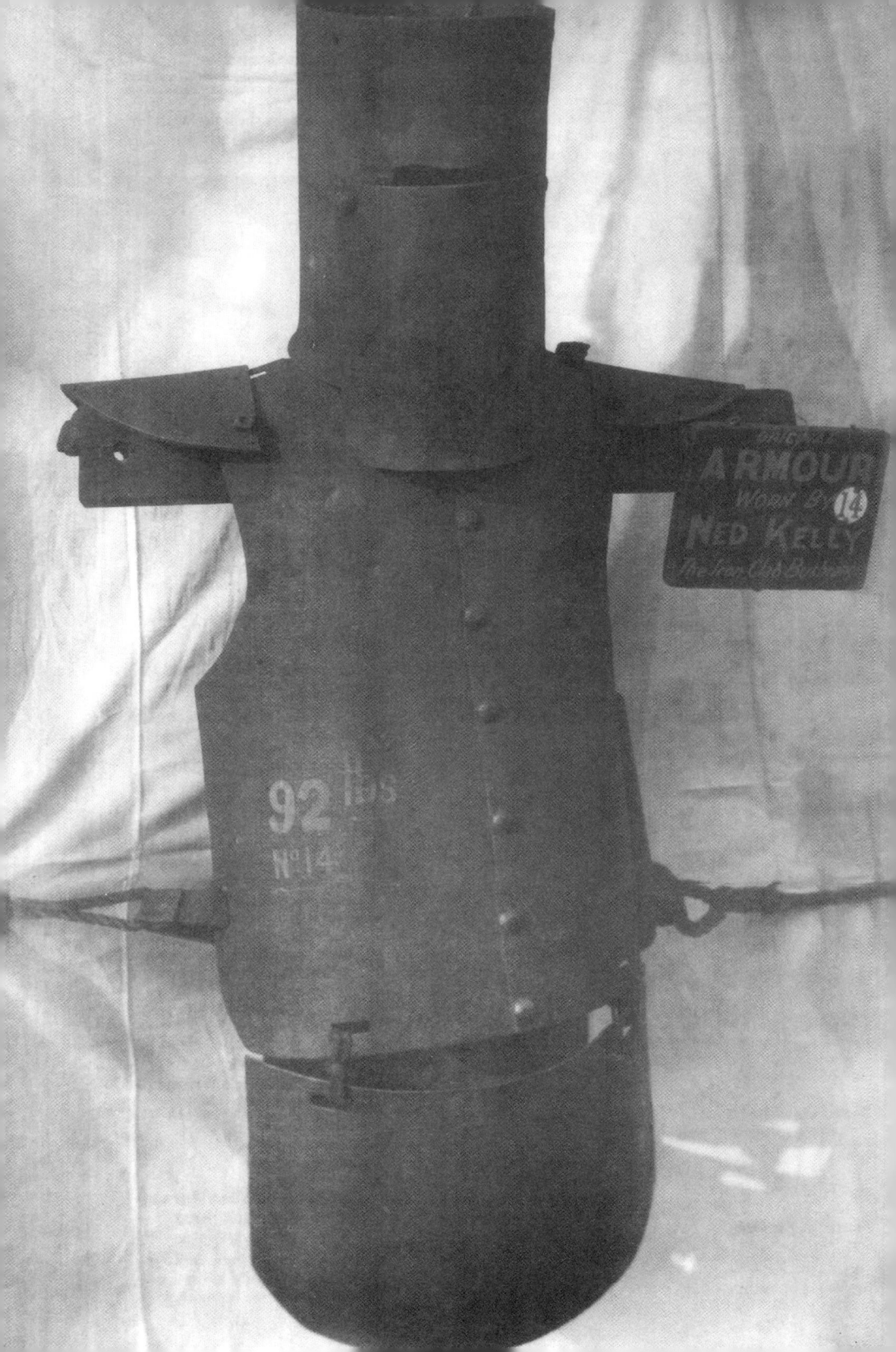

쿠사카베 Kusakabe | 일본의 혁명가.

처형장으로 향하는 길에 중국의 시를 읊으며

> 지붕 위 기왓장으로 영원히 남아 있기보다는 영롱한 구슬로 있다가 깨지는 편이 낫다.

속에 내 등을 기대게 되겠지. 여기 놓인 관들은 우리를 위한 것일 터이니.

처형을 앞두고 눈가리개를 하려는 집행관에게

제대로 잘 가리시오.

마지막으로 코튼 목사에게

이제 저에게 마지막 성사를 베풀어 주십시오.

칼리아예프 Kaliayev

러시아의 무정부주의 혁명가, 1905년 교수형에 처해짐.

십자가를 주겠다는 제안을 거절하며

이미 내 생명은 끝났고 죽을 준비가 되어 있다고 하지 않았소. 나는 죽음을 통해 피와 눈물로 가득한 이 세상에 대해 최상의 항거를 할 것이오.

네드 켈리 Ned Kelly

오스트레일리아의 역사상 가장 유명한 무법자, 1880년 교수형에 처해짐.

이런 게 인생이지.

한스 콜바인 Hans Kolbein

독일의 살인자이자 강도, 1598년 온몸을 찢기는 처형을 받음.

마지막 예배를 집전하러 온 사제에게

시끄러우니 조용하시오. 이미 전에 다 들은 이야기요. 지금 그런 이야기를 듣고 싶지 않소. 들어 봤자 머리만 아플 뿐이요.

휴 라티머 Hugh Latimer

신교도 순교자, 1555년 화형당함.

함께 고문을 당하는 크랜머와 리들리를 위로하며

마음을 편히 가지시오. 남자답게 행동합시다. 우리는 오늘 하나님의 가호로 영국에 촛불을 하나 밝히는 것이오. 그 촛불은 결코 꺼지지 않을 것이라고 믿습니다.

제임스 맥퍼슨 James Macpherson

스코틀랜드의 범죄자, 1700년 교수형을 당함.

자신의 장례식 연설문을 스스로 작성해 바이올린을 연주하며 직접 노래했다. 자신을 좋아하는 사람에게 이 바이올린을 기념물로 주겠다고 제안했지만 모여든 군중들로부터 아무런 반응이 없자 바이올린을 부순 후 자신을 기다리고 있는 처형대에 그 조각을 던졌다.

방탕한 생활을 하며 소란을 일으키느라 인생을 낭비했다. 순례의 시간이 다가오니 빨리 인생을 정리해야겠지. 조금은 조심스럽게, 하지만 내 나름대로 당당하게 이 길을 갈 것이다. 교수대 아래에서 음악을 연주하고 춤을 추려 한다.

◀ 네드 켈리가 입었던 갑옷

마타 하리 Mata Hari
본명은 마가렛 젤르, 네덜란드의 무용수이자 스파이. 1917년 스파이로 밝혀져 총살당함.

전설적인 매력으로 유명한 그는 마지막 순간에도 미소를 잃지 않았다.

고마워요.

제임스 스콧, 먼머스 공작
James Scott, Duke of Monmouth
영국 귀족, 1685년 반역 혐의로 참수형.

도끼 날을 한 번 만져 봅시다. 제대로 날이 선 것 같지 않군. 러셀 경을 처형할 때처럼 여러 번 마구 내리쳐서는 안 되오.

허먼 머젯 Herman Mudgett
19세기 미국에서 가장 많은 희생자를 낸 살인자, 1896년 교수형에 처해짐.

결혼을 미끼로 적어도 2백여 명의 여성들을 유혹해 살해한 후 보험금을 챙긴 그는 끝까지 자신의 무고함을 호소했다.

하나님께서 나의 증인이시니 나는 오직 두 여성의 죽음에만 책임이 있을 뿐입니다. 나는 미니 윌리엄스를 죽이지 않았습니다. 미니가 자살한 것일뿐…!

베니토 무솔리니 Benito Musolini
이탈리아의 정치 지도자, 1945년 반파쇼군에 의해 저격됨.

하지만, 하지만 대령….

얼 넬슨 Earle Nelson
미국의 살인마, 1927년 교수형에 처해짐.

미국 전역에서 여성들을 강간한 후 목을 졸라 살해한 그는 손에 성경을 든 채 독실한 신앙심을 강조했다.

나는 죄가 없소. 하나님 앞에 결백하게 설 수 있소이다. 나에게 잘못을 저지를 사람들을 용서하며 내가 잘못을 저지른 사람들에게 용서를 구하겠소. 하나님, 제게 자비를 베푸소서!

지롤라모 올지아티
Girolamo Olgiatti
밀라노 통치자였던 갈레아조 스포르차의 암살범, 1476년 처형당함.

나의 죽음은 때 이른 것이다. 나의 명예는 영원할 것이며 나의 행위는 오랫동안 기억될 것이다.

요한 필립 팜 Johann Philipp Palm
독일의 서적거래인, 1806년 총살당함.

나폴레옹을 공격하는 팜플렛을 발행해서 총살당하였다. 가족에게 보낸 편지에서

사랑하는 아내에게, 당신의 사랑에 대해 말로 다 못할 감사를 보내오. 하나님을 믿고 의지하며 나를 기억해 주오. 이제 작별 인사를 고해야겠소, 하나님께서 당신과 우리 아이들을 보살펴 주시길. 나를 아껴준 슈바체린 부부와 모든 친구들에게 안부를 전해 주시오. 다

얼 넬슨

교수대 위에서의 유머, 그 순간 99

토마스 모어 경 Sir Thomas More
영국의 정치가, 1535년 참수당함.
헨리 8세의 명령에도 불구하고 자신의 신앙을 고집해 처형당하며 형집행관에게
용기를 내게. 자네의 의무를 두려워하지 말게. 내 목은 짧으니 주의하
게. 자네의 양심을 구하기 위해 칼날이 빗나가게 해서는 안 된다네.

시 한 번 더 작별을 고하오. 저 편
에서 다시 만날 수 있을 거요. 처
형 30분 전, 브라나우 교도소에서
1806년 8월 26일 당신의 남편이자
아이들의 아버지 요한 팜.

칼 판츠럼 Carl Panzram
미국의 연쇄 살인범, 1930년 교수형에
처해짐.

자신의 구명 운동을 벌이는 사형폐지
협회에 보낸 편지에서
목에 밧줄을 걸어 죽을 때까지 매
다는 것이 잔혹하거나 비인간적
인 일이라고 생각하지 않소. 진정
한 기쁨이자 안식으로 여겨 고대
하고 있으니…. 마지막 순간이 오
면 감옥에서부터 춤을 추며 얼굴
가득 웃음을 띠고 행복한 마음으
로 교수대로 걸어갈 것이오. 당신
들이 보인 친절에 대한 감사로 당
신들의 목에 손을 얹고 힘껏 조이
고 싶을 뿐이지.
마지막으로 하고 싶은 말이 있느냐는
질문에 자신의 살인 행위를 인정하고
참회를 거부하며
이 멍청한 녀석들아, 빨리 형을 집
행하라구! 너희들이 이렇게 어리
석게 구는 동안 나 같으면 벌써 열
두 명쯤은 목을 졸랐을 텐데.

앤소니 피어슨 Anthony Peerson
영국의 순교자, 555년 화형당함.
자신이 묶인 화형대에서 불 붙은 볏짚
을 꺼내어 머리에 두르며
이것이 바로 하나님의 모자다. 이
제 나는 예수의 진정한 군인 차림
을 했도다. 그분의 은혜 덕에 영원
한 기쁨에 발을 내딛는다.

존 펜루오덕 대령
Colonel John Penruodock
찰스 1세의 지지자, 1655년 참수형을
당함.
자신을 처형할 도끼에 입 맞추며
날카로운 날로 단번에 죽음을 맞
게 되길 바랄 뿐. 주 예수께서 그
길을 달콤하게 인도하실 것이다.

파벨 이바노비치 페스텔 Pavel Ivanovich Pestel | 러시아 군인이자 12월 혁명의 지도자, 1826년 교수형에 처해짐.

목을 매다는 밧줄이 끊어지자

> 한심한 나라 같으니. 도대체 목매다는 법 하나 제대로 익히지 못했군.

내가 만일 다른 사람들처럼 비열한 짓을 저질렀다면 거짓을 고해 내 목숨을 구하려 하겠지만 그런 일을 나는 경멸한다. 유혹을 무시하는 것은 물론, 나에게 유혹을 제안하는 자도 무시한다. 높은 곳에 계신 하나님께 영광이 있기를, 땅에는 평화가 사람들에게는 행복이 함께하길. 예수께서 나의 불쌍한 영혼을 받아 주시길, 아멘, 다시 한 번 아멘.

존 플래킷 John Plackett
영국의 범죄자, 1762년 교수형.

내가 저지른 첫 번째 절도는 16년 전 아이슬링턴의 한 젊은 여성을 대상으로 한 것이었고 두 번째는 제닝스 필드의 한 신사가 대상이었습니다. 그 다음으로는 세인트 존스 스트리트의 비즐리 씨로부터 동전 한 닢을 훔쳤다가 7년간 유배 생활을 했고 농장에서 14년간을 보내야 했습니다. 영국으로 돌아온 후 내 삼촌에게서 은시계와 옷을 한 벌 훔쳤습니다. 마지막 절도에서 사람의 생명을 해치게 되었습니다. 덴마크의 젊은 신사 양반(사실은 노르웨이 상인이었다)의 목숨을 빼앗은 일로 지금 이 고통을 맞게 되었습니다. 앞서 말한 모든 절도가 나 스스로 저지른 일이고 이 일에 관련된 사람은 아무도 없습니다. 하나님 앞에 가기 전에 이 모든 일에 대한 자비를 구하려 합니다.

알프레도 퀴하노 장군
General Alfredo Quijano

멕시코의 혁명가, 1927년 총살형 당함.

총살 집행을 위해 정렬한 군인들에게 조금 더 가까이, 앞으로 다가와 쏘게나. 여러분, 모두 안녕.

월터 렐리 경 Sir Walter Ralegh
엘리자베스 시대의 모험가, 1618년 참수형을 당함.

목을 나무토막 위에 올려 놓은 순간 구경꾼 중 누군가가 머리를 동쪽으로 향하게 해야 한다고 주장했다. 이 말에 대해

내 마음이 올바른 방향을 향하고 있는데 머리를 어떤 방향으로 놓을지 무엇이 중요하오?… 이 칼날은 냉혹한 일격이겠으나 모든 아픔을 단번에 처리해 줄 좋은 처방약이기도 하지.

프랑수와 라바일락
François Ravaillac

프랑스 앙리 4세의 암살자로 1510년

고문을 받다 사망.

고문에도 불구하고 자신 혼자 암살을 계획했다고 주장한 그는 형틀에 달려 팔다리를 잡아당기는 고문을 받고 끓는 기름을 뒤집어쓰고 시체가 4마리 말에 묶여 갈가리 찢기는 잔혹한 처형을 받았다.

내가 섬기는 하나님과 법원에서 밝혔다시피 그리고 스스로 인정했다시피 나는 죄인이오. 프란시스코 수도사에게 말한 대로요. 나의 의도를 고해성사나 다른 방식으로 표명한 적이 없소. 앙굴렘의 방문객들에게도 말하지 않았고 이 도시의 누군가에게 밝힌 적도 없었소. 법정에서 나의 영혼을 끔찍한 절망으로 몰아가지 않기를 바라오. 하나님, 제가 이 세상에서 저지른 더 심각한 죄악에 대한 속죄를 받아 주소서. 나의 죄에 대한 대가로 이 고문을 감내하겠습니다. 하나님께 맹세한 나의 믿음에 따라 그 이상은 결코 알지 못한다! 내 영혼을 더 이상 비참하게 만들지 말라!

막시밀리앙 드 로베스피에르
Maximilien de Robespierre

프랑스 혁명의 지도자이자 공포 정치 입안자, 1794년 단두대형에 처해짐.

여러분, 고맙소.

제임스 W. 로저스 James W. Rodgers
미국의 범죄자, 1960년 총살형 당함.

마지막 소원이 있느냐는 질문에 물론이지. 방탄 조끼나 하나 주면 고맙겠소!

로베스피에르

잔느-마리 롤랑 드 라 플라티에르
Jeanne-Marie Roland de la Platière

프랑스 자코뱅당의 지도자, 1793년 단두대형에 처해짐.

자신과 함께 처형대에 올라 죽음에 대한 두려움에 떨고 있는 노인을 보고

먼저 가세요. 그러면 적어도 내 피가 흥건히 흐르는 것은 보지 않을 테니까.

에텔 로젠버그 Ethel Rosengberg
미국 가정주부로 남편인 줄리우스 로젠버그와 함께 스파이 활동 혐의로 1953년 가스실에서 처형됨.

우리는 미국 전체주의의 첫 번째 희생자들이다.

줄리우스 로젠버그 Julius Rosenberg
미국의 전기 기술자로 스파이로 몰려 1953년 가스실에서 아내와 함께 처형당함.

아이젠하워 대통령에게 보낸 탄원서에서

우리는 무고합니다. 그것이 진실입니다. 이 진실을 저버리면 귀중한 생명에 대해 비싼 대가를 치르게 될 것입니다. 하지만 다시 생명을 얻는다고 해도 위엄 있는 삶을 살 수는 없겠지요.

바르톨로뮤 사코 Bartolomeo Sacco
미국의 급진주의자, 1927년 무정부주의 활동에 가담한 혐의로 교수형을 당함.

이런 일에 가담하지 않았다면 그저 거리 모퉁이에 앉아 사람들을 흥보며 살았을 것이다. 이름도 없고 알려지지도 않은 실패자로 인생을 마쳤을 것이다. 이제 우리는

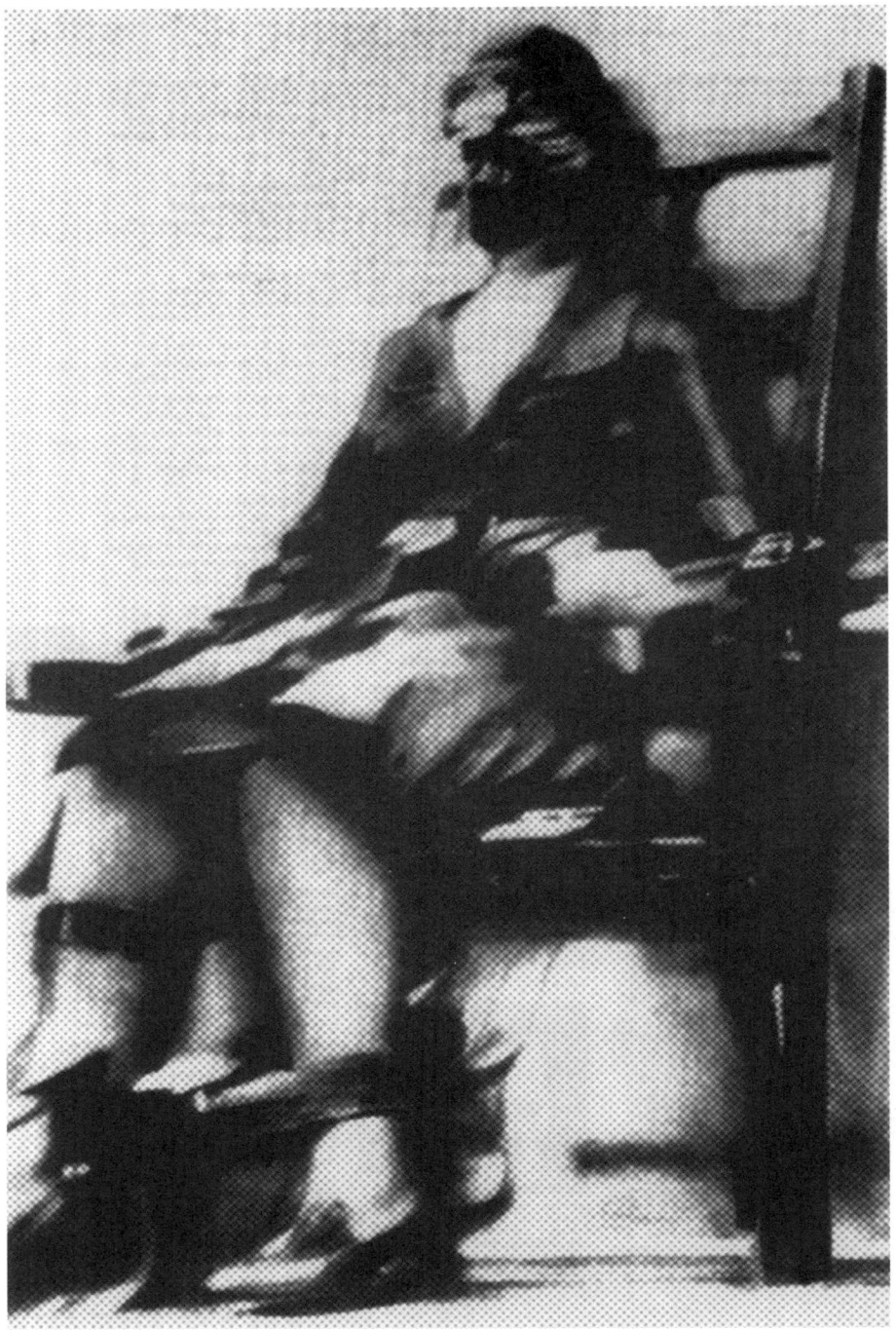

오거스트 스파이스 ^{August Spies} | 미국의 급진주의자로 시카고 헤이마켓 폭동(::1886년 노사 간의 분쟁사건으로 '노동절May Day'의 유래가 되었다.)을 주동한 사람 중 하나. 1886년 교수형에 처해짐.

> 우리의 침묵이 지금 이 순간의 소란보다 더 큰 힘을 발휘하는 때가 올 것이다.

실패자가 아니다. 이것이 우리의 임무고 우리의 승리다. 관용을 위해, 정의를 위해, 인간과 인간에 대한 이해를 위해 이런 일을 하리라는 희망을 꿈꾸지 못했을 것이다.

크리스토퍼 슬러터우드
Christopher Slaughterwood

영국의 살인자, 1700년 처형당함.

처형 직전, 주 장관에게 보낸 편지에서 저지르지도 않은 죄 때문에 죽기 위해 이곳으로 오는 동안, 제인 영의 죽음과 나는 아무 상관이 없다는 사실을 세상에 알려야 한다는 생각이 들었습니다. 세상 사람들이 의문을 가질지 모르지만 나는 제인 영이 어떻게 죽게 되었는지를 결코 알지 못합니다. 하지만 결국 나는 모든 적들을 용서할 것이며 하나님께 그들이 자신의 잘못을 깨달을 수 있도록 해 달라고 기도할 것입니다. 그분의 시간이 오면 진실이 드러날 테니까요. 그동안 여러분들이 불쌍한 나의 어머니와 다른 가족들에 대해 생각을 해 주시면 좋겠습니다. 불공정하고 불행한 판결 때문에 여기에 서서, 진실만을 말하며 위대하신 하나님의 손에 나의 구원을 기대하고 있습니다. 제인 영이 나 때문에 자신이 모시던 분을 떠나게 되었다면 그것은 정말 미안한 일입니다. 내가 지금 이런 상황을 맞이하게 된 것도 그래서일지 모릅니다.

페리 에드워드 스미스
Perry Edward Smith

미국의 살인자, 1965년 교수형을 당함. 유진 히콕과 함께 돈이 많다는 소문을 듣고 서부의 웨스턴 가족을 살해한 혐의로 처형되었다. 나중에 이 가족은 돈을 갖고 있지 않은 것으로 드러났다.

이런 방식으로 생명을 해치다니 정말 끔찍한 일입니다. 도덕적으로 또 법률적으로 극형에 대해 옳다고 생각하지는 않지만, 내가 무언가 기여한 바가 있겠지요. 내가 저지른 일을 사과하는 것이 의미 없겠지만 그래도 사과하고 싶습니다.

루스 스나이더 Ruth Snyder

미국의 여성 살인자, 1928년 전기의자에 앉아 죽음을 맞음.

그녀의 범죄는 '영원한 삼각관계'의 상황에서 기인한 것이지만 〈뉴욕 데일리 뉴스〉지의 사진기자가 몰래 카메라를 감춰 촬영한 마지막 모습 때문에 더욱 유명해졌다.

〈뉴욕데일리뉴스〉지에서 촬영한 루스 스나이더의 처형 장면 ◀

루스 스나이더

하나님 아버지, 자신이 무슨 짓을 저질렀는지 모르는 저들을 용서하소서, … 아버지, 저를 용서하소서, 저를 용서하소서, 그들을, 그들을 용서하소서….

찰리 스타크웨더
Charlie Starkweather

미국의 대량학살범, 1959년 전기의자형으로 사망.

의학적인 도움을 위해 안구를 기증하지 않겠냐는 제안에
말도 안 되는 소리! 나를 위해 무언가 해준 사람이 아무도 없는데 왜 내가 누군가를 위해 무언가 해야 하지?

율리우스 쉬트라이허
Julius Streicher

나치 전범, 1946년 교수형을 당함.
하일, 히틀러!

프리츠 서켈 Fritz Suckel

나치 전범, 1946년 교수형을 당함.
나는 미국의 장교들과 미국 군인들에게 경의를 표하지만 미국의 정의에 대해서는 그럴 수가 없다.

메리 서랫 Mary Surratt

링컨 대통령의 암살범과 공모한 혐의로 1865년 교수형을 당함.
제발 죽지 않도록 해 주세요.

롤랜드 테일러 목사
Rev. Rowland Taylor

영국의 순교자, 1555년 화형.
매장당하느니 차라리 화형당하는 편이 낫다며

해들리 교회 무덤의 벌레들을 실망시키겠군.

마틴 조지 쏜 Martin George Thorn

미국의 살인자, 1897년에 전기의자형으로 사망.

쏜은 자신의 여주인의 전 애인을 살해한 죄로, 여주인은 20년간 교도소에서 지내게 되었고 자신은 사형당했다.
난 두렵지 않다. 전혀 무섭지 않다. 하나님께서 나를 용서해 주실 것을 확신한다.

로저 '더 테러블' 투이
Roger 'The Terrible' Touhy

미국의 주류밀매자, 1959년 총에 맞아 사망.

1897년, 전기 의자에서 죽은 마틴 쏜

메리 서랫

시카고의 갱과 충돌해 17년간 복역한 후 살해당했다.
이럴 줄 알았지. 그자들이 나를 가만 둘 리가 없잖아.

니콜로 반제티 Niccolo Vanzetti
미국의 급진주의자, 바톨로뮤 사코와 함께 1927년 무정부주의 모의로 교수형에 처해짐.
다시 기회를 준다고 해도 옳은 일을 했다는 사실에 의문을 갖지 않을 것이다. 다시 태어난다고 해도 여전히 똑같은 일을 할 것이다.

월테오프 Waltheof
노덤버랜드 공작, 1076년 처형.
죽어 가며 주기도문을 외우기 시작하였다.
우리를 유혹에 들지 말게 하옵시며…
여기까지 외웠을 때 집행관이 칼을 뽑아 휘둘러 머리가 떨어졌지만 지켜본 사람들에 의하면 그 잘라진 머리에서 주기도문의 마지막 부분이 흘러 나왔다고 한다.
다만 악에서 구하옵소서.

찰스 휘트먼 Charles Whitman
미국의 대량학살범, 1966년 경찰에 의해 사살됨.
텍사스 대학 구내를 점거하고 46명에게 총을 쏘아 그중 16명이 사망했다. 그가 남긴 메모에는
인생은 살아갈 가치가 없다.

헨리 훠츠 대위 Captain Henry Wirz
미국의 군인으로 야만적인 처우로 악명 높았던 앤더슨빌 연방 교도소 지휘자, 1866년 교수형을 당함.
밧줄이 너무 꼭 끼는데 조금 느슨하게 해 주시오. 나는 죄가 없소. 죽어야 한다면 그때는 남자답게 죽겠소. 내 꿈을 미래에 걸겠소.

조지 위샤트 George Wishart
이단으로 몰려 1546년 처형된 순교자.
이단으로 몰려 1546년 세인트 앤드류스에서 화형당했다. 존 녹스가 그의 마지막 말을 정리해 집행관에게 전했다. 용서를 부탁하는 집행관에게 위샤트는 대답했다.
이쪽으로 오라고 하게. 그의 뺨에 입을 맞추어서 그를 용서했다는 증거로 보여 주겠네. 기쁜 마음으로 이 고통을 받겠네. 내 얼굴을 한 번 보게. 아무런 변화도 없지 않은가. 나는 이 불길을 전혀 무서워하지 않는다네.

토마스 와이엇 경 Sir Thomas Wyatt
영국의 귀족이자 메리 여왕에 대항한 신교도 반란의 지도자, 1554년 참수당함.
협박에 의한 고백을 후회하며
그때 그렇게 말했지만 지금 이 순간 말하는 것이 진실이오.

조셉 장가라 Joseph Zangara
미국의 노동자, 프랭클린 D. 루스벨트 대통령을 암살하려는 시도로 1933년 전기의자형으로 사망.
대공황에 대한 항의로 루즈벨트에게 총을 쏘았지만 대신 시카고 시장 서막이 살해되었다. .
여러분 안녕, 아디오스! ■

조셉 장가라

미국의 영화배우 클라라 보

chapter
.8

what?
me
worry?

내... 내가 두려워한다고?

죽음, 절대 예상하지 못한 일

토마스 블러드 Thomas Blood
영국의 모험가이자 한때 왕관의 보석을 훔친 경력이 있는 도둑, 1680년 사망.
나는 죽음이 두렵지 않다.

레온 블룸 León Blum
프랑스의 정치가, 1950년 사망.
나의 신념은 희망에 기반한다.

니콜라스 브왈로 Nicolas Boileau
프랑스의 비평가이자 시인으로 1711년 사망.
비도덕적인 내용에 대해 쓴 적이 없다는 사실이 죽어 가는 이 시인에게 상당한 위로가 되는군.
자신의 최신작을 보여 주겠다는 극작가에게
내 죽음을 재촉하고 싶은가 보지?

클라라 보 Clara Bow
미국 영화배우이자 '섹시한 여배우'의 원조, 1965년 사망.
데뷔 초기의 성공에도 불구하고 파라마운트사는 그녀와의 계약을 연장하거나 갱신하지 않았다. '여행' 때문이라고 발표되었지만 사실 클라라 보는 정신병요양소로 향해서 그곳에서 생을 마감했다.
그동안 너무 열심히 일해서 휴식이 필요해요. 계약이 끝나면 몇 년 정도 유럽에 갈까 생각 중이에요.

브라시다스 Brasidas
스파르타의 장군, BC 422년 암피폴리스 전투에서 전사.
적들은 우리에게 대적할 수 없다. 두려움 때문에 저들의 머리와 창이 떨리는 것을 보라! 이런 징조는 군사들이 도망치기 직전에 늘 나타나는 것이다. 내가 명령을 내리면 성문을 열고 저들을 향해 용맹하게 돌진하라!

조지 '보' 브럼멜 George 'Beau' Brummel
영국의 사교가이자 멋쟁이, 1840년 사망.
죽기 전에 기도해야 한다는 말에
한 번 노력해 보지.

조지 부캐넌 George Buchanan
스코틀랜드의 학자, 1582년 사망.
남은 인생에 관해 별로 걱정하지 않는다며
나에겐 별로 중요하지 않은 문제요. 일단 내가 죽으면 내 시체를 매장하거나 매장하지 않거나 남은 사람들이 마음대로 할 거요. 원한다면 내가 죽은 곳에 시신을 그대로 놔 두어서 썩어 가게 할 지도 모르겠군.

조셉 버틀러 Joseph Butler
영국의 목사이자 도덕철학자, 왕실법정의 설교자, 영향력 있는 작가로 1752년 사망.
요한 복음 5장 37절(::나를 보내신 아버지께서도 친히 나를 위하여 증언해 주셨다. 너희는 아버지의 음성을 들은 적이 없고 모습을 본 일도 없다.) 을 언급하며
이 성구를 자주 읽고 생각했지만 지금 이 순간에야 비로소 진정한 의미를 알게 되었소. 이제 행복하게 죽을 수 있겠소.

베르톨트 브레히트 Bertolt Brecht
독일의 극작가, 1956년 사망.
죽기 전 자신의 58세 생일에 관해 말하며
적어도 죽음이 그리 어렵지 않음은 알고 있지. 창문을 누군가 톡톡 두드리는 소리가 들린 후….

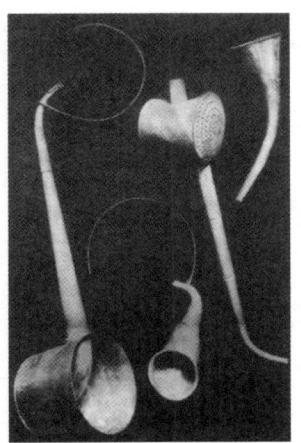

메트로놈을 고안한 발명가가 만들어 준 베토벤의 보청기

루트비히 폰 베토벤 Ludwig van Beethoven | 독일 작곡가, 1827년 사망.

> 천국에서는 소리를 들을 수 있겠지!

성 프란시스 자비에 카브리니
Saint Frances Xavier Cabrini

'카브리니 성모'라 불리는 성심수녀회 창설자이자 성인으로 봉헌된 최초의 미국인, 1917년 사망.

점심으로 무엇을 먹겠느냐는 질문에
원하는 거 아무거나. 입에 맞지 않으면 다른 걸 먹으면 되니까.

칼리굴라 Caligula
로마 황제, AD 41년 살해당함.
나는 아직 살아 있다!

헨리 캠벨-바너만
Henry Campbell-Bannerman
영국 수상, 1908년 사망.
이것이 종말은 아니오.

지오바니 지아코모 카사노바
Giovanni Giacomo Casanova
이탈리아의 모험가이자 바람둥이, 1798년 사망.
철학자로 살았고 기독교인으로 죽어가도다.

벤자멩 콩스탕 Benjamin Constant
프랑스의 철학자이자 소설가, 웅변가로 1830년 사망.
원고를 고치다 잠시 쉬며
나머지는 내일 하지.

노엘 코워드 Noel Coward
영국의 극작가, 1976년 사망.

평생을 함께한 콜 레슬리에게
안녕, 내 사랑. 내일 보자구.

제임스 크롤 James Croll
스코틀랜드의 과학자, 1890년 사망.
평생 알코올을 입에 대지 않다가 임종을 맞아 술을 부탁하며
아주 조금 마셔 볼까. 지금 술 마시는 법을 배운다고 한들 걱정할 일은 없을 테니.

빙 크로스비 Bing Crosby
미국의 가수, 1971년 사망.(∷그린에서 퍼팅을 하다가 숨진 것으로 알려져 있다.)
여러분, 정말 멋진 골프 경기였어.

윌리엄 쿨렌 William Cullen
영국의 의사, 1790년 사망.
내가 글을 잘 쓴다면 죽어 가는 것이 얼마나 편안한 일인지 제대로 설명할 수 있을 텐데.

e. e. 커밍스 e. e. cummings
미국의 시인, 1962년 사망.
더운 날씨에 장작패기를 말리는 아내에게
이제 그만 둘 거야. 하지만 도끼를 갖다 놓기 전에 날을 좀 세워야 할 거 아냐.

데모낙스 Demonax
그리스 철학자, 150년 사망.
연극이 끝났으니 막을 걷어라!

빙 크로스비

시체를 야생 동물들에게 먹이로 던져 주어도 괜찮겠냐는 질문에
살아 있는 것들에게 도움되는 일을 방해할 수는 없지. 특히 죽고 난 다음에는 말할 것도 없다네.

자기 아주머니를 살해한 혐의로 처형당하며
하나님과 다른 사람들에게 농담을 하기에는 너무 늦었어요. 나에게 부과된 죄목은 나와 아무런 상관없음을 주장합니다. 잠에 빠져드는 것처럼 즐겁게 이 고통을 받아들이렵니다. 나를 기소한 검사들을 용서합니다. 세상을 떠나는 영혼을 위해 기도해 주세요.

존 스콧 엘든 경
John Scott, Lord Eldon

영국의 상원 의장, 1838년 사망.
날씨가 좋다는 말을 듣고
나에게는 별로 중요하지 않소. 내가 가려는 곳은 여기 날씨가 좋던 나쁘던 상관없는 곳이니까.

알리 마흐모드 엘레페시
Ali Mahmoud Elefesh

20세기 이집트의 축구 선수.
득점 후, 축하의 행동으로 뛰다가 갑자기 쓰러져 사망하며 남긴 한 마디
골! 골!

찰스 다윈 Charles Darwin
'자연 도태설'을 주장한 영국의 과학자, 1882년 사망.
나는 죽는 것이 조금도 무섭지 않소.

벤자민 디즈레일
Benjamin Disraeli

영국 수상, 1881년 사망.
이왕이면 살고 싶지만 그렇다고 죽음을 두려워하지는 않소.

알프레드 L. 뒤퐁 Alfred L. Dupont
미국의 백만장자, 1902년 사망.
의사 양반, 간호사 여러분 고맙소. 며칠 지나면 괜찮아질 것이오.

메리 에드몬드슨 Mary Edmondson
영국의 살인자, 1759년 교수형에 처해짐.

해브록 엘리스 Havelock Ellis
영국의 수필가이자 의사, 성 상담가. 1939년 사망.
당신이 너무 피곤해 보이니 가서 잠을 자도록 하오. 나도 잠을 좀 자도록 하겠소. 도움이 필요하면 벨을 울리리다.

더글러스 페어뱅크스 시니어
Douglas Fairbanks Sr.

미국의 영화배우, 1939년 사망.
이보다 더 기분 좋은 적이 없었소.

> 장자 Chuang Tzu | 중국의 철학자, BC 4세기 사망.
>
> 66 땅 위에서는 솔개의 먹이가 될 것이고 땅 아래에서는 땅강아지와 개미의 먹이가 될 것이다. 누군가를 먹이기 위해 또 다른 누군가로부터 약탈을 해야 하는 것인가? 99

프란츠 요셉 하이든

요한 피히테 Johann Fichte
독일의 철학자, 1814년 사망.
더 이상 약을 사용할 필요가 없을 것 같소. 이제 다 나은 것 같으니 말이오.

윌리엄 슈웽크 길버트 경 Sir William Schwenck Gilbert
'길버트와 설리번' 컴비로 유명한 영국의 극작가, 1911년 사망.
수영하는 중, 물에 빠진 소녀를 구하려다가 심장마비로 사망.
내 어깨에 손을 올려놓고 움직이지 말거라!

앨런 긴스버그 Allen Ginsberg
미국의 시인이자 급진주의자, 1997년 사망.
정말 행복하다. 더할 나위 없이 행복하다.

프랑수와 기조 François Guizot
프랑스의 역사가, 1874년 사망.
'이제 곧 다시 만날 거예요.' 하고 말하는 딸에게
그 말을 나보다 더 확신하는 사람은 아마 없을 거다.

존 행콕 John Hancock
미국 독립운동의 지도자이자 독립선언서에 처음으로 서명을 한 정치가, 1793년 사망.
서명을 뜻하는 '존 행콕'이라는 표현을 통해 그의 이름이 후세까지 남아있다.
즐거운 시간을 기대하고 있네.

프란츠 요셉 하이든 Franz Joseph Haydn
오스트리아의 작곡가, 1809년 사망.
애들아, 기운 내거라. 나는 괜찮단다.

루더포드 B. 헤이스 Rutherford B. Hayes
미국 대통령, 1893년 사망.
죽은 아내를 만나게 될 것이라는 기대로
나는 지금 루시가 있는 곳으로 가고 있다네.

하인리히 하이네 Heinrich Heine
독일의 시인, 1856년 사망.
하나님께서 나를 받아 주시길… 그분의 부름이니.

F. 스콧 피츠제럴드 F. Scott Fitzgerald
《위대한 개츠비》를 쓴 미국 소설가, 1940년 사망.
반려자인 셰일라 그레엄이 '허시 초콜릿이 먹고 싶으냐'고 묻자
그거 좋지.

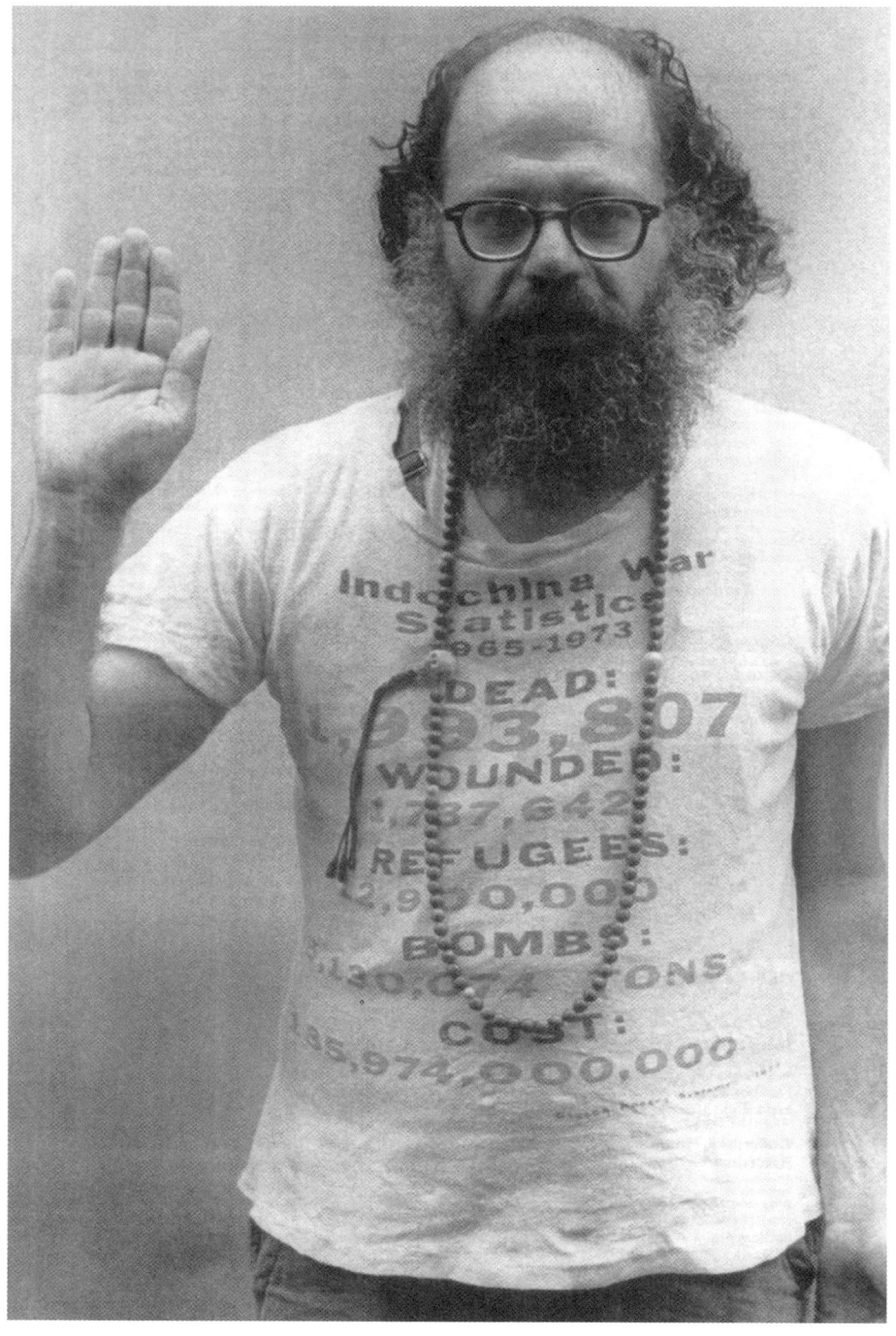

급진주의자, 앨런 긴스버그 ◀

리처드 힐러리 Richard Hillary
영국의 전투기 조종사이자 비행 전문작가, 1943년 비행기 충돌 사고로 사망.
무선으로 '비행이 만족스러운가' 하는 질문에
어느 정도는 그렇다. 계속 선회하고 있다.

구스타브 홀스트 Gustav Holst
관현악 모음곡 〈행성〉으로 유명한 미국의 작곡가, 1934년 사망.
마지막 메모에서
성령강림절을 잘 보내기를….

구스타브 홀스트

해리 홉킨스 Harry Hopkins
미국의 정치가, 1946년 사망.
윈스턴 처칠에게 쓴 편지에서
클레미와 사라(처칠의 아내와 딸)에게 안부를 전해 주시오. 당신이 영국으로 돌아가기 전에 당신 가족들을 다시 만날 수 있기를 바랍니다. 사적인 일은 말할 것도 없고 세계 정세에 대해 이야기할 수 있기를 기대합니다.

사무엘 홉킨스 목사 Rev. Samuel Hopkins
영국의 성직자, 1837년 사망.
풍랑에 시달리겠지만 닻을 제대로 내렸으니 내 배는 폭풍우를 뚫고 나아갈 것입니다.

존 하우 John Hough
영국 월스터 주교, 1743년 사망.
영원한 기쁨을 기약하며, 우리는 다시 만나기 위해 헤어지는 것입니다.

존 하워드 John Howard
영국의 퀘이커 교 지도자, 1790년 사망.
내 장례식에는 화려한 행렬을 하지 말고 내가 누워 있는 무덤에는 대단한 묘비명을 세우지 마시오. 그저 고요히 땅 속에 묻고 무덤 위에 해시계나 올려놓고 사람들로부터 잊혀지게 해주오.

토마스 헉슬리 Thomas Huxley
영국의 과학자이자 철학자, 1895년 사망.
지금 당장은 죽을 것 같지 않군. 지나치게 낙관적인 것인지 모르겠지만, 단백뇨증이건 무엇이건

라파이에트 후작 Marquis de Lafayett | 미국 독립전쟁과 프랑스 대혁명에서 중요한 역할을 한 프랑스 귀족, 1834년 사망.

죽음의 불가피성에 관해 이야기하며

> 무얼 더 바라는가? 삶이란 등잔불과 마찬가지인 것을… 기름이 떨어지면… 불빛도 꺼지고 모든 것이 끝나는 것을.

타고난 건강으로 잘 이겨낼 수 있을 것 같네….

조지 S. 카우프먼 Geroge S. Kaufman
미국의 극작가이자 재담꾼으로 1961년 사망.

두려워하는 일은 더 이상 없겠군.

T. E. 로렌스 T. E. Lawrence
'아라비아의 로렌스'로 널리 알려진 영국 군인이자 작가, 1935년 사망.

히틀러를 방문하는 것을 상의하기 위한 전보를 보낸 후 의문의 오토바이 사고로 사망.

화요일 점심. 보빙턴 캠프 쇼에서 1마일 떨어진 오두막.

토마스 배빙턴 매컬리, 초대 매컬리 남작 Thomas Babington Macaulay, first Baron Macaulay

영국의 역사가, 1859년 사망.

일찍 물러가야겠소. 왠지 좀 피곤해서.

프란시스 마리온 장군
General Francis Marion

미국의 군인, 1795년 사망.

하나님, 이 땅에 태어난 이래 일부러 누군가에게 나쁜 일을 저지른 적이 없다고 가슴 위에 손을 얹고 말할 수 있어서 감사합니다.

헤리엇 마티노 Harriet Martineau
영국의 작가이자 사회개혁가, 1876년 사망.

지금껏 귀한 삶을 누릴 수 있었기에 더 이상의 삶을 요구하지는 않을 것이다. 헤리엇 마티노의 존재가 영원해야 할 이유는 없으니까.

메허르 바바 Meher Baba
인도의 구루, (∷힌두교에서 종교상의 스승을 일컬음.) 1969년 사망.

죽기 직전까지 44년의 침묵을 지켰으며 1925년 남긴 말이 평생의 마지막 말이 되었다.

걱정 없이, 행복하게.

아브라함 링컨 Abraham Lincoln
미국 대통령, 1865년 암살당함.

아내와 손을 잡고 구경하는 모습을 다른 관객들이 비웃지 않겠냐는 질문에

이런 일에 대해서는 사람들이 아예 관심 없을 거야.

미켈란젤로 부오나로티
Michelangelo Buonarroti

피렌체의 조각가이자 화가로 1564년 사망.

영혼은 하나님께로, 육신은 지상에, 세속적인 부는 친척들에게 돌린다.

몰리에르 Molière

본명은 장 밥티스트 포클랭. 《타르튀프》와 《상상으로 앓는 사나이》를 쓴 프랑스의 극작가, 1673년 사망.

놀랄 필요는 없네. 내가 피를 토하는 것을 자주 보았지 않은가. 내 아내를 불러 주게.

잭 미튼 Jack Mytton

1834년 사망한 영국인.

딸꾹질을 멈추기 위해 셔츠에 불을 붙이다 화상을 입고 사망. 온 몸에 화상을 입고 죽어 가면서도

그래도 어쨌건 딸꾹질은 멈췄잖아!

라몬 마리아 나르베즈
Ramón Maria Narvez

스페인의 애국자, 1868년 사망.

고해성사를 하러 온 신부에게

나는 적을 용서할 필요가 없습니다. 적을 모두 죽여버렸으니까요.

팔머스턴 경 Viscount Palmerston

영국의 수상, 1865년 사망.

의사로부터 자신이 죽어 가고 있다는 말을 듣자

죽음 그것이야말로 내가 가장 나중에 하고 싶은 것이지.

박정희 대통령

1979년 암살당함.

"각하, 괜찮으십니까?" 하는 말에

나는 괜찮네.

박정희 대통령

보리스 파스테르나크
Boris Pasternak

《닥터 지바고》를 쓴 러시아의 시인이자 소설가, 1959년 사망.

여러분 안녕히, 왜 출혈이 계속되는 거지?

안나 파블로바 Anna Pavlove

러시아 태생의 영국 프리마돈나 발레리나, 1931년 사망.

내 '백조' 의상을 준비해 줘요.

필록시네스 Philoxenes

그리스 철학자.

먹고 있는 생선이 소화장애를 일으켜 치명적일 수도 있다는 말에

그렇겠지. 하지만 떠나기 전에 남은 생선을 좀 먹도록 해주게.

베아트릭스 포터 Beatrix Potter

《피터 래빗》으로 유명한 동화작가이자 일러스트레이터, 1943년 사망.

이웃에게 보낸 마지막 편지에서

존 모스크럽 씨에게. 아직은 기운이 조금 남아 있습니다. 인사를 하기 위해 이렇게 편지를 씁니다. … 그동안 우리는 매우 유쾌한 우정을 나누었지요. 아직도 기관지가 조금 불편하답니다. 새해 인사를 전합니다.

피에르-오귀스트 르누아르
Pierre-Auguste Renoir

프랑스의 화가, 1919년 사망.

나는 지금도 여전히 발전하고 있다.

앙리 드 생시몽 백작
Comte Henri de Saint-Simon

프랑스의 사회이론가로 기독교 사회주의의 선구자, 1825년 사망.

미래는 우리의 것이다. 훌륭한 일을 하기 위해서는 열성적이어야 한다.

월터 스콧 경 Sir Walter Scott

《아이반호》를 쓴 영국의 소설가, 1832년 사망.

잉크가 번질까 봐 임종을 앞두고는 아무 것도 쓰지 않았소. 하나님께서 모두를 보살펴 주시길, 이젠 기분이 좋아졌소.

조지 스멀리지 George Smalridge

영국의 목사이자 브리스톨 주교, 1719년 사망.

아주 편안히 잤으니 하나님께 감사할 일이지.

샤를 모리스 드 탈레랑-페리고르
Charles Maurice de Talleyrand-Périgord

프랑스의 정치가이자 외교관, 1838년 사망.

파리 대주교가 탈레랑의 죽음을 목격하느니 차라리 자신의 목숨을 내놓겠다고 말했다는 이야기를 듣고

주교께서 당신의 목숨을 더 나은 일에 쓰셔야 할 텐데.

바실리 타라킨 Vassili Tarakin

1919년 혁명에 가담하기를 거부하다가 총살당한 러시아인.

동포 여러분, 이것만은 알아두시오. 내 몸에 총을 쏘는 것은 당신들 영혼에 총을 쏘는 것이나 마찬가지라오. 사랑과 동포애를 위해 죽기 때문에 내 몸은 썩어 없어지더라도 영혼은 살아남을 것이오.

타이타닉 호 SS Titanic

'절대 가라앉지 않는 배'로 알려진 화이트 스타라인 사의 자랑거리였으나 1912년 처녀 항해에서 침몰되었다.

마지막 무선 송신에서

빙산과 충돌했음. 심각한 타격 입음, 급히 구조 바람.

월터 스콧 경

그램 파슨스 Gram Parsons

미국의 록 뮤지션, 1972년 사망.

습관적인 마약 복용은 치명적일 수 있다는 말에

죽음이란 따뜻한 망토이자 오랜 친구 같아. 죽음이란 때로 룰렛처럼 다가온단 말이야.

윌리엄 버틀러 예이츠 William Butler Yeats
아일랜드의 시인, 1939년 사망.

마지막 편지에서

2, 3주 후면… 지금은 여유가 있으니 시를 좀 쓴 다음 쉬어야지… 가장 심오한 사고를 글로 밝히고 확신이 드는 생각을 재정리하면 나의 연구가 끝나겠군. 지금은 행복하다. 단념했던 에너지가 다시 차오르는 듯하니 내가 바라던 것을 찾은 듯하다. 이 모든 것을 간단히 글로 옮긴다면 이런 것이 아닐까. '인간은 진실을 구현하지만 그 진실을 알지는 못한다'. 인생에 있어 진실을 구현해야만 한다. 추상적인 것에는 생명이 없다. 모든 곳에서 모순을 끌어낼 뿐이다. 헤겔과는 논쟁을 벌일 수 있지만 성자들과는 논쟁을 벌일 수 없다.

리하르트 바그너 ^{Richard Wagner} | 〈니벨룽겐의 반지〉로 널리 알려진 독일의 작곡가, 1883년 사망.

> 심연 속 미미한 존재들, 갈망으로 가득한 존재들. 나는 그런 존재들을 좋아한다.

루돌프 발렌티노
Rudolph Valentino
미국의 영화배우, 1926년 사망.
나는 괜찮으니 블라인드를 내리지 마시오. 나에게 인사하는 햇빛을 보고 싶소.

워험 대주교 ^{Archbishop Warham}
영국의 성직자, 1532년 사망.
아직도 현찰 30파운드가 수중에 있다는 말을 듣자
그 정도면 천국에 갈 때까지 충분하겠군.

찰스 워너 ^{Charles Warner}
미국의 작가, 1900년 사망.
자신이 머물고 있는 집주인에게
몸이 좋지 않아서 잠시 누워 있어야겠습니다. 10분 후에 깨워 주시겠습니까? 잊지 마세요, 10분 후입니다.

아더 웰레슬리, 웰링턴 공작
Arthur Wellesley, Duke of Wellington
영국 군인이자 워털루 전투의 영웅, 1852년 사망.
약제사가 어디 있는지 아나? 알면 가서 좀 불러 오게. 내가 좀 찾는다고 말야. 몸이 좋지 않아서 약제사가 올 때까지 누워 있어야 하겠네.

헨리 커크 화이트 ^{Henry Kirke White}
영국의 시인, 1806년 사망.
캠브리지 대학에서 일하던 중 과로로 사망했다. 동생에게 보낸 마지막 편지에서
강의는 금요일에 시작하지만 몸이 나아질 때까지는 참여하지 못할 것 같다. 어머니께 편지를 못했는데, 앞으로 이런 상태가 계속 이어진다면 조금 힘들 것 같구나. 어머니께 강의가 금요일에 시작된다고 전하렴. 아무런 이야기도 듣지 못하면 더 불안해하실 테니 어머니께는 내가 몸이 좋지 않다고 말씀드리는 것이 나을 듯하다. 더 이상 편지를 쓰는 것이 힘들구나. *너를 아끼는 형이.*

잭 B. 예이츠 ^{Jack B. Yeats}
아일랜드의 화가이자 윌리엄 버틀러 예이츠의 동생, 1957년 사망.
친구에게
잊지 마, 아침에 그림 모델 서 주겠다고 약속한 거 말야.

에밀 졸라 ^{Emile Zola}
《나는 고백한다》로 알프레드 드레퓌스를 옹호해 명성을 얻었던 프랑스 소설가이자 사회운동가, 1902년 사망.
기분이 좋지 않군. 머리도 아프고.

루돌프 발렌티노

내... 내가 두려워한다고? **119**

웰링턴 공작의 초상화로, 고야의 그림을 모작한 것. 런던의 내셔널 갤러리에서 볼 수 있다.

이 개도 아픈 것 같지 않나? 우리 둘 다 상태가 좋지 않군. 무언가 잘못 먹은 것일까. 조금 있으면 나아지겠지. 그냥 내버려두면 될 것 같은데.

울리히 츠빙글리 Ulrich Zwingli
스위스의 신교도 성직자, 1531년 살해당함.
무슨 상관인가? 그들은 그저 육신만을 죽일 수 있을 뿐 영혼을 죽일 수는 없다네. ■

유명한 레즈비언 작가였던 래드클리프 홀

chapter.9

on top of the world
세상의 꼭대기에서
죽음, 아무도 원하지 않으리...

피에트로 아레티노 Pietro Aretino

《왕자들의 재앙》으로 널리 알려진 이탈리아의 희극작가, 1556년 사망.

종부성사를 받고 난 후

온통 기름투성이니 쥐들이 가까이 오지 못하게 하라.

존 J. 오두본 John J. Audubon

미국의 조류학자, 1851년 사망.

미지의 세상은 물론 사악한 세상도 충분히 즐겼다.

프란시스 베이컨 Francis Bacon

영국의 변호사이자 정치가, 철학자이자 영어의 권위자, 1626년 사망.

인간의 관대한 웅변에, 세상 모든 나라들에게, 그리고 다음 세대에도 내 이름과 나에 대한 기억을 남기고 싶다.

노만 베셀 소령 Major Norman Beasell

미국 공군 조종사, 1944년 사망.

밴드 리더인 글렌 밀러를 태우고 프랑스로 향하던 중 해협 위에서 실종되었다.

밀러 씨, 중요한 게 뭐죠? 영원히 살고 싶은가요?

존 배리모어 John Barrymore

미국 배우, 1942년 사망.(∷라이오넬 배리모어의 형으로, 영화 'E.T.'에서 귀여운 꼬마로 나왔던 드류 배리모어의 할아버지.)

병중에 인터뷰를 하며

죽는다고요? 이봐요, 친구, 배리모어 가문 사람은 결코 자신에게 이런 평범한 일이 일어나는 것을 허락하지 않을 겁니다.

라이오넬 배리모어
Lionel Barrymore

미국의 배우, 1954년 사망.

'묘비명에 무엇이라고 새겨질 것 같냐?'는 팬들의 질문에

글쎄요, '아일랜드 사람 역을 제외하곤 모든 역할을 다 해봤다…' 정도가 아닐까.

도미니크 부우르
Dominique Bouhours

프랑스의 문법학자, 1702년 사망.

나는 곧 죽게 될 것이다, 또는 나는 곧 죽을 것이다, 이 두 가지 표현 모두 사용 가능하지.

돈 로드리고 칼데론
Don Rodrigo Calderón

스페인의 궁중기사, 1621년 처형당함.

그로 인해 '교수대에 선 돈 로드리고보다 당당한'이라는 속담이 등장했다.

나는 평생 합당한 처신을 해왔다.

줄리아 마가렛 카메론
Julia Margaret Cameron

미국의 사진작가, 1875년 사망.

남편과 함께 실론으로 여행을 떠나면서 죽음을 두려워하여 관을 가져갔는

존 배리모어

윈스턴 처칠 Winston Churchill | 영국 수상이자 20세기 영국사에 있어 가장 중요한 인물, 1965년 사망.

75세 생일을 맞아 인터뷰를 하며

> 나는 창조주를 만날 준비가 되어 있다. 다만 창조주께서 나를 만나야 하는 시련에 준비가 되어 있는지는 또 다른 문제이겠지만.

줄리아 마가렛 카메론

데, '이 관이 필요 없게 되기를 기대하는' 마음으로 그랬다고 한다.

정말 근사하군.

조르주 퀴비에 남작
Baron George Cuvier

프랑스의 동물학자이자 정치가, 비교해부학과 고생물학의 창시자로 1832년 사망.

거머리를 사용해 나쁜 피를 빨아내리는 간호사에게

이봐요, 간호사, 거머리가 붉은 피를 가졌다는 사실을 발견한 사람이 바로 나라고요.

자신이 거절한 레모네이드를 마시고 있는 딸에게

내 사랑하는 딸이 무언가 마시는 것을 지켜보는 일은 참 즐겁구나.

다미안 신부 Father Damien

본명은 조셉 드 베우스터. 벨기에의 신부로 하와이 나병 환자들을 위해 평생을 바친 선교사, 1889년 사망.

하나님의 뜻이 이루어졌고 그분은 모든 것을 알고 계시다. 온갖 실수와 잘못을 저질렀지만 이제 나의 임무는 하나님의 손으로 옮겨갔다. 부활절이 오기 전에 나는 우리 주 예수를 만나게 될 것이다.

존 던 John Donne

영국의 시인, 1631년 사망.

죽지 않았으면 비참했을 것입니다. 당신의 천국이 다가왔습니다. 당신의 뜻이 이루어졌습니다.

존 에릭슨 John Ericsson

미국의 해군 기술자이자 발명가, 무장 선회탑 군함 설계자이자 회전 프로펠러 개발자, 1889년 사망.

이제 쉬려 한다. 이 휴식은 말로 설명할 수 있는 것보다 훨씬 웅장하고, 훨씬 아름답다.

랄프 어스킨 Ralph Erskine

스코틀랜드의 시인, 1752년 사망.

평생 한없는 은총을 받았으니 이 빚을 어찌할까. 승리여, 승리, 승리여!

베르나르 드 퐁트넬
Bernard de Fontenelle

프랑스의 학자, 1757년 사망.

1백 세에 이르러 죽음을 맞으며 극히 절제된 마지막 말을 남겼다.

계속 존재하는 데 어려움이 생겼다는 사실을 제외하곤 아무 느낌이 없다.

토마스 게인스버러 Thomas Gainsborough

영국의 화가, 1788년 사망.

우리 모두는 하늘나라로 갈 것이고 그 중에는 반 다이크(::벨기에의 화가로 영국에서 활동했으며 고아한 화풍으로 많은 걸작을 남겼다.)도 끼어 있을 거야.

사무엘 가스 경 Sir Samuel Garth

영국의 의사이자 시인, 1719년 사망.

의사에게

여러분, 나는 자연사를 원합니다.

종부성사를 한 후

이제 긴 여행을 떠나려 하오. 이미 내 신발을 반짝반짝하게 닦아 놓았군.

앙드레 지드 André Gide

프랑스의 소설가, 1951년 사망.

C'est bien(괜찮아).

에드먼드 고스 경 Sir Edmund Gosse

영국의 전기문학자이자 비평가, 1928년 사망.

수술 동안 죽은 그는 이런 마지막 편지를 남겼다.

이 시간이 지나면 동정과 희망을 갖고 나를 생각하게 될 것이오. 나는 심장병을 이겨내고 살아날 것입니다. 하지만 어떤 일이 닥친다 해도 완벽한 평정을 유지할 것이며 그토록 오랜 기간 동안 내가 받아왔고 지금도 나를 감싸고 있는 사랑을 즐길 것입니다.

윌리엄 해즐릿 William Hazlitt

영국의 비평가이자 수필가로 1830년 사망.

행복한 삶을 살아왔군.

시드니 허버트, 리아의 허버트 공 Sidney Herbert, Lord Herbert of Lea

영국의 정치가, 1861년 사망.

이제 끝이군. 나는 행복한 인생을 살아왔네. 짧지만 활기 넘치는 삶이었지. 바라는 모든 것들을 달성하지는 못했지만 최선을 다하려고 노력해 왔다네.

매튜 헨리 Matthew Henry

영국의 신학자이자 번역가로 1714년 사망.

하나님을 섬기고 그분과 소통하며 보낸 삶이야말로 인간이 누릴 수 있는 가장 평안하고 기쁜 삶이라 할 수 있다.

패트릭 헨리 Patrick Henry

미국의 애국자, 1799년 사망.

고통 없이 갈 수 있도록 해주신 친절한 하나님께 감사를.

유렐리 코렐리 힐 Ureli Corelli Hill

뉴욕 필하모닉 오케스트라 창설자,

르네 데카르트 René Descartes

프랑스의 수학자이자 철학자, 1650년 사망.

오랫동안 갇혀 있던 나의 영혼이여. 이제 육신이라는 감옥을 떠나 속박을 풀어버릴 시간이 되었다. 그러니 이 이별을 기쁨과 용기로 받아들이자!

래드클리프 홀 Radclyff Hall | 검열 파동을 일으킨 소설 《고독의 우물》을 쓴 영국의 레즈비언 작가, 1963년 사망.

> 66 삶이란 얼마나 멋진 것인지. 하지만 아무리 그렇다고 해도 이제는 이 생명을 하나님께 바칠 때가 되었다. 99

1875년 자살함.
하하! 나는 가네. 빨리 세상을 뜰수록 좋지!

리 헌트 Leigh Hunt
영국의 수필가이자 비평가, 1859년 사망.
평안에 대한 깊은 꿈.

셀리나 해스팅스, 헌팅던 백작부인
Selina Hastings, Countess of Huntingdon
영국의 자선사업가, 1791년 사망.

내가 해야 할 일은 모두 끝났습니다. 이제 하나님 아버지께 가는 일만 남은 듯하군요.

알렉산더 훔볼트 Alexander Humboldt
독일의 박물학자이자 지리학자, 1859년 사망.
햇빛이 정말 아름답군. 이 세상을 천국으로 부르는 것 같아.

알렉산더 일리체브스키
Alexander Illitchewski
러시아의 작가.
일생 내내 완벽한 사랑을 찾으려 했던 그는 그런 사랑을 찾고 기쁨 속에서 죽었다고 한다.
결국 내 사랑의 대상을 찾았구나!

헨리 제임스 시니어 Henry James Sr.
미국의 철학자, 1882년 사망.
나는 위대한 하나님께 충실했다. 오직 하나님께 말이다. 지금 이 순간을 죽음이라 부르지 말라. 생명에 발을 들여 놓는 것이다.

앤젤리카 카우프먼
Angelica Kauffmann
스위스의 예술가, 1807년 사망.
사촌이 죽어 가는 사람을 위한 찬송가를 부르려 하자 거절하며

패트릭 헨리

니콜로 마키아벨리
Niccolò Machiavelli

피렌체의 정치이론가이자 《군주론》의 저자, 1530년 사망.

> 나는 천국이 아닌 지옥으로 가고 싶다. 지옥에서는 교황과 왕, 왕자들을 만나겠지만 천국에서는 거지와 수도승, 사도들을 만날 테니까.

아니, 요한. 그 노래는 부르지 마. 대신 128페이지에 있는 '병자를 위한 찬송'을 불러 줘.

존 스튜어트 밀 John Stuart Mill
영국의 철학자이자 경제학자, 1873년 사망.

나의 임무는 이제 끝났다.

레지날드 드 코븐 Reginald de Koven
미국의 작곡가이자 지휘자, 음악평론가, 1920년 사망.

마지막 전보에서
금요일 밤 공연 매진, 만세!

싱클레어 루이스 Sinclair Lewis
미국의 소설가, 1951년 사망.(∷미국 생활의 이모저모를 풍자적·사실적으로 표현하는 동시에 미국인의 형태를 회화적으로 그려냄으로써, 1930년 미국 작가로서는 처음으로 노벨 문학상을 받았다.)

나는 정말 행복하다. 모두에게 신의 가호가 함께하길.

A. T. 마한 A. T. Mahan
해군력에 관해 글을 쓴 영국의 작가, 1914년 사망.

정원으로 난 창을 바라보며
만일 몇 년이 더 허락된다면, 저 멋진 세상을 보며 즐길 수 있을 것을. 하지만 하나님께서는 공정하시니 그분께 모든 결정을 맡길 수밖에.

코튼 마더 Cotton Mather
미국의 청교도 성직자, 1728년 사망.

이것이 죽음인가? 이것이 전부인가? 하나님께 기도하며 두려워하던 것이 바로 이것이란 말인가? 이 정도면 기꺼이 참아낼 수 있다! 죽음은 참아낼 수 있다!

필립 멜랑크톤 Philipp Melanchthon
독일의 박애주의자, 1560년 사망.

필요한 것이 있느냐는 질문에
오직 천국만 필요할 뿐이오.

필립 멜랑크톤

임마누엘 칸트 Immanuel Kant
독일의 철학자, 1804년 사망.
이 정도면 충분하지.

메리 워틀리 몬태규
Mary Wortley Montagu
영국의 수필가이자 당시 영국에서 가장 뛰어난 재능을 지닌 여성으로 1762년 사망.
지금까지 아주 즐거웠습니다.

장 빅토르 모로 Jean Victor Moreau
프랑스 군인, 1813년 사망.
유배지에서 나폴레옹에게 보낸 마지막 편지에서
황제께 이렇게 알려라. 내가 그분을 처음 보았을 때 느꼈던 그 숭배와 존경, 헌신의 감정을 그대로 안고 무덤으로 간다고. 나 자신에게 수치스러운 것은 아무 것도 없다.

사무엘 모르스 Samuel Morse
미국의 발명가이자 전기 통신의 선구자, 1872년 사망.
치료에 필요한 각종 도구에 대한 두려움을 없애기 위해 의사들이 '우리가 사용하는 통신 방식은 바로 이런 것이랍니다' 하며 설명하자
아주 좋군요.

아더 머휘 Arthur Murphy
영국 극작가, 1805년 사망.
절반은 이성적으로 나머지 절반은 그저 놀라움 속에서 죽음에 관해 알게 되었다. 이제 죽음을 환영하면서 맞아들이고 조용히 사라질 것이다.

샤를로트 엘리자베스, 오를레앙 공작부인
Charlotte Elizabeth, Duchess d'Orlèans
프랑스 귀족, 18세기 초반 사망.

마지막 편지에서
하나님 감사합니다. 이제 죽을 준비가 되었습니다. 용감하게 죽을 수 있도록 힘을 달라고 기도할 뿐입니다. 보슬비가 내리고 있지만 그리 나쁜 날씨는 아니군요. 하지만 날씨가 아무리 좋다고 해도 별 도움이 되지 않을 듯합니다. 기침과 감기가 심한데 내 병은 그 이상인가 봅니다. 만일 다시 건강을 회복한다면 충실한 하나님의 동반자로 남을 것입니다. 만일 이것이 마지막이라면 내 영혼의 구원을 확신하며 죽음을 맞을 것입니다.

실비오 펠리코 Silvio Pellico
이탈리아의 시인, 1854년 사망.
오 천국, 천국이여! 드디어 나에게 궁극적인 위안이 찾아왔도다! 모든 감옥이 사라지고 이 땅의 영광도 사라지고 눈앞에는 휴식만 남아 있도다.

파블로 피카소 Pablo Picasso
스페인 출신의 화가, 1973년 사망.
나를 위해 축배를 드시오.

아이작 피트먼 경 Sir Issac Pitman
영국의 필적학자이자 속기의 창시자, 1897년 사망.

아이작 피트먼이 어떻게 죽었는지 묻는 사람들에게 그저 편안하게 세상을 떴다고 말하라. 다른 일거리를 찾아 이쪽 방에서 다른 쪽 방으로 옮겨가는 정도로 보였다고 말하라.

오랫동안 건강과 성공을 맛보았으니 운이 좋았다. 그러니 불평해서는 안 될 일. 지상의 모든 것들이 종말을 맞게 되어 있으니 이제 나의 차례가 된 듯하다.

크리스티나 로세티
Christina Rossetti

영국의 시인, 1894년 사망.
모든 사람을 사랑합니다. 만일 나에게 적이 있었다고 해도 천국에서는 그들을 환영할 것입니다.

모리스 삭스 백작
Maurice, Comte de Saxe

독일 출신의 프랑스 장군이자 군사이론가, 1750년 사망.
지금까지 아름다운 꿈을 꾸었던 것 같소.

라파엘 Raphael
이탈리아의 예술가, 1520년 사망.
행복하다.

줄리 드 레카미에 Julie de Récamier
'마담 레카미에'로 불리는 프랑스의 문학애호가이자 유명한 미인, 1849년 사망.
우리 모두 다시 만날 거예요.

에르네스트 르낭 Ernest Renan
프랑스의 작가이자 언어학자, 역사가. 1892년 사망.
이제 내 일을 마쳤다. 죽음이야말로 세상에서 가장 자연스러운 일이다. 우주의 법칙을 받아들이자. 천국과 지상은 남아 있다.

조슈아 레이놀즈 경
Sir Joshua Reynolds

영국의 화가, 1792년 사망.

폴 스카롱 Paul Scarron
프랑스의 극작가, 1660년 사망.
죽음이 다가오는데 이렇게 웃을 수 있으리라고는 미처 생각하지 못했는걸.

에드워드 스메들리 목사
Rev. Edward Smedley

영국의 시인, 1863년 사망.
언제나 늘 감사해하시오.

헨리 스타 Henry Starr
미국의 은행강도로 마지막 습격에서 치명적인 상처를 입었다.
30년간의 무장강도 생활 동안 48곳의 은행을 털었던 자신의 전적을 떠올리며
나는 미국의 그 누구보다 많은 은

조슈아 레이놀즈 경

크리스티나 로세티

톨로프 오카롤란 Torlogh O'Carolan | 아일랜드의 음유 시인, 1738년 사망.

마지막으로 위스키 한 잔을 요청하며

> 이렇게 좋은 친구와 이별의 키스 한 번 없이 헤어질 수는 없지 않은가.

행을 털었다.

존 스튜어트 경 Sir John Stewart
스코틀랜드의 시인이자 군인, 1752년 사망.

자신의 아들을 법적 상속인으로 인정하며

나의 법적 배우자인 제인 더글러스는 1748년, 아치볼드와 숄토 두 아들을 낳았다. 이 둘이 내 아내의 아들일 뿐 아니라 나의 아들임을 믿는다. 두 아들 중 지금 살아 있는 것은 아치볼드뿐이다. 영원으로 발을 들여 놓기 전 앞서 말한 바와 같이 증인들 앞에서 이런 사실을 확언하는 바이다.

윌리엄 '빅 빌' 톰슨
William 'Big Bill' Thompson

시카고 시장, 1944년 사망.

모든 업무가 잘 정리되어 있다고 보좌관들을 안심시키며

짐, 모든 것이 잘 될 걸세. 괜찮네. 괜찮아.

헨리 베인 경 Sir Henry Vane
영국의 청교도 지도자, 1662년 반역 행위로 처형당함.

왜 우리가 죽음을 맞아 위축되고 경직되어야 하는가? 내가 죽음을 두려워하기보다는 죽음이 나를 두려워해야 하는 것이 아닌가?

유진 비독 Eugene Vidocq
유명한 도둑 출신의 탐정으로 발자크의 소설 속 인물인 보트린의 모델, 1857년 사망.

이런 삶을 살면서 용서를 얻다니 얼마나 다행인가.

루 월리스 Lew Wallace
《벤허》를 쓴 미국의 종교 작가, 1905년 사망.

아내에게

우리는 천국에서 다시 만날 거요.

에델 워터스 Ethel Waters
미국의 블루스 가수, 1977년 사망.

죽기 직전 인터뷰에서

이봐요, 나는 죽음이 무섭지 않아요. 솔직히 기대하고 있답니다. 우

조지 워싱턴 George Washington | 미국 대통령, 1799년 사망.

> 의사 선생, 끝까지 싸워 보겠지만 세상과의 작별을 두려워하지는 않을 것이오.

리 주 예수께서 당신의 팔로 이 뚱뚱하고 살찐 참새를 꼭 안아 주실 거예요.

아이삭 와츠 Issac Watts

국교를 거부한 영국의 학교장이자 찬송가 작곡가, 1748년 사망.

죽음에 대해 두려움이나 거부감을 느끼지 않다니 얼마나 큰 축복인가. 만일 하나님께서 허락하신다면 오늘 오후 아무런 두려움 없이 머리를 뒤로 하고 죽을 수 있을 것이다.

찰스 웨슬리 Charles Wesley

존 웨슬리의 동생으로 영국의 감리교 지도자이자 찬송가 작곡가, 1788년 사망.

당신의 바람이 충족되었다면 그것으로 만족할 것입니다.

존 웨슬리 John Wesley

영국 감리교의 창시자이자 사전편찬자, 1791년 사망. (::당시 산업혁명을 배경으로 하여 대규모적인 신앙운동을 전개하였고 이 운동은 그가 죽은 뒤 감리교 교회로 정착하였다.)

하나님께서 우리와 함께 하신다는 사실을 가장 감사하게 여기고 있다.

윌리엄 휘태커 William Whitaker

영국 목사, 1595년 사망.

삶 혹은 죽음 모두를 반갑게 맞이할 것이다. 살기를 바라지 않지만 살아 있는 동안은 지금처럼 하나님과 그 분의 교회를 위해 봉사할 것이다.

존 샤프 윌리엄스 John Sharp Williams

미국의 정치가, 1932년 사망.

해야 할 가치 있는 일을 해왔다. 사람이 이 정도 나이가 되어서 과거를 회상하면 자신이 한 일 대부분이 그만한 가치가 있었음을 확인할 것이다. 후회되는 일은 전혀 없다.

토마스 울스튼 Thomas Woolston

영국의 신학자, 1733년 사망.

죽음이란 모든 인간이 겪어야 하는 분투인 것을. 나는 죽음을 그저 참아내는 것이 아니라 기꺼이 편안하게 맞아들일 것이다.

헨리 우튼 경 Sir Henry Wooton

외교관이자 시인, 1639년 사망.

이제 죽음이라는 항구에 정박하려 한다. 이 항구는 미래의 폭풍과 소란스러운 세파로부터 나를 보호해 줄 것이다. 하나님을 찬미하며 기꺼이 항구로 향할 것이다. 더 나은, 정의가 살아 있는 세상을 기대하며 나아갈 것이다. ■

▶ 미국 1달러 지폐에 등장한 조지 워싱턴

미국 최고의 흥행업자, P. T. 바넘과 베일리

chapter
.10

the show must go on
쇼는 계속되어야 한다

잘 사는 것이 복수라면, 죽음은 무엇일까?

제인 애덤스 Jane Adams
미국의 금주운동가, 1935년 사망.
의식회복을 위해 독한 술을 건네 주자
나는 언제나, 언제나 물만 마신다
오!

이름이 밝혀지지 않은 프랑스 귀족
1794년 단두대형을 받음.
누군가 건네준 럼주를 거절하며
술을 마시면 늘 방향 감각을 상실하거든.

이름이 알려지지 않은 〈뉴욕 월드〉지의 기자
기차 충돌 사고로 1915년 사망.
빨리 〈뉴욕 월드〉지에 전화를 해서 큰 사고가 발생해 엄청난 뉴스거리가 생겼다고 알려주게. 내 몸이 만신창이라 사건을 취재하지 못해 유감이라고 회사에 전해 주기를. 내 어머니에게도 그렇게 전해 주게.

앙리 바르뷔스 Henri Barbusse
프랑스의 소설가, 1935년 사망.
군사문제를 주로 다뤘던 그는 전 세계의 수많은 갈등이 단계적으로 확대되어야 한다고 생각했다.
갈등을 계속 확대시켜야 한다고 알려라! 계속해서 커지고 확대되고 보편적이 되어야 한다! 그것이 이 세상을 구하는 유일한 방법이니까.

오노레 드 발자크 Honoré de Balzac
90여 명의 등장인물을 통해 대혁명 후의 프랑스를 그려낸 소설 《인간 희극》으로 널리 알려진 프랑스의 작가, 1850년 사망.
자신의 소설에 등장하는 '의사 비앙송'을 부르며
비앙송을 불러와!

피니어스 T. 바넘 Phineas T. Barnum
미국 최고의 흥행업자, 1901년 사망.
오늘 저녁 매디슨 스퀘어 가든에서 열리는 서커스 흥행 수익이 얼마나 될까?

클래런스 바론 Clarence Baron
미국의 출판업자이자 〈월 스트리트 저널〉 창설자, 1928년 사망.
무슨 새로운 소식이 없나?

요한 베이스도우 Johann Basedow
독일의 교육개혁자, 1790년 사망.
세상 사람들을 위해 내 시체의 해부를 허락한다.

조지 M. 비어드 George M. Beard
미국의 외과의사, 1883년 사망.
가서 의사에게 전하시오. 죽어 가는 사람의 생각을 기록하는 게 불가능하더라고. 죽는 순간의 생각을 기록하면 재미있을 것 같았는데 할 수 없더군. 이제 가야 할 시간이네. 다른 사람들이 내 일을 맡아 주겠지.

콘스탄스 베넷 Constance Bennett
미국의 영화배우, 1965년 사망.
한 잡지로부터 자신의 묘비명을 적어 달라는 요청을 받자
방해하지 마시오.

프란츠 보아스 Franz Boas
독일 출신의 미국 인류학자, 1942년 사망.
인종차별주의가 끔찍한 실수인지 파렴치한 거짓말인지 논쟁하느라 시간을 낭비할 필요가 없다. 미국

안톤 파블로비치 체호프 Anton Pavlovich Chekhov
《바냐 아저씨》, 《갈매기》를 쓴 러시아의 극작가, 1904년 사망.

마지막 술 한 잔을 부탁하며

❝ 나는 이제 죽는다. 그러고 보니 한동안 샴페인을 못 마셨군. ❞

의 유럽 이주자들에 대한 나의 정확한 조사를 최근 나치들이 인정하고 있으니까.

르네 드 샤토브리앙

험프리 보가트 Humphrey Bogart
미국의 영화배우, 1956년 사망.

유명한 유언으로 자주 소개되는 마지막 말을 남겼다.

스카치에서 마티니로 바꾸는 게 아니었는데.

알론조 카노 Alonzo Cano
'스페인의 미켈란젤로'라고 불리는 화가이자 조각가, 건축가. 1677년 사망.

화려하게 장식된 십자가를 거절하며

소박한 십자가를 나에게 주십시오. 그 자체로 잘 보관하는 것은 물론 마음 속으로 그리며 영원히 간직할 수 있을 테니까요.

앙투안 카렘므 Antoine Carême
프랑스의 유명한 요리사, 1833년 사망.

마지막 순간까지 자신의 주방에서 음식을 맛보며

고기 완자는 그 정도면 괜찮군. 다만 너무 급하게 준비한 것 같네. 소스 팬은 가볍게 흔들어야 하는 법이라네.

르네 드 샤토브리앙 René de Chateaubriand
프랑스의 낭만파 문학의 선구자, 1848년 사망.

파리에서 발생한 충돌 이야기를 듣자

그곳으로 가고 싶군.

데이비드 치트라우스 David Chytraus
역사학자, 1600년 사망.

마지막 원고를 끝내며

이 세기의 역사를 이제 막 끝냈는데 마지막 몇 가지 손질만 하면 다시는 글을 쓰지 못할 것 같네.

조지 코길 George Coghill
영국의 자연학자, 1941년 사망.

간호사로부터 박하 잎이 든 물을 받아 마시며

아니, 이건 아기들에게 먹이는 것 아니오?

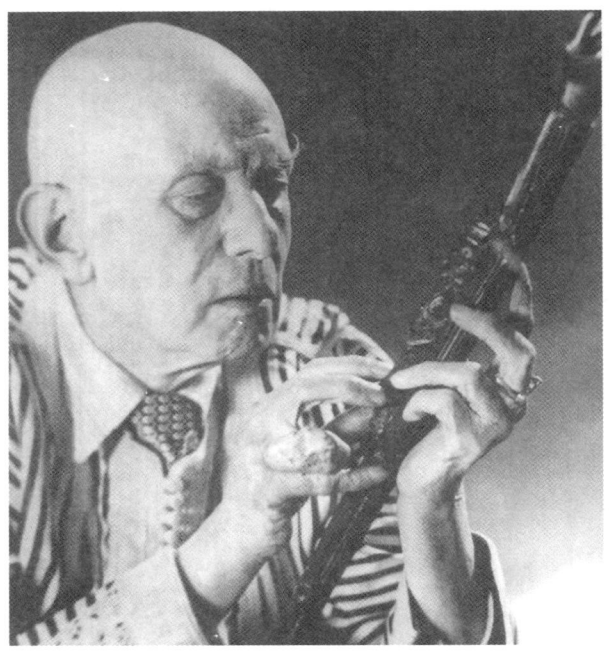

다니엘 디포 Daniel Defoe
《로빈슨 크루소》를 쓴 영국의 소설가, 1731년 사망.
제대로 사는 것과 제대로 죽는 것… 기독교인의 삶에 있어 어느 쪽이 더욱 힘든지 알 수가 없네.

'위대한 야수'라고 불린 알레이스터 크로울리

아더 버나드 쿡 Arthur Bernard Cook
영국의 고전학자이자 고고학자, 1952년 사망.
마지막까지 완벽주의자로서의 면모를 잃지 않았던 그는 사람들이 찬송가 121장을 부르려 하자 이렇게 말했다.
찬송가 가사 중 잘못된 해석이 들어 있군.

장 밥티스트 코로 Jean-Baptist Corot
프랑스의 예술가, 1875년 사망.
바라건대 천국에도 그림이 있기를 간절히 희망한다.

알레이스터 크로울리
Aleister Crowley
스스로를 '위대한 야수'라고 불렀던 영국의 신비주의자이자 흑마술사, 1947년 사망.

자신이 쓴 《고백록》의 마지막 문장에서 무슨 일이 생길지 알 수 없지만, 별로 상관하지 않으련다. 고귀한 부름을 느끼기에 내 서약의 마술적인 힘이 더욱 강하게 느껴진다. '나는 끝까지 잘 참아낼 것이다.'

에메랄드 쿠나드 Emerald Cunard
영국의 사교계 명사, 1948년 사망.
하녀가 티스푼으로 샴페인을 떠 먹여 주자
나는 괜찮으니 샴페인 병을 따서 간호사와 함께 나눠 마시렴.

앙리 뒤낭 Henri Dunant
스위스 YMCA와 적십자 창설자로 첫 번째 노벨 평화상 수상자, 1910년 사망.
초기 기독교인들의 믿음을 본받아 장례에 있어 각종 예식을 거부하겠다며

무용에 있어 혁명을 불러일으킨 이사도라 던컨 ▶

그 어떤 행사도 수반하지 않고 그저 한 마리 개처럼 조용히 무덤으로 향하고 싶네. 여러분의 호의에 감사하지만 지상에서 마지막 소원을 들어 주게. 우정 때문에 그렇게 해 주리라 믿네. 아멘. 예수님의 초기 사도들 그 이상으로 대우받고 싶지 않네.

이사도라 던컨 Isadora Duncan
미국의 무용가로 1927년 긴 스카프가 자동차 바퀴에 휘감기는 사고로 사망.
안녕, 친구들! 영광을 향해 갑니다.

아멜리아 에어하트
Amelia Earhart

미국의 항공 선구자, 1937년 사망.
남편에게 보낸 마지막 편지에서
물론 위험을 인식하고 있습니다. 다만 하고 싶기 때문에 이 일에 도전하는 것입니다. 여성들은 남성들이 지금껏 시도해 온 일들에 도전해야만 합니다. 설령 실패한다고 해도 나의 실패는 다른 사람들에게 또 다른 도전이 될 것입니다.

샤를르 데브로르 Charles d'Everuard
프랑스의 미식가, 1703년 사망.
예수님과 화해하겠냐는 질문에
진심으로 말하건대, 우선 일상적인 기능을 더 이상 수행하지 못하게 된 나의 위장과 먼저 화해를 해야겠지.

안드레아 '휩스' 펠드만
Andrea 'Whips' Feldman

앤디 워홀의 '슈퍼스타'로 1972년 자살.

클라크 게이블 Clark Gable
미국의 영화배우, 1960년 사망.
마릴린 몬로와 함께 〈부적응자〉를 촬영하던 도중 사망했는데
카메라 앞에서 마지막으로 의미심장한 말을 했다.

마릴린 몬로: 어둠 속에서 어떻게 길을 찾을 수 있을까요?

클라크 게이블: 커다란 별을 따라 똑바로 가는 거지, 하늘 아래 쭉 뻗어 있는 길이 우리를 집으로 바로 안내해 줄 거야.

미국 L.A. 할리우드 '차이니즈 씨어터' 바닥에 새겨진 클라크 게이블의 손과 발 표시.

벤자민 프랭클린 Benjamin Franklin

미국의 외교관이자 작가로 그 당시 가장 유명한 미국인, 1790년 사망.

25세에 자신의 묘비명을 직접 작성했다.

벤 프랭클린의 육신은 찢겨지고 금박이 바랜 낡은 책표지처럼 여기 누워 벌레들의 양식이 되었다. 하지만 그 안에 담긴 내용은 사라지지 않을 것이다. 더욱 우아하게 새로 개정되어서 출판될 것이다.

창문으로 뛰어내리며
이제 나는 천국에서 즐거운 시간을 보낼 것이다!

프랑수와 페넬롱 François Fenelon

프랑스의 목사이자 종교이론가, 1715년 사망.

주여, 제가 당신의 사람들에게 여전히 도움이 된다면 기꺼이 내 인생 남은 날들을 마치겠습니다. 뜻대로 이루소서!

갈릴레오 갈릴레이 Galileo Galilei

이탈리아의 천문학자, 1642년 사망.

지구가 태양 주위를 돈다는 자신의 이론을 번복하라고 교회로부터 강요받았지만 개인적으로는 뜻을 굽히지 않았다.

하지만 그래도 지구는 돈다.

조지 깁 George Gipp

미식 축구 선수, 1920년 사망.

1920년 대학 축구 시즌이 끝난 후 폐렴으로 사망했다. 노틀담 대학의 전설적인 축구 코치인 크누트 로크네에게 마지막으로 이런 부탁을 했다고 한다 (로크네는 이렇게 주장하고 있다).

감독님, 경기가 제대로 풀리지 않거나 치열한 접전을 펼치게 된다면, 선수들에게 기퍼를 위해 이번 경기를 이기자고 부탁해 주세요. 내가 어디에 있게 될지 모르지만 어디에 있건 이런 사실을 알면 기쁠 거예요.

윌리엄 고드윈 William Godwin

영국의 정치철학자, 1836년 사망.

마지막 일기에서

하루 종일 기침. 눈내림.

조지 워싱턴 고에탈스
George Washington Goethals

미국의 엔지니어로 파나마 운하 설계자, 1928년 뉴욕에서 사망.

여기에 있고 싶소. 이곳이라면 내 모교인 웨스트포인트가 가까우니까.

케리 그랜트 Cary Grant

본명은 아치볼드 리치. 영국에서 태어난 미국 영화배우, 1986년 사망.

자신의 묘비명에 뭐라고 쓰고 싶냐는 질문에

그는 운이 좋았고 이런 사실을 알고 있었다.

루퍼스 W. 그리스올드
Rufus W. Griswold

에드거 앨런 포의 유언집행인, 1857년 사망.

늘 기독교인으로 살았던 것은 아니지만 신사로 살아왔음은 확신합니다.

헤르만 헤세 Herman Hesse | 독일의 소설가, 1961년 사망.

자신이 쓴 마지막 시의, 마지막 구절에서

> 한 번의 여름과 겨울을 더 즐길 수 있기를.

마크 한나 Mark Hanna
미국의 정치가, 1904년 사망.
손수건이 필요하냐는 말에 농담으로 받아치며
물론 필요하긴 한데, 내가 갖고 있을 수 있을지는 모르겠소. 아내가 다 빼앗아가거든.

존 프리트 할리 John Pritt Harley
영국의 배우이자 가수, 1858년 사망. 무대 위에서 심장 발작을 일으켜 집으로 옮겨진 후 사망. 마지막으로 〈한여름밤의 꿈〉에 등장하는 대사를 읊었다.
잠이 다가오는 전조를 느끼겠군.

테오도어 헤르첼 Theodor Herzl
독일 시오니즘(::팔레스타인에 유대민족국가 건설을 목표로 활동했던 유대민족주의 운동.) 지도자, 1904년 사망.
자신의 아들에게
동포들이 세계에 흩어져 살고 있음을 잊지 말거라. 네가 노력한다면 이들을 찾아낼 것이다. 나 역시 그들을 열심히 찾아다녔기 때문에 결국 발견할 수 있었단다. 우리 동포들이 젊고 건강한 힘을 필요로 한다는 사실과 네가 헤르첼 가의 후손임을 잊지 말아라.

위니프레드 홀트비 Winifred Holtby
영국의 여성 소설가, 1935년 사망.
결혼 계획을 발표하며
약혼이라기 보다는 서로에 대한 '이해'라고 생각해요.

토마스 후드 Thomas Hood
영국의 편집자이자 유머작가, 1845년 사망.
병 치료를 위해 발에 겨자 찜질을 하면서
겨자에 비해서 고기의 양이 형편없군.

하워드 휴즈 Howard Hughes
영화와 항공 산업으로 백만장자가 된 미국의 은둔자, 1976년 사망.
휴즈의 공식적 등장은 1972년 전화 인터뷰가 마지막으로, 이 인터뷰에서 클리포드 어빙이 쓴 자신의 전기가 사실무근이라고 불만을 표현했다.
지금 상황이 썩 만족스럽지는 않소. 험담하는 것은 아니지만… 아, 이 말이 아닌데, 내가 무슨 말을 하려고 했던 거지? 경멸하는 것은 아니지만… 아, 이 말도 아닌데. 무엇인가 부족한 것이 아니라… 지금까지 그래 왔던 것처럼 앞으로도 은둔자로 생활할 거요. 괴짜처럼 보이지 않고 어느 정도 제대로 된 삶을 누리는 정도의 충분한 관심을 끌 수 있으니 말이오. 내가 바라는 것은 나의 삶이 정확한 이야기를 통해 펼쳐지는 것이오.

아돌프 히틀러 ^{Adolf Hitler} | 나치의 독재자, 1945년 자살.

정부인 에바와 함께 비밀 벙커에서 자살하기 전 마지막으로 발표한 성명서에서

> 무엇보다도 이 나라 정부와 국민이 인종법을 계속 유지해 국가를 망치는 전 세계 유대인들에게 대항할 것을 명한다. 1945년 4월 29일 04시, 베를린. 아내와 나는 패배와 항복의 수치에서 벗어나기로 결심했다. 지난 12년간 국민들을 위해 봉사한 내 업무의 대부분이 이루어진 바로 이 장소에서 우리의 시신을 즉시 화장해 주길 바란다.

히틀러가 권좌에 오르기 전 독일에서 마지막으로 실시된 1933년 자유 선거의 포스터. 히틀러에 반대하는 내용을 담아 사회민주당에서 만든 것이다.

윌리엄 헌터 William Hunter
영국의 해부학 교수, 1783년 사망.

만일 지금 펜을 들 힘이 있다면 죽는 것이 얼마나 쉽고 즐거운지 기록할 수 있을 텐데.

요한 게오르규 야코비
Johann George Jacobi

독일의 서정 시인, 1919년 사망.

12월 31일 밤, 신년을 축하하는 시를 끝내고 나서

지금 이렇게 축하하는 신년을 나는 볼 수 없을 것이다. 하지만 최소한 이 시를 통해서는 내가 얼마나 나이 들었는지 알 수 없으니 다행 아닌가.

존 제이 John Jay
미국의 정치가, 1829년 사망.

나의 장례식은 점잖게 그러나 허식 없이 치르도록 하라. 화려한 장식도 하지 말고 엄숙한 종소리도 울리지 말라. 대신 내 자녀들이 선택하는 이 마을의 가난한 과부나 고아에게 2백 달러를 선사하고 싶다.

베르나르 드 라 비으, 라세페드 백작
Bernard de la Ville, Comte de Lacépède

프랑스의 작가, 1825년 사망.

아들에게 아직 끝내지 못한 원고를 가져다 달라고 부탁하며

샤를, 원고 마지막 부분에 대문자로 '끝' 이라고 써 주겠니?

토마스 드 랭니 Thomas de Langny
프랑스의 수학자, 1734년 사망.

12의 제곱이 무엇이냐는 질문에

144.

거트루드 로렌스 Gertrude Lawrence
영국의 여배우, 1952년 사망.(::〈왕과 나〉는 그녀의 아이디어에 의해 뮤지컬이 된 것으로, 이 작품에 출연 중 사망하였다.)

〈왕과 나〉에 출연했던 그녀는 마지막 순간까지 관대함을 잃지 않았다.

율 브리너가 스타 반열에 오른 것을 보세요! 애써 노력한 결과지요.

루드비히 라이하르트 박사
Dr. Ludwig Leichhardt

오스트레일리아의 탐험가, 1848년 사망.

오스트레일리아 탐험 중 의문의 실종을 당한 그가 남긴 마지막 편지에서

유일하게 심각한 사건이라면 삽을 잃어버린 것이었지만 운 좋게 역에서 하나를 다시 구할 수 있었다. 낮 동안에는 아주 뜨겁지만 아름다운 밤이 되면 기온이 내려가 온몸이 얼어서 귀찮게 구는 모기들의 활동도 중단된다. 귀찮게 구는 것은 수많은 파리들뿐. 지금까지 진행된 것을 볼 때 이 모험을 성공적으로 종료할 수 있도록 전능하신 나의 보호자께서 도와 주실 것을 믿는다. *친애하는 친구, 루드비히 라이하르트.*

데이비드 리빙스턴
David Livingstone

스코틀랜드의 선교사이자 아프리카 탐험가, 1873년 사망.

약을 복용한 후 돌봐 주는 하인에게 밖으로 나가라고 말하며

이젠 괜찮아. 밖으로 나가 있으렴.

마틴 루터 Martin Luther
독일의 신부이자 개신교 창설자, 1546년 사망.

여전히 자신의 혁명적인 신념을 고수하냐는 질문에

당연하지!

스티븐 맥케나 Stephen Mackenna
영국의 소설가, 1956년 사망.

병원에서 쓴 편지에서

사랑하는 페기에게, 이제 더 이상 어쩔 수가 없소. 아무도 만나고 싶지 않소. 당신이 나를 보러올 때에는 아무 것도 가져오지 말기를. 포도 같은 과일은 싫고 꽃은 건강에 좋지 않다고 하오. 잡지도 읽을 수 없는 상태라오. 아무 때나 와도 좋지만 미리 전화를 해서 방문 시간을 조절하는 것이 좋을 듯하오. 일반 면회 시간은 일요일 2~3시, 화요일과 금요일 3~6시로 정해져 있다오. 지난 번 당신을 만났을 때에는 왜 그리 눈물이 나던지. 지나치게 장황하게 이야기를 늘어놓은 것이 아닌지 모르겠소. 하나님께서 우리를 살펴 주시길.

앙드레 마지노 André Maginot
프랑스의 정치가이자 군사전략가, 1932년 사망.

라벨 대통령에게

나에게는 이것이 마지막이겠지만 각하께서는 계속하셔야 합니다.

윌리엄 바클레이 '배트' 마스터슨 Willam Barclay 'Bat' Masterson
미국의 사격 명수이자 나중에는 〈뉴욕 모닝 텔리그라프〉의 스포츠 기자로 활약, 1921년 사망.

마지막 칼럼에 사인을 하며

구세계에는 세상 모든 것을 공평하게 나누려는 사람들이 많다. 내가 지켜본 바에 따르면 모든 사람은 같은 양의 얼음을 갖고 있다. 다만 부유한 사람들은 여름에 그 얼음을 갖게 되고 가난한 사람들은 겨울에 얼음을 갖게 된다는 것이 다를 뿐이다.

W. 서머싯 몸 W. Somerset Maugham
영국의 소설가, 1965년 사망.

죽음이란 아주 단조롭고 지루한 것이니 충고하건대, 죽음과는 아무 상관없이 살도록 노력할 것!

블라디미르 마야코프스키 Vladimir Mayakowski
러시아의 시인, 1930년 자살.

자신을 따라 하지 말라는 경고를 남기면서

다른 사람들에게는 결코 이런 일을 권하지 않는다.

H. L. 멘켄 H. L. Menken
미국의 편집자이자 비평가로 1956년 사망.

'볼티모어의 현자'라는 별명으로 불린 그는 중풍에 시달리며 자신의 묘비명을 직접 작성했다.

내가 이승을 떠나고 나면 나를 기억해 주고 내 영혼을 위로해 주오. 죄인은 용서해 주고 순박한 소녀에게는 윙크를 해주오.

조지 오웰 George Orwell | 본명은 에릭 블레어, 《동물농장》을 쓴 영국의 소설가이자 기자, 1950년 사망.

수첩에 적은 마지막 기록 중에서

> 나이 쉰이 되면 모든 사람이 자신에게 합당한 얼굴을 지니게 된다.

엘리 메치니코프 Eli Metchnikoff
러시아의 동물학자이자 미생물학자로 노벨상 수상자, 1916년 사망.

당신의 약속을 기억하오? 나의 부검을 당신이 맡을 건가? 장을 잘 살펴보시오. 뭔가 있는 듯하니까.

에드나 세인트 빈센트 밀레이
Edna St. Vincent Millay

미국의 시인, 1950년 사망.

침대로 향하며 하녀에게 마지막 메모를 남겼다.

레나, 다리미 온도를 너무 높이지 말아요. '리넨'이라고 쓰여진 데까지 온도를 높이면 안 되요. 그랬다가는 옷이 타버릴 수 있으니까. '레이온'이나 '울'이라고 쓰여진 데까지만 온도를 높이세요. 그리고 온도를 바꿀 때에는 화상을 입지 않도록 조심해요. 지금은 새벽 5시 30분이에요. 밤새 일했더니 피곤하네요. 이제 자러 가야겠어요. 이따 봐요.

윌슨 미즈너 Wilson Mizner

할리우드의 재담가, 1933년 사망.

의사에게

의사 양반, 이것이야말로 진짜 본경기인 듯하군요.

마지막 순간을 지키러 온 신부에게

내가 왜 당신과 이야기를 해야 하죠? 지금까지 죽 당신 상관이랑 이야기했는데.

몽모랑시 공작 Duc de Montmorency

프랑스의 육군 원수, 1567년 참수형.

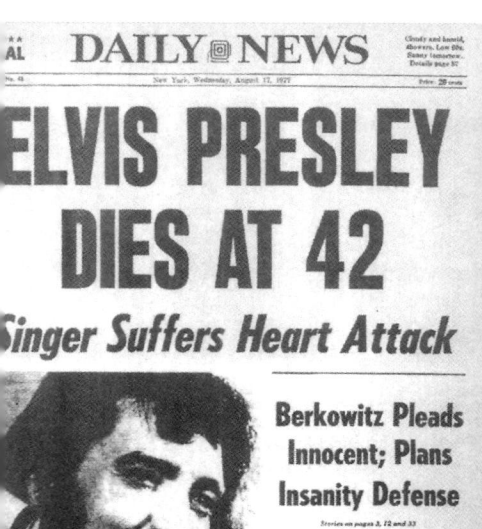

단두대에서 죽음을 맞이하며
80년 동안 영예롭게 살아온 방법을 아는 사람인데 15분 동안 제대로 죽는 법을 설마 모르겠는가?

볼프강 아마데우스 모차르트
Wolfgan Amadeus Mozart

서양음악사에 있어 가장 위대한 인물 중 하나로 꼽히는 오스트리아의 작곡가, 1791년 사망.

자신의 '레퀴엠'을 연주하며
나 자신을 위해 이 작품을 썼다고 말하지 않았던가?

마가렛 노블 Margaret Noble
'니베디타'라는 애칭으로 불리는 인도 독립운동가, 1911년 사망.

배는 가라앉고 있지만 나는 일출을 볼 것이다.

존 톨러, 노버리 공
John Toler, Lord Norbury

가혹한 판결로 '아일랜드의 제프리스 판사'(::1678년 구교도 음모사건'을 가혹하게 처벌하였고, 제임스 2세에 대한 반란 진압 후 그 반도叛徒들을 엄격히 다스려 '피의 심판'이라 일컬어졌다.)라고 불렸던 인물, 1827년 사망.

이웃인 언 경 역시 죽어 가고 있다는 소식을 듣자 자신의 시종을 불러
제임스, 지금 바로 언 경에게 달려가 우리 둘이 무승부를 기록할지도 모른다고 알리고 내 인사를 전하거라.

토마스 페인 Thomas Paine
영국의 급진적 정치이론가이자 《인간의 권리》를 쓴 작가, 1809년 사망.

'당신의 배가 점점 홀쭉해지고 있군요'라는 의사의 말에
당신 배는 점점 더 부풀어오르는데요?

도로시 파커 Dorothy Parker
미국의 작가이자 재담가, 1967년 사망.

죽기 며칠 전 친구에게
나에게 진실을 털어놓아 봐. 어네스트 헤밍웨이가 나를 좋아했단 말이 사실이야?

토마스 러브 피콕
Thomas Love Peacock

영국의 소설가이자 시인, 동인도회사의

도로시 파커

엘비스 프레슬리 Elvis Presley
미국의 로큰롤 슈퍼스타, 1977년 사망.

마지막 기자회견에서
여러분을 귀찮게 하지 않았기를 바랍니다.

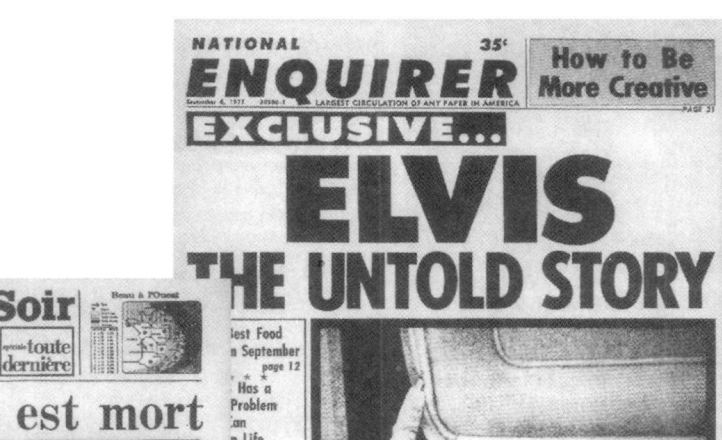

관리자, 1866년 사망.

화재로부터 자신의 서재를 지키기 위해 애쓰다 화상으로 사망.

하나님께 맹세코, 여기에서 한 발자국도 움직이지 않을 꺼야.

프랑수와 라블레 François Rabelais

프랑스의 풍자문학가이자 의사, 《가르강튀아와 팡타그뤼엘》의 작가, 1553년 사망.

커튼을 내려라. 연극은 끝났으니.

그의 유언에 이런 문장이 포함되어 있었다.

나는 가진 것이 없고 많은 빚을 졌다. 남은 재산은 모두 가난한 이들에게 나눠 주기를.

에드워드 G. 로빈슨 Edward G. Robinson

미국의 영화배우, 1973년 사망.

병상에서 아카데미상의 명예상 수상 소식을 듣고 시상식 참가를 고대하며

내가 휠체어를 타고 가면 사람들이 싫어할까? 그렇게 할 수나 있을지 잘 모르겠군.

오귀스트 로댕 August Rodin

프랑스의 조각가, 1917년 사망.

퓌비 드 샤반느(::프랑스 상징주의를 대표하는 화가.)는 그리 훌륭한 예술가가 아니라고 사람들이 말하더군.

해롤드 로스 Harold Ross

〈더 뉴요커〉의 창립자이자 편집자, 1951년 사망.

병상에서 마지막으로 조지 S. 카우프만에게 전화를 걸어 이야기를 나누었다.

문젯거리를 끝내기 위해 병원에 와 있는데, 아마 내 생명도 끝날 것 같네. 이런 식으로 계속하는 것보다는 낫겠지. 하나님의 은총이 함께하길. 지금은 절반 정도 마쳐진 상태라네.

메이어 엠셜 로칠드 Meyer Amschel Rothschild

독일계 유대인 은행가, 1874년 사망.

다섯 아들을 불러모은 후 모세의 법을 지키고 마지막까지 서로 잘 화합하며 문제가 생기면 어머니와 상의하라는 가르침을 남겼다.

이 세 가지를 준수한다면 너희들은 부자들 가운데 가장 부자가 될 것이며 이 세상을 손에 넣게 될 것이다.

삼손 Samson

성서상의 영웅, BC 1155년 사망.(::자신을 조롱거리로 만든 블레셋 인들에게 복수하기 위해 하나님께 기도한 후 신전을 떠받든 두 개의 기둥을 밀어 무너뜨렸으며, 이 때 수많은 블레셋인들이 죽음을 당했다.)

블레셋 인들과 함께 죽게 하소서.

프라 파올로 사르피 Fra Paolo Sarpi

베네치아의 애국자이자 학자, 신학자. 1623년 사망.

마지막 순간까지 베네치아에 관한 생각을 그치지 않았다.

베네치아여, 영원하라.

헨리 세그레이브 경 Sir Henry Segrave

영국의 모험가, 1930년 쾌속정 세계

파리의 '로댕미술관'에 소장되어 있는 로댕의 작품, 〈입맞춤〉

리처드 럼볼드 Richard Rumbold | 영국의 공화주의자, 찰스 2세를 퇴위시키는 계획에 가담했다가 1685년 반역으로 처형됨.

단두대에서도 '왕권신수설'을 계속 조롱하며

> 하나님으로부터 다른 사람 위에 서라는 표식을 받고 태어난 사람은 없다고 생각한다. 마찬가지로 등에 안장을 짊어진 채로 발길에 차이고 채찍질을 당하기 위해 이 세상에 태어난 사람도 없다.

윌리엄 셰익스피어
William Shakespeare

영국의 극작가, 1616년 사망.

유언은 남아 있지 않지만 묘비명에는 세상을 향한 그의 마지막 메시지가 남아 있다.

친구들이여, 여기 묻혀 있는 먼지를 파내지 말기를.

신기록 돌파를 위해 애쓰다 사망.
마지막 순간까지 질문을 하며
우리가 목표를 달성했나?

조지 버나드 쇼 George Bernard Shaw

아일랜드의 극작가이자 언론인, 1950년 사망.

간호사에게
오래된 골동품 같은 나를 살리기 위해 애쓰고 있군. 하지만 이제 나는 끝난 것 같소. 이제 곧 죽을 듯하오.

시드니 스미스 Sydney Smith

영국의 성직자이자 수필가로 세인트 폴 교회의 수석 신부, 1845년 사망.

실수로 잉크를 마신 것 아니냐는 아내의 말에
그렇다면 집에 있는 모든 압지押紙를 가져다 주구려.

C. P. 스탠튼 C.P. Stanton

미국의 탐험가, 1847년 사망.

눈사태 피해자를 구조하기 위해 험한 등정을 세 번이나 되풀이한 후 캠프파이어를 하며 쉬고 있다가
자, 이제 다시 가볼까.

엘리자베스 캐디 스탠튼
Elizabeth Cady Stanton

미국의 여권운동가, 1902년 사망.

여성의 권리 향상을 위해 테어도어 루스벨트 대통령에게 보낸 청원에서
아브라함 링컨은 4백만 명의 남부 흑인 노예들을 해방시키는 불멸의 업적을 남겼습니다. 참정권을 위해 노력하는 많은 사람들을 위해 말씀드리건대 이미 수많은 영예로운 행동과 업적으로 칭송받는 대통령께서 3천 6백만 여성들의 완전한 해방을 앞당기시길 바랍니다.

루이스 스톤 Lewis Stone

미국의 영화배우, 1953년 사망.

묘비명에 어떤 글을 남기고 싶냐는 설문에
신사였던 농군이 다시 땅으로 돌아갔다.

루시 스톤 Lucy Stone

미국의 참정권 운동가, 1893년 사망.

이 세상을 더 나은 곳으로 만들기를!

해리 S. 트루먼 Harry S. Truman | 미국 대통령, 1972년 사망.

자신의 일생을 되돌아보며

> 애리조나에 있는 부트 힐 묘지에 '여기 잭 윌리엄스가 누워 있다… 그는 죽을 만큼 최선을 다했다. 인간이 그 이상 더 어떻게 할 수 있겠는가?'라고 쓰여 있는 것을 보았소. 이것이 내가 할 수 있는 최선일 거요. 나 역시 죽을 만큼 최선을 다했고 여기 그 결과가 있소.

리튼 스트래치 Lytton Strachey

《위대한 빅토리아 인》을 쓴 영국의 전기 작가이자 비평가, 1932년 사망.

이것이 죽음이라면, 뭐 대단한 것 같지는 않군.

찰스 섬너 Charles Sumner

미국의 정치가, 1874년 사망.

민권법이 실패로 돌아가서는 안 된다.

테오파라스투스 Theophrastus

그리스 철학자, BC 287년 사망.

학생들에게 마지막 인사를 하며

이제 작별을 고해야겠구나. 모두들 행복하기를. 세상의 온갖 고민에 관한 나의 원칙을 버리거나 그 가치를 옹호해 찬란한 영광을 얻도록 하거라. 인생이란 좋은 점보다 실망이 많게 마련이다. 어떻게 할 것인지 긴 토론을 나눌 수 없지만 올바른 행동을 하도록 관심을 지속하거라.

딜란 토마스 Dylan Thomas

웨일즈의 시인, 1953년 사망.

위스키를 스트레이트로 18잔 마셨군. 아마 이건 기록일 거야. 39년이라는 인생에 있어 내가 한 것이라고는 이것이 전부야.

벤 트래버스 Ben Travers

영국의 극작가이자 희극인으로 1980년 사망.

죽기 직전 인터뷰에서 어떤 묘비명을 원하냐는 질문에

진정한 즐거움이 바로 여기에서 시작된다.

허버트 비어봄 트리 경
Sir Herbert Beerbohm Tree

영국의 배우이자 극단 운영자, 1917년 사망.

다가오는 상황에 대해 어떻게 생각하냐는 질문에

그 부분에 대해서 연구할 필요가 없소. 이미 완전히 알고 있으니까.

칼 왈렌다 Karl Wallenda

공중줄타기 전문가, 1978년 사망.

다른 많은 줄타기 곡예사들이 그렇듯 이 왈렌다 역시 푸에르토리코에서 서

볼테르 Voltaire

본명은 프랑수와 마리 아루에. 프랑스의 작가이자 철학자, 1778년 사망.

임종을 지키기 위해 옆에 있는 신부에게

하나님의 이름으로 나의 마지막 순간에 평화를!

옆에 놓인 램프를 보며

벌써 불을 켤 시간이 되었나?

커스 홍보를 위해 줄을 타다 현장에서 사망했다.

내가 살아 있음을 느끼는 것은 저기 저 위, 줄 위에서라오.

월터 화이트 Walter White
미국의 흑인 지도자, 1954년 사망.

자신의 드레스가 마음에 드냐는 딸의 질문에 매카시즘의 마녀 사냥(::1950년대 초 반공산주의 선풍을 불러일으킨 미국의 상원의원 매카시의 이름에서 따온 말. 매카시는 의회 내 공산주의자 명단을 가지고 있다고 발언해 '빨갱이 색출' 분위기를 선동했다.)을 조롱하는 어투로

자신에게 불리한 증언을 거부하는 헌법수정 조항 5조를 참고해야 할 것 같구나.

오스카 와일드 Oscar Wilde
아일랜드의 극작가이자 재담가, 1900년 사망.

한 세기가 바뀌려는 순간을 언급하며

새로운 세기가 시작되고 내가 살아 있다면, 영국인들이 살기가 좀 더 수월할 텐데.

메리 울스턴크래프트
Mary Wollstonecratf

영국의 여권운동 주창자, 1797년 사망.

당신이 무슨 생각을 하는지 알아요, 하지만 종교에 관해서라면 이야기할 것이 별로 없군요.

알렉산더 울콧 Alexander Woolcott
미국의 언론인이자 방송진행자, 1951년 사망.

죽기 직전 방문객들이 찾아오자

망할 동정 같은 건 필요 없소. 그저 당신이 들려주는 재미난 추억거리를 즐기고 싶을 뿐이니까.

라디오 방송 도중 쓰러진 자신을 도우려는 사람들에게

당신들 자리로 돌아가시오. 나는 상관 말라니까. 당신 자리로 돌아가라고! ■

영국의 호민관, 올리버 크롬웰

chapter .11

the end is nigh

종말이 다가오나니

이제 곧 영원의 세계에 발을 들여 놓을 것이니,
제발 귀찮게 굴지 말기를!

아브드-에르-라만 Abd-Er-Rahman
초대 칼리프이자 스페인의 우마이야드 아랍 무슬림 왕조의 가장 위대한 통치자, 961년 사망.

세상을 지나치게 신뢰하지 말라.

루이자 M. 앨콧 Louisa M. Alcott
《작은 아씨들》을 쓴 미국의 작가, 1888년 사망.

뇌막염은 아니겠지?

에드워드 앨더슨 Edward Alderson
미국의 판사, 1857년 사망.

기분이 어떠냐는 질문에

나쁠수록 나에게는 좋은 게 아니겠나.

스튜어트 앨솝 Stewart Alsop
미국의 언론인이자 정치해설가, 1973년 백혈병으로 사망.

자서전인 《집행 유예》에서

살아야 할 때가 있는 것처럼 죽어야 할 때도 있는 것이다. 그 순간이 아직 나에게 찾아오지 않았다. 하지만 그 때가 반드시 올 것이고 우리 모두 그 순간을 맞이하게 될 것이다.

펠릭스 아르베르 Felix Arvers
프랑스의 시인, 1850년 사망.

종부성사를 하며

내 인생의 가장 큰 잘못을 한 가지 말하지 않았습니다. 샤를 X라는 사람에 대해 험담을 했습니다.

'라 리비에르' 드 바일리 'La Rivière' de Bailli
프랑스의 의사, 1605년 사망.

자신의 소유물을 모두 정리한 후 방을 돌아보며

짐을 다 보냈으니 이제 빨리 떠나야겠소.

요한 반벨트 Johann Barnveldt
네덜란드의 애국자, 1619년 처형.

신이시여! 도대체 인간이란 무엇입니까?

제임스 M. 배리 경 Sir James M. Barrie
《피터 팬》을 쓴 스코틀랜드의 극작가이자 소설가, 1937년 사망.

도대체 잠을 잘 수가 없군.

클래리사 할로우 바튼 Clarissa Harlowe Barton
'전쟁터의 천사'라고 불린 박애주의자이자 미국 적십자 창설자, 1912년 사망.

이젠 떠나게 해주오! 제발 떠나게 해주오!

내서니얼 보디치 Nathaniel Bowditch | 미국의 수학자, 1838년 사망.

마지막으로 와인 한 잔을 마시며

> 얼마나 달콤한가. 하나님의 신탁에 따라 빠르게 흐르는 실바의 개울물에서 떠온 생명수 같다.

막스비어봄

막스 비어봄 Max Beerbohm
영국의 작가이자 방송진행자, 1956년 사망.

잠을 잘 잤냐는 질문에
잘 못 잤으나 어쨌든 고맙소.

피에르-조셉-조르주 피노 드 브엔
Pierre-Joseph-Georges Pigneau de Behaine

베트남에 파송된 프랑스 선교사, 1799년 사망.

많은 사람들의 존경과 국왕 폐하의 치하를 받으며 행복하게 살았던 세상을 떠나려고 합니다. 영예를 후회하는 것은 아닙니다만 그런 치하가 허영과 괴로움을 더해 주기도 했습니다.

다니엘 블레이크 Daniel Blake
영국 출신의 하인, 1763년 교수형을 당함.

당크르 경 밑에서 함께 일하던 집사 머르코트의 목을 부지깽이와 칼로 찔러 살해했다.

모두들 관심을 갖고 나를 보는 듯 하군요. 사람들은 죽음의 방식에 대해서는 잘 알지 못합니다. 내 운명을 보고 경고로 삼아 안식일을 지키고 부모를 잘 모시오. 신성한 하나님을 잘 섬기고 안식일에 불경한 짓을 저지르지는 마시오. 내가 저지른 잘못의 결과를 보시오! 하나님을 두려워하고 부모를 잘 모셔야 하오. 그렇지 않으면 나처럼 치욕스러운 죽음을 맡게 될 테니.

루드비히 본 Ludwig Borne
독일의 정치풍자가, 1837년 사망.

장막을 걷어라! 태양을 보고 싶다. 꽃과 음악을 부탁하오.

안느 뒤 부르 Anne du Bourg
프랑스의 성직자이자 순교자, 1559년 사망.

나의 육신을 위한 지상의 6피트 공간, 나의 영혼을 위한 무한한 천국, 이 두 가지를 이제 곧 갖게 될 것이다.

에밀리 브론테 Emily Brontë
《폭풍의 언덕》을 쓴 영국 여성 소설가, 1848년 사망.

만일 의사를 부를 거라면 지금 바로 필요해.

프란시스 호지슨 버넷
Frances Hodgson Burnett

《소공자 폰틀로이》를 쓴 영국의 소설가, 1924년 사망.

내가 지닌 최선의 능력을 발휘하여 이 세상에 더 많은 행복을 가져오도록 노력했소.

사무엘 버틀러 Samuel Butler
《에레원Erewhon》을 쓴 영국의 철학가, 1902년 사망.
알프레드, 수표책은 가져왔나?

앙리에트 캉팡 Henriette Campan
프랑스의 교육자, 1822년 사망.
급하게 하인을 불러서
체면을 차릴 시간이 더 이상 필요 없을 때 사람이 얼마나 오만해지는지 아나?

제인 칼라일 Jane Carlyle
영국의 문예후원자로 수필가인 토머스 칼라일의 아내, 1866년 사망.
그림을 사 달라는 남편의 요청에 답하는 편지가 그녀의 마지막 유언이 되었다.
돌아가서 살펴볼게요. 벽에 그림을 걸 자리가 있는지 확인해 보지요.

토머스 칼라일 Thomas Carlyle
영국의 역사학자이자 수필가, 1881년 사망.
이것이 죽음이란 말이지….

앤드류 카네기 Andrew Carnegie
미국의 강철왕, 1919년 사망.
잘 자라는 인사를 하는 아내에게
나도 그러고 싶소.

루이스 캐럴 Lewis Carroll
본명은 찰스 러트위지 도지슨. 《이상한 나라의 앨리스》를 쓴 영국의 작가이자 대학교수, 1898년 사망.
베개를 좀 치워 주게. 더 이상 필요 없으니.

네빌 체임벌린 Neville Chamberlain
영국 수상, 1940년 사망.
사멸이 다가오고 있다는 사실이 내게 평안을 주는군.

윌리엄 엘러리 채닝
William Ellery Channing
'미국 유니테리언 파(::그리스도교의 정통 교의인 삼위일체론의 교리에 반하여, 그리스도의 신성을 부정하고 하느님의 신성만을 인정하는 교파.)의 아버지'로 불리는 성직자, 1842년 사망.
오늘 밤에는 내 걱정을 하지 않아도 된다네, 아주 고요하고 평안하게 보낼 테니.

공자 Confusius
중국의 철학자, BC 479년 사망.
이 땅에는 현명한 군주가 없구나. 나를 스승으로 받아 주는 곳이 없다. 세상을 떠야 하는 시간이 다가오고 있다.

에밀리 디킨슨 Emily Dickinson | 미국의 시인, 1886년 사망.

 이젠 가야겠어. 안개가 피어 올라오는군.

사무엘 콜트 Samuel Colt
미국의 무기제조업자로 콜트 권총을 만든 주인공, 1862년 사망.
이제 모든 것이 다 끝난 것 같군.

올리버 크롬웰 Oliver Cromwell
영국의 호민관, 1658년 사망.
가는 발길을 재촉했으면 하는 것이 나의 바람이다.

마리 퀴리 Marie Curie
본명은 마리아 스클로도프스카. 폴란드 출신의 프랑스 물리학자로 라듐의 발견자이며 노벨상을 두 차례 수상, 1893년 사망.
진통제 주사를 맞겠느냐는 질문에
아니오, 필요 없어요.

존 필폿 쿠란 John Philpot Curran
아일랜드의 작가, 1817년 사망.
'앞으로 기침이 점점 더 심해지고 힘들어질 것'이라는 의사의 말에
그것 참 이상하군. 어제 밤새도록 연습했는데 더 힘들어진단 말인가?

마담 드 스타엘 Madame de Staël
프랑스의 정치적·문예적 후원자, 1817년 사망.
잠자고 싶지 않느냐는 물음에
아주 졸려요, 마치 덩치 큰 시골 아낙네처럼 온몸이 피곤하네요.

디오게네스 더 사이닉 Diogenes the Cynic
그리스의 철학자, BC 320년 사망.
마지막 잠에서 깨어나며
잠과 죽음은 서로 떼어 놓을 수 없는 형제와 같은 존재. 죽기 전에 잠드는 것이 보통이지만 이제는 이 순서가 뒤바뀌겠군.

폴 두메르 Paul Doumer
프랑스 대통령, 1932년 암살당함.
자신이 총탄에 맞은 것이 아니라 자동차 사고가 났다고 생각했지만 보좌관들은 사실을 밝히지 않았다.
자동차 사고라는 얘기지? 자동차 사고 말이야.

모건 어프 Morgan Earp
미국의 법률가, 1882년 사망.
O. K. 목장의 결투에서 죽어 가며 죽음 이후의 생을 믿지 않았던 형, 와이어트의 주장을 받아들였다.
맞아, 형이 옳았어. 도대체 아무

것도 보이지 않는 걸.

파블로 에스코바 Pablo Escobar

콜롬비아의 코카인 거물, 1993년 사망.

아들에게 전화를 걸고 있을 때 잠복 중인 무장 경관들의 총에 맞았다.

이제 전화를 끊어야겠다. 재미있는 일이 일어날 듯하구나.

조지 포다이스 George Fordyce

스코틀랜드의 의사, 1802년 사망.

책을 읽어 주던 딸에게

책은 그만 읽고 나가 보렴. 이제 곧 죽게 될 것 같다.

리처드 왓슨 길더 Richard Watson Gilder

영국의 시인이자 편집자, 1909년 사망.

테니슨(::영국의 시인)에 관해 쓰면서

사람들은 그가 고요함 속에서 종말을 기다리며 저녁놀이 물드는 평온한 무렵의 한 가운데 서있음을 알수 있을 것이다.

윌리엄 이워트 글래드스톤
William Ewart Gladstone

영국 수상, 1898년 사망.

70년 넘게 써온 일기의 마지막 부분에

내각의 문제에 대해서는 아무런 말도 하지 않을 것이다. 뭐라고 쓰기는 쉽지만 정확하고 솔직하게 쓰기란 거의 불가능하니까.

윌리엄 그래엄 William Graham

1856년 리버풀을 떠나 뉴욕으로 향하다가 빙산에 부딪혀 침몰한 S. S. 퍼시픽 호에 탔던 영국인 승객.

빈 병에 넣어 던진 그의 마지막 메시지가 스코틀랜드 서쪽 헤브리디스 제도에서 발견되었다.

리버풀에서 뉴욕으로 향하는 배를 탔다. 그런데 이 배가 가라앉고 있다. 갑판은 혼란스럽다. 사방이 빙산이다. 도망갈 곳이 없다는 사실을 알고 있다. 친구들이 불안 속에 살지 않도록 이 메모를 적어 넣었다. 이 병을 발견한 사람은 알려주길 바란다.

파블로 에스코바

에드바르 그리그 Edvard Greig

노르웨이의 작곡가, 1907년 사망.

글쎄, 꼭 죽어야 한다면….

알브레히트 폰 할러
Albrecht von Haller

독일의 의사, 1777년 사망.

자신의 맥박을 확인하며

이제 죽겠군. 동맥의 움직임이 느껴지지 않는걸.

조나스 한웨이 Jonas Hanway

영국의 여행가이자 박애주의자, 1786년 사망.

당신의 수술에 도움이 되거나 다른 누군가를 위해 도움이 된다면 내 몸을 해부해 주시오. 가능한 한 많은 사람들에게 도움이 되고 싶으니까요.

윌 헤이 Will Hay

영국의 희극 배우, 1949년 사망.

그가 죽을 때 읽던 책에 쓰여져 있던 문구가 그대로 묘비명이 되었다.

죽음이 찾아와 우리의 손을 잡고 이렇게 말할 때가 올 것이다. '이제는 휴식을 취할 시간이다. 피곤할 테니 누워서 잠 속으로 빠져들거라.'

피에르 라플라스 Pierre Laplace | 태양계의 안전성에 대한 연구로 유명한 프랑스의 천문학자, 1827년 사망.

> 우리의 지식은 지극히 미비하고, 우리의 무지는 말할 수 없이 광대하다.

아브람 S. 휴이트 Abram S. Hewitt
미국의 기업가이자 정치가, 1903년 사망.
자신의 입에서 산소 마스크를 벗겨내며
이제 나는 공식적으로 사망한 것이오.

월터 파쿠아 후크 Walter Farquhar Hook
영국의 성직자로 교회역사가, 1875년 사망.
78세가 되었으니 충분히 늙었고 노쇠했소. 동년배들은 이미 타계했고 나 역시 이제 곧 소환명령을 받을 것 같군. 나를 위해 기도해 주시오.

데이비드 흄

데이비드 흄 David Hume
영국의 철학자, 1776년 사망.
마지막 편지에서
급격히 몸이 쇠약해지고 있소. 어젯밤에는 열도 났으니까. 이 지겨운 병에 빨리 종지부를 찍었으면 좋겠소. 하지만 운 나쁘게 상당 부분 또 완화되었군. 이곳을 방문하겠다는 당신 이야기를 선뜻 수락하지 못하겠소. 잠시 동안밖에 만날 수 없기 때문이라오. 블랙 선생이 때때로 내가 어떤 상태인지 알려줄 것이오. 그럼 안녕히.

알 졸슨

알 졸슨 Al Jolson
미국의 인기 가수, 1950년 사망.
바로 이거야. 이제 나는 간다네, 가고 있다네!

크리스찬 야곱 크라우스 Christian Jacob Kraus
독일의 정치학자, 1832년 사망.
죽음이란 것이 내가 생각하던 것과는 꽤 다르군.

프란츠 레하르 Franz Lehar
'메리위도우'로 널리 알려진 헝가리의 오페레타 작곡가, 1948년 사망.
이 땅 위에서 맡은 일은 다했고 때가 무르익었다. 이제 죽음이 다가오고 있구나.

S. S. 루시타니아 호 S. S. Lusitania
1916년 독일 잠수함에 의해 격침된 미국 선박.
누군가 병에 넣어 던진 마지막 메시지에서
갑판에서는 아직도 몇 사람 남아 있다. 마지막 보트가 떠나갔다. 배는 빠른 속도로 가라앉고 있다. 악단은 용감하게 연주를 계속하고 있고 내 주위 몇몇 사람들은 마지막 기도를 돌리고 있다. 종말이 가까웠다. 아마 이 메모는….

캐서린 맨스필드 Katherine Mansfield

본명은 캐서린 머리로 뉴질랜드의 단편 소설 작가, 1923년 사망.

이제 죽을 것 같아…. 비를 좋아하니, 비가 내 얼굴에 내리는 것을 느끼고 싶어.

프레데릭 메리엇 선장
Captain Frederick Marryat

영국의 해양 소설가, 1848년 사망.

마지막 생각을 받아 적게 하며

수년 동안, 특히 지난 몇 달 동안 심각하게 생각한 바에 따르면 기독교 신앙이야말로 진정한 종교이자 이 지상에서 실행될 수 있는 유일한 종교임을 확신하게 되었다. 기독교의 기본은 사랑으로, 하나님이 바로 사랑이다. 다른 신조를 강조하려는 노력은 그야말로 부질없는 일이다. 기독교는 젊은이의 가슴에 심어져야 한다. 어린 시절에는 기독교에 대한 선입견이 존재할 수도 있다. 벌써 9시, 세상이여, 안녕!

펠릭스 멘델스존 Felix Mendelssohn

독일의 작곡가, 1847년 사망.

지루해, 정말 지루하군!

롤라 몬테즈 Lola Montez

본명은 마리 돌로레스 로잔나 길버트. 아일랜드의 모험가이자 스페인 무용수, 바바리아의 루드비히 1세의 정부로 1861년 사망.

이제는 정말 지쳤어.

알프레드 드 뮈세 Alfred de Musset

프랑스의 시인, 1857년 사망.

잠이여! 이제 드디어 잠이 드는구나!

롤라 몬테즈

헤르만 노스나젤 Hermann Nothnagel

독일의 의사로 지그문트 프로이드의 스승, 1905년 사망.

자신의 증세를 검토하며

격심한 통증을 동반하는 흉근의 주기적 발작, 맥박은 30~60 정도로 때로 아주 느리게 잡힘. 전반적으로는 일정했다가 격렬해져 80~90까지 올라감. 불규칙적으로 급하게 맥이 뛰었다가 천천히 잦아들고 있다. 이런 발작이 처음 나타난 것은 몇 년 전쯤, 그러니까 3, 4년쯤 전인데, 그때는 처음에는

카트린 드 메디치 Catherine de Médicis

프랑스 앙리 2세의 왕비, 1589년 사망.

오, 하나님, 제가 죽어 가고 있습니다.

모리스 라벨 Maurice Ravel | 프랑스의 작곡가, 1937년 사망.
머리에 붕대를 감은 자신의 모습을 거울로 보며
마치 무어인 같군.

이렇게 심하지는 않았지만 그 이후 점점 더 확실하게 증상이 나타나기 시작했다. 정확히 말해 찌르는 듯한 고통을 수반한 발작은 5, 6일 전부터 일어났다. 1903년 7월 6일 저녁 늦은 시간, 서너 차례 격심한 발작을 일으킨 후 작성.

존 팔머 John Palmer
영국의 배우로 1798년 무대 위에서 쓰러져 사망.
〈이방인〉이라는 연극에서 대사를 읊은 후 쓰러졌다.

또 다른, 더 나은 세상이 있을 것이다.

도로시 W. 패티슨 Dorothy W. Pattison
'시스터 도라'라는 별명으로 불렸던 자선사업가, 1878년 사망.
혼자 살아왔으니 혼자 죽어갈 것이다. 혼자서!

플로티누스 Plotinus
신플라톤파 철학자, BC 270년 사망.
내게 신성한 것을, 이제는 우주에게 신성한 것으로 되돌리는 마지

아이작 뉴튼 경 Sir Isaac Newton
영국의 철학자이자 수학자, 1727년 사망.

세상이 나를 어떻게 보는지는
잘 모르겠다.
하지만 나는 스스로를 바닷가에서
장난을 치는 소년이라고 생각해 왔다.
평범한 조약돌이나 조개껍질이 아닌,
더 동그랗고 특이한 조약돌과
더 예쁜 조개껍질을 찾아다니는
소년 말이다.
내 앞에는 거대한 진리의 바다가
많은 비밀을 간직한 채 펼쳐져 있었다.

막 노력을 하려 한다.

리며
아버지께서는 당신이 행실 나쁜 여자와 느러터진 말, 구겨진 트럼프 카드와 스트레이트 위스키 때문에 죽어 가는 거라 하셨지.

아르망-장 뒤 플레시, 리슐리외 추기경
Armand-Jean du Plessis, Cardinal Richelieu

프랑스의 정치가, 1642년 사망.
국가의 적을 제외하곤 나에게 적은 없다.

알렉산더 포프 Alexander Pope
《머리털 도둑》을 쓴 영국의 풍자작가, 1744년 사망.
1백여 가지의 바람직한 증상으로 인해 죽어 갑니다.

살바토르 로사 Salvator Rosa
이탈리아의 예술가, 1673년 사망.
내가 지금 겪고 있는 상황으로 짐작컨대, 죽음이 손을 내밀어 나를 꼭 잡고 있는 듯하군.

헨리 퍼셀 Henry Purcell
영국의 작곡가, 1695년 사망.
유언장의 마지막 부분에서
예전의 모든 유언장을 취소하고, 새로운 유언장의 유일한 집행인으로 사랑하는 아내를 임명하도다.

클로디우스 살마시우스
Claudius Salmasius

본명이 클로드 드 소메즈인 프랑스의 고전학자, 1653년 사망.
여러분, 세상일에는 관심을 덜고 하나님의 일에 더 신경 쓰십시오. 나에게 일 년이라는 시간이 더 허용된다면 다윗의 시편과 사도행전을 공부하는 데 쓸 것입니다.

오거스트 스트린드버그
August Strindberg

《미스 줄리》와 《유령 소나타》를 쓴 스웨덴의 극작가, 1912년 사망.
모든 것에 대해 속죄 받았다.

리슐리외 추기경

케네스 렉스로스 Kenneth Rexroth
미국의 화가이자 시인, 비트 운동(::1950년대 중반에 대두된 성향으로 개인적인 차원에서 반체제적 태도를 고집하고, 극단적인 부정에 입각하여 새로운 정신적 계시를 체득하려 했다.)의 주동자로 1982년 사망.
자신의 아버지가 남긴 유언을 떠올

프란츠 슈베르트 Franz Schbert
가곡과 실내악곡을 많이 남긴 오스트리아의 작곡가, 1828년 사망.

이제 내가 인생의 끝을 맞게 되는 군.

요한 스트라우스 Johann Strauss
'왈츠의 황제'로 불리는 오스트리아의 작곡가, 1899년 사망.

잠을 좀 자는 게 좋겠다는 충고에 무슨 일이 일어나건 그래야겠소.

헤르만 스트로트먼
Herman Strodtman

독일의 살인자, 1701년 티번에서 교수형 당함.

런던에서 견습생으로 일하다 동료인 피터 울티어를 살해했다.

하나님의 뜻이 이루어지도다! 기꺼이 죽음을 감수하겠지만 이 죽음이 영원한 것이 아니길 하나님께 빌 뿐입니다. 가장 끔찍하고 심각한 죄악을 저질러서 죽게 되었지만 예수님의 사랑으로 천국에서 그분과 영원히 함께할 것입니다. 신이여, 왕과 판사분들을 보살피소서. 이들은 아무런 잘못을 하지 않았습니다. 큰 잘못을 저지른 것은 나입니다. 그러니 이 죄인에게 우리 주 예수의 은총을!

존 밀링튼 싱 John Millington Synge
《서방의 플레이보이》를 쓴 아일랜드의 극작가, 1909년 사망.

더 이상 죽음과 싸우는 것은 소용없는 일이다.

재커리 테일러 Zachary Taylor
미국 대통령, 1850년 사망.

이제 곧 죽을 거요. 소환을 받게 된다는 거지. 나의 모든 공적 책임을 놓아버리고 싶소. 다른 후회는 없지만 친구들과 헤어져야 하는 것이 슬플 뿐이오.

앤소니 트롤로프 Anthony Trollope
《바체스터 연대기》를 쓴 영국의 소설가, 1882년 사망.

자신의 자서전 마지막에

이제 내가 쓴 수많은 글을 읽어준 사람들에게 저편 해안에서 손을 흔들겠습니다.

루칠리오 바니니 Lucilio Vanini
이탈리아의 철학자로 '기적'을 설명하다가 1619년 화상으로 사망.

세상에는 신도 악마도 없다. 만일 신이 있다면 불공정하고 사악한 자들이 몰려 있는 종교회의에 천둥번개를 내려 달라고 기도할 것이다. 만일 악마가 있다면 종교회의를 지하 세계로 끌고 가 달라고 기도할 것이다. 하지만 신도 악마도 없기 때문에 내가 할 수 있는 일이란 아무 것도 없다.

토스타인 베블렌 Thorstein Veblen
미국의 경제학자, 1929년 사망.

작별 인사를 남기며

영국 소설가, 앤소니 트롤로프

에드워드 윌슨 Edward Wilson | 영국의 의사이자 탐험가, 1912년 사망.

스코트의 남극탐험대에 참가했다 실종된 그가 아내에게 남긴 편지에서

> 세상 사람들에게 슬픔을 안겨 주어서 내가 얼마나 미안해하는지 하나님께서는 아실 거요. 하지만 사람은 누구나 죽게 마련이고 모든 죽음에는 슬픔이 따르기 마련이지. 탐험을 마친 후 당신과 함께 하고 싶었던 일들이 부질없는 것이 되었지만 앞으로 올 세상에서는 더 위대한 일을 함께 할 수 있을 거라고 생각하오. 한 가지 후회스러운 것은 이 힘든 세상에 당신을 혼자 남겨두는 것이라오. 이렇게 편지를 쓸 수 있어서 얼마나 기쁜지 모르오. 내가 쓴 편지 중 하나쯤은 당신의 손에 들어가겠지. 아버지의 작은 컴퍼스와 어머니의 빗이 내 주머니에 들어 있소. 마지막 순간이 다가오면 당신이 준 성경과 기도서를 손에 들거요. 이제 모든 것이 편안하오.

애덤 스미스 Adam Smith

스코틀랜드의 정치경제학자이자 《국부론》의 저자, 1790년 사망.

회의를 다른 장소로 연기해야만 할 것 같습니다.

내가 죽으면, 그 어떤 종류의 예배나 의식 없이 가능한 한 간소하고 신속하게 화장을 해주오. 유골은 바다나 바다로 향하는 강물에 뿌려 주오. 나를 기억하려는 그 어떤 무덤이나 묘비나 기념상도 만들지 마시오. 부고 기사도, 기념 초상화도 남기지 마시오. 전기는 물론 내가 쓴 편지나 내가 받은 편지가 출판되어 돌아다니는 일도 허락할 수 없소.

제임스 와트 James Watt

영국의 기술자로 증기 기관의 선구자, 1819년 사망.

임종을 지키러 모인 친구들에게

여러분들이 보여준 호의에 감사하오. 이제 마지막에 이른 것 같으니 서둘러 감사 인사를 해야겠군.

크리스토프 비렌드
Christof Wieland

독일의 극작가, 1813년 사망.

자는 것은… 죽는 것이지.

윌리엄 우드빌 William Woodville

영국의 의사이자 식물학자로 1805년 사망.

목수에게 자신의 관 치수를 알려주며

앞으로 이틀 이상 버티지 못할 테니까 서두르는 게 좋겠네.

제논 Zeno

스토아 철학자, BC 257년 사망.

대지여, 나를 원하는가? 이제 준비가 되었다. ■

곡선, 구, 원 등 시작점으로 돌아오는 것들에 본능적으로 끌린다는 프랑스의 여성 작가 콜레트

chapter .12

across the great divide
이승과 저승의 경계를 건너

만일 가야 한다면, 지금 가겠소

찰스 애봇 Charles Abbott
초대 텐터든 경이자 대법원장, 1832년 사망.
상상 속의 배심원들에게 연설하며
당신들 모두 해고요!

존 애덤스 John Adams
미국 대통령, 1826년 사망.
토머스 제퍼슨은 여전히 살아 있는데….

유진 아람 Eugene Aram
영국의 살인자, 1759년 처형됨.
감옥에서 자살을 시도하며 유서를 남겼다. 교수대에서 도망가려는 노력이 수포로 돌아가자 손목과 팔뚝을 칼로 그어 자살을 시도했지만 동맥을 빗겨가는 바람에 살아나 교수형을 당했다.
친구들, 지금 내 건강은 완벽하지만, 이 편지가 도착할 때면 아마 더 이상 살아 있지 않을 것이네. 이 순간 고통받는 나의 마음을 어떻게 설명할 수 있겠는가? 더러운 재물에 대한 욕심으로 저지른 일에 대한 죄의식, 흥건하게 흐른 피에 대한 죄의식이 엄청난 아픔을 주는군! 일을 하거나 즐거움을 누리는 순간에도 양심 때문에 고통스러웠네. 술과 음식과 오락, 친구와 일, 때로는 이것으로 또 때로는 저것으로, 아우성을 억누를 수 있는 온갖 방법을 찾아내 순간적인 치유로 삼았지. 하지만 이제는 이런 모든 것들이 끝나버렸다네. 고독하고 무기력하고 모든 위로가 사라진 상태로 남겨졌을 뿐. 이제 내 영혼과 육신은 모두 망가졌네. 나의 양심은 더 이상 눈가리개를 할 수도 없고 위협 당할 수도 없다네. 양심은 나의 간수이고 나의 판사이며 나의 처형자, 내 육신을 금방 끝나게 될 죽음의 고통으로 몰아가는 것 이상으로 무서운 판결이라네. 범죄의 증거를 부인할 방법이 존재하지 않는 법정이 열리기 전에 양심이 나를 먼저 소환하려는가보군. 나에게 부과될 형량은 내 영혼을 끝없는 고통 속으로 몰아갈 것 같네. 충고에 귀 기울였다면, 도저히 빠져나올 수 없는 이 비탄 속에서 괴로워하지 않았을 것을. 나의 영혼은 불가해한 멍에를 쓰게 되었고 하나님과 인간 모두 나를 적대시하지. 몇 시간 후면 세상 사람들 앞에 설 것이네. 이보다 더 끔찍한 상황이 존재할 수 있을까? 더 이상 참을 수 없는 고통을 조금 더 빨리 끝낼 수 있는 방법을 찾아내었네. 사람들 앞에서 느낄 치욕과 부끄러움을 경험하지 않도록 영원한 자비 속에 내 영혼을 맡기려 하네. 모두들 건강하고 행복하고 번성하길.

헨리 워드 비처 Henry Ward Beecher
미국의 성직자이자 종교 작가, 1887년 사망.
'미스터리' 가 다가오는군.

클로드 베르나르 Claude Bernard
프랑스의 심리학자, 1878년 사망.
무릎 위에 작은 여행용 담요를 펴 놓으며

이승과 저승의 경계를 건너

제인 오스틴 Jane Austen
《오만과 편견》을 쓴 영국의 작가이자 소설가, 1817년 사망.

필요한 것이 없냐는 질문에
죽음말고는 아무 것도.

돌아올 수 없는 곳으로 떠나는 이번 여행에 함께하겠군. 영원을 향해 떠나는 여행 말이야.

시몬 볼리바르 Simón Bolívar
라틴 아메리카의 '위대한 해방자'로 1830년 사망.

망명 중에 죽음을 맞게 되었다는 사실을 슬퍼하며

이제 떠나자. 저들은 우리가 이 땅에 머물기를 바라지 않는다. 여러분, 떠나자! 범선에 내 짐을 실어라!

프란시스 버클랜드 Francis Buckland
영국의 박물학자이자 어류관찰자, 1880년 사망.

이제 길고 긴 여행을 떠나야 할 것 같다. 그 길에서 수많은 낯선 동물들을 만나게 되겠지. 하나님께서는 작은 물고기들에게 사랑을 베푸신다. 그런 분이 물고기의 관찰자에게 난파의 고난을 겪게 하시다니!

로버트 버튼 Robert Burton
영국의 학자이자 국교회 성직자, 《우울의 해부》를 쓴 작가로 1640년 사망.

외로워하지 마라, 게으름부리지도 마라.

피에르 캉브론 사령관
Marshal Pierre Cambronne
프랑스 군인으로 워털루의 나폴레옹 친위대 지휘관, 1842년 사망.

오, 아가씨, 남자란 스스로를 대단한 인물로 여기지만 사실은 별로 대단하지 않다오.

G. K. 체스터튼 G. K. Chesterton
영국의 수필가이자 비평가, 소설가이자 시인으로 1936년 사망.

이제 문제는 명백해졌다. 사람들은 누구나 빛과 어둠 사이에서 어느 한 쪽을 선택해야 한다.

콜레트 Collett
본명은 시도니 가브리엘 콜레트. 프랑스의 소설가, 1954년 사망.

시작점으로 되돌아오는 것, 그것이 바로 완성을 뜻하지요. 그래서 나는 늘 곡선과 구, 원처럼 시작점으로 되돌아오는 것들에게 본능적으로 끌렸어요.

메리언 크로포드 Marion Crawford
미국의 여성 소설가, 1909년 사망.

책꽂이에 비치는 햇살을 느끼고 싶어.

이사포 묵시카 크로우풋
Isapwo Muksika Crowfoot
미국의 인디언 추장, 1890년 사망.

잠시 후, 나는 여러분 곁을 떠날 것이다. 인간이란 어디에서 와서 어디로 가는지 말할 수 없는 법. 인생이란 무엇인가? 한밤에 빛을 내뿜는 반딧불, 겨울철 버팔로의 숨결이며 풀밭 위를 가로지르다 햇빛이 비치면 사라지는 작은 그림자 같은 것이다.

자크 다비드 Jacques David
프랑스의 화가, 1825년 사망.

자신이 인쇄된 그린 그림을 살펴보며 너무 어둡군… 이건 너무 밝아… 희미해지는 빛이 제대로 표현되

시몬 볼리바르, '위대한 해방자'!
그리고 '위대한' 시가?

프레데릭 프뢰벨 Frederic Froebel | 독일의 교육자로 유치원 창설자, 1852년 사망.

정원으로 데려다 달라며

> 친구들, 나는 평생 동안 아름다운 자연을 지켜 보아 왔네. 마지막 순간을 이 매력적인 연인과 함께 할 수 있도록 허락해 주게.

에두아르드 데케르 Edouard Dekker

'물라툴리'라 불리는 네덜란드의 작가, 1887년 사망.(::당시 가혹한 식민 정책의 폐해를 소설로 폭로해서 동인도에 대한 세인의 관심을 환기시켜 식민지 정책 개선에 영향을 주었다.)

체스 적수에게 편지를 써서

아직 자네가 완전히 패한 것은 아니지만, 조금 후에는 어떻게 될지 모르겠네. 이 수가 자네에게 좀 어렵다면 필요한 만큼 충분히 연구해 보게. 게임이란 급한 게 아니니까.

데니스 디드로 Denise Diderot

프랑스의 철학자이자 백과사전 편찬자, 평론가로 1784년 사망.

철학으로 향하는 첫 번째 단계는 의심을 갖는 것이다.

요한 파우스트 Johann Faust

방황하는 독일의 마법사로 괴테와 말로우의 책에 등장한 주인공, 1541년 사망.

괴테의 《파우스트》에는 주인공이 죽음에 이르러 아름다움의 정수를 보는 장면이 나온다.

거기 멈추라, 너는 너무나도 아름답구나.

솔로몬 풋 Solomon Foot

미국의 상원의원, 1866년 사망.

뭐라고? 이것이 죽음이란 말인가? 벌써 죽음이 찾아왔다니. 아, 보인다, 보여! 천국의 문이 활짝 열렸다. 아름다워, 정말 아름다워.

데니스 디드로

토마스 알바 에디슨 Thomas Alva Edison | 미국의 발명가, 1931년 사망.
수많은 발명품을 고안한 그의 대표작으로는 축음기, 전화의 수화기를 위한 탄소전송장치, 전기 철도와 영화 등이 있다.

저 위는 정말 아름다울 거야.

프란츠 리스트

빅토르 위고

설 작가, 1910년 사망.

불을 켜주오. 어두움 속에서 집으로 돌아가고 싶지는 않소.

토마스 홉스 Thomas Hobbes

영국의 정치이론가이자 《리바이어던》의 저자, 1679년 사망.

이제 나의 마지막 여행을 떠나려 한다. 어둠 속에서 한 발자국 떼어 볼까.

빅토르 위고 Victor Hugo

《파리의 성모》와 《레 미제라블》을 쓴 프랑스의 시인이자 소설가, 극작가로 1885년 사망.

검은 빛이 보이도다!

빈센테 블라스코 이바네즈 Vincente Blasco Ibáñez

《요한 계시록의 네 명의 마부》, 《피와 모래》를 쓴 스페인의 작가이자 정치가, 1928년 사망.

나의 정원! 나의 정원이여!

헨리 제임스 Henry James

《워싱턴 광장》, 《데이지 밀러》, 《여인의 초상》을 쓴 미국의 소설가, 1916년 사망.

드디어 이 뛰어난 사람도 마지막을 맞는군.

프란츠 리스트 Franz Liszt

헝가리의 피아노 대가이자 작곡가, 1886년 사망.

트리스탄!

(∷ '트리스탄과 이졸데'는 바그너의 악극으로 유명한데, 당시 뷜로의 지휘로 상연되어 바그너의 명성이 높아졌으며, 그는 리스트의 딸이자 뷜로의 아

앙리 그레고아르 Henri Gregoire

프랑스의 성직자이자 블로이의 주교, 1831년 사망.

광란의 상태에 이른 것인가…. 지난 8년간 심각한 고통을 겪으며 섬을 도피처 삼아 고립된 흑인들을 보아 왔다. 이들은 굶주림으로 죽어갈 것이다. 비록 교파는 다르지만 신교도들과 유대인들이 나를 보러 왔다는 이야기를 들었다. 이들에게 내 마음을 전하고 싶다. 누가 아이티에 성서를 보내 주면 좋을 것을! 불쌍한 아이티 사람들! 마지막 시간이 다가오고 있다. 마지막 순간에 나를 버려두지 말기를!

오 헨리 O. Henry

본명은 윌리엄 S. 포터. 미국의 단편소

내였던 코지마와 재혼하게 된다.)

구스타브 말러 Gustav Mahler
오스트리아 출신의 유대인 작곡가이자 지휘자, 교향곡으로 유명하다. 1911년 사망.
모차르트!

매튜 모우리 Matthew Maury
미국의 해군 장교로 수로 측량의 개척자이자 해양학의 개척자, 1873년 사망.
월계수가 피어 있는 길을 지나도록 도와 주오. 내 발이 점점 차가워지는 것 같은데, 내가 닻을 끌어당겼던가? 모든 것이 제대로 되고 있군.

허먼 멜빌 Herman Melville
《모비 딕》으로 널리 알려진 미국의 작가, 1891년 사망.
자신의 작품인《빌리 버드》의 한 구절을 인용하며
베어 선장에게 하나님의 가호가 함께하시길!

쥘 미슐레 Jules Michelet
프랑스의 역사학자, 1874년 사망.
리넨(침대보)을 갈러 온 간호사에게 리넨이라고 했소? 리넨이 뭔지 아시오? 농부와 노동자의 리넨…. 리넨이야말로 근사한 것이지. 나는 늘 리넨에 관해 책을 쓰고 싶어했으니까.

드와이트 리만 무디 Dwight Lyman Moody
미국의 복음전도사, 1899년 사망.
찬송가 작사가인 아이라 D. 샌키와 함

작곡가, 구스타브 말러

께 19세기의 가장 성공적인 복음전도사였다.
땅이 움푹 꺼지는 듯하다. 천국이 열리고 있구나. 하나님께서 나를 부르신다.

루이지 피란델로 Luigi Pirandello
《작자를 찾는 여섯 명의 등장인물》을 쓴 이탈리아의 극작가, 1936년 사망.
장례차, 말, 마부… 이 정도면 충분하겠군.

찰스 리드 Charles Reade
영국의 사회개혁가이자 극작가, 1884년 사망.
놀라운, 이 놀라운 영광이여! 사도

바울이 어떤 깨달음을 얻었는지 이제 알겠다!

로비 로스 Robbie Ross

영국의 작가이자 평론가로 오스카 와일드의 친구, 1918년 사망.

키츠의 유명한 마지막 시구를 읊조리면서

뜨거운 물 위에 이름을 남긴 자, 여기 누워 있다.

장 자크 루소 Jean-Jaques Rousseau

스위스 출신의 정치이론가로 《사회계약론》의 저자, 1778년 사망.

웃는 얼굴로 나를 부르는 저 태양을 보라. 저 측정할 수 없는 빛이여. 하나님께서 저기 계시는구나! 팔을 벌리고 나를 불러 그동안 갈망하던 영원하고 변함 없는 기쁨을 안겨 주시는 하나님을 보라!

오귀스트 생 고댕 August Saint-Gaudens

프랑스의 조각가, 1907년 사망.

일몰을 바라보며

아름다운 일몰이군, 하지만 나는 그 너머로 가고 싶을 뿐이다.

요한 크리스토프 프리드리히 폰 실러 Johann Christoph Friedrich von Schiller

독일의 극작가이자 시인, 1805년 사망.

이제 많은 것들이 조금 더 명확하고 분명하게 이해되어 가는군….

더치 슐츠 Dutch Schltz

시카고의 갱, 1935년 총격으로 사망.

경찰 속기사가 이 네덜란드 출신 갱의 마지막 말을 기록했다. 경찰은 앞뒤가 맞지 않고 길기만 한 슐츠의 마지막 말을 이해할 수 없었다고 한다.

이봐 헨리, 내가 지금 너무 아프니 자네의 등에 좀 기대야 할 것 같네. 경찰들이 계속 툴툴거리고 있군. 내 친구인 지미 발렌타인을 좀 찾아줘. 지미, 이리 좀 오게. 이제 나는 끝난 것 같아. 할 수 있는 일이라곤 이제 없는 듯하네. 어머니, 어디 계시죠? 헬렌, 당신은 어디 있는 거지? 나를 좀 밖으로 데리고 가줘. 이제 이 상황을 정리해야겠군. 굴뚝을 닦고 칼에 대고 이야기해야지. 이봐, 거기 말 많은 녀석아, 그만 좀 조용히 하지 그래? 일어나도록 좀 도와줘. 헨리! 막스! 이리로 좀 와보게! 프랑스 계 캐나다 수프라, 이젠 계산을 해야지, 나를 좀 혼자 내버려 두라고!

루이스 터크 스탠튼 Louise Turck Stanton

미국의 사교계 인사, 1933년 사망.

사랑하는 남편이 자동차 사고로 사망한 지 2주일 후 자기 소유의 비행기를 타고 가다 대서양 상공에서 사라져 버렸다. 마지막으로 남긴 편지에서

우주가 어떤 곳인지 한 번 살펴보려 합니다. 그곳에 아무 것도 없다고 해도, 그래도 괜찮습니다.

마이라 벨 스타 Myra Bell Starr

미국의 말 도둑, 1889년 사망.

서구의 '밴디드 퀸' 이라 불릴 정도로 낭만적 신화를 남긴 그녀의 묘비명에 새겨진 말

그녀를 위해 슬픔의 눈물을 흘리지 마오. 부질없는 후회로 가슴 아파하지도 마오. 여기 누워 있는 것은 그저 보석상자에 불과한 것을. 진짜 보석은 아직도 어디에서인가 반짝이고 있다오.

거트루드 스타인 Gertrude Stein

미국의 작가이자 예술후원자, 1945년 사망.

스타인의 마지막 대화는 던컨 서덜랜

마이라벨 스타

루이즈 세르망 Louise Sermant | '철학자'라는 별명으로 불렸던 프랑스의 작가, 18세기 사망.

> 66 곧 하늘의 빛이 내 눈으로부터 사라질 것이다. 곧 어두운 밤이 꿈도 꾸지 못하는 잠과 함께 찾아올 것이다. 삶의 서글픈 꿈이 주는 고민과 서글픔이여. 99

드에 의해 녹음되었는데, 죽기 직전 그녀는 "대답이 뭐지?" 하고 물었다. 아무 대답이 없자 웃으며 말했다. 이런 경우, 질문이 뭐지?

아빌라의 성 테레사
Saint Teresa of Avila

에스파냐의 종교개혁자이자 신비주의자, 1582년 사망.

내 영혼 위로 섬광이 지나가고 신성한 광영이 반짝이며 떠 가는구나. 내가 갈 세계의 성스러운 모습이여.

(::1662년에 시성諡聖이 된 그녀는 에스파냐 전역에 17개의 남녀수도원을 세웠고 깊은 명상생활이 현실적인 활동과 양립할 수 있음을 보여 주었다.)

헨리 데이비드 소로
Henry David Thoreau

미국의 급진적 수도사이자 《월든》을 쓴 작가, 1932년 사망.

마침내 하나님과 화해를 했느냐는 질문에

우리는 다툰 적이 없소. 들소들… 인디언들….

도조 히데키 東條英機

일본의 정치가, 군인. 1948년 사망.

벚꽃이 소리 없이 떨어지는 모습을 보라.

레오 니콜라예비치 톨스토이
Leo Nicolayevitch Tolstoy

《전쟁과 평화》, 《안나 카레니나》, 《이반 일리치의 죽음》을 쓴 러시아의 소설가, 1910년 사망.

사실… 걱정이 된다… 어떻게 그들이….

(::저작권 관리로 인해 부부 간의 불화가 끊이지 않았고, 그의 제자 펠트코프에 대한 부인의 질투로 인해 가정 생활이 심각한 나머지 몇 차례 가출을 시도했으며 결국 방랑의 여행길에서 사망하였다.)

J. M. W. 터너 J. M. W. Turner

영국의 화가, 1851년 사망.
태양이 바로 하나님이다.

플로렌즈 지그펠드 Florenz Ziegfeld

미국의 흥행 감독, 1932년 사망.

죽기 전 자신이 무대에 올린 공연을 상상하며

막을 내려라! 빠른 음악을 틀고 조명을 준비해! 마지막 대단원을 준비하라! 멋지군. 쇼는 정말 멋졌어, 정말 멋졌었어. ■

◀ 1935년에 사망한 시카고의 갱, 더치 슐츠

chapter .13

nearer my god
나의 신께로 좀더 가까이
걱정 말라, 이제 곧 창조주와 함께할 테니

애봇 주교 Bishop Abbot
영국의 성직자, 1633년 사망.

예수님, 속히 제게 오소서. 당신께서 시작하신 일을 제 안에서 끝내소서. 당신의 손에 주여, 제 영혼을 드리나이다. 저를 구원하소서. 오직 당신에게서 희망과 신뢰를 찾았던 이 종을 구하소서. 제게 자비를 베푸소서. 영원토록 저를 버리지 마소서.

피셔 에임스 Fisher Ames
미국의 정치가, 1808년 사망.

마음의 평화를 얻었도다. 어리석음에서 일어나 복음에서 믿음을 찾았도다. 하나님의 자비를 구하도다.

아스트로 추기경 Cardianl d'Astros
프랑스의 목사, 1851년 사망.

삶도 죽음도, 그 어떤 것들도 나를 그분으로부터 떼어 놓을 수는 없도다.

리처드 박스터 Richard Baxter
영국의 장로교 성직자, 1691년 사망.

아무런 감각이 없다는 것이 고통스럽지만 평화를 얻었도다. 나는 평화를 얻었다! 이제 내 몸이 거의 나은 듯하다.

데이비드 비튼 추기경 Cardinal David Beaton
스코틀랜드의 정치가이자 성직자, 세인트 앤드류스의 대주교. 1546년 사망.

나는 성직자다. 물러서라, 물러서! 모든 것이 사라졌다.

조셉 뷰몬트 목사 Rev. Joseph Beaumont
영국의 성직자이자 캠브리지의 학장, 시인으로 1699년 사망.

다음 번 찬송가를 알린 후 설교대에서 갑자기 쓰러져

첫 번째 천사가 노래를 하도다. 자신의 날개로 얼굴을 감싸고 있구나.

베너러블 비드 Benerable Bede
《영국 교회와 사람들의 역사》를 쓴 영국의 역사가, 735년 사망.

드디어 끝에 도달했다. 내가 기도하던 성스러운 장소를 앉은 채로 볼 수 있도록 손으로 내 얼굴을 받쳐 주오. 앉아서 나의 하나님을 부를 수 있도록 말이오. 글로리아 파트리 에 필리오 에 스피리투 생크토(Gloria Patri et Filio et Spiritu Sacto).

베르게루스 Bergerus
막시밀리안 황제의 고문으로 16세기 사망.

지상의 모든 것들에게 인사를 고하고 천국을 환영하다.

요한 베사리온 Johann Bessarion
독일의 인문주의자, 1472년 사망.

주님, 당신은 공정하시고 당신의 약속 또한 공정합니다. 하지만 동시에 당신께서는 다정하고 자비로우십니다. 우리의 실수를 꾸짖지 않으십니다.

나의 신께로 좀더 가까이

헨리, 볼링브로크 자작
Henry, Viscount Bolingbroke

영국의 철학자이자 정치가, 1751년 사망.

체스터필드 경에게 보낸 편지에서

나를 이곳에 보내신 분은 나를 당신 마음대로 쓰셨고 앞으로도 어떻게 하는 것이 최선인지 잘 알고 계실 것이오. 하나님께서 당신을 보살펴 주시길.

로버트 브루스 Robert Bruce | 스코틀랜드의 신학자, 1631년 사망.

❝ 이제 하나님께서 너희들과 함께하실 것이다. 아침 식사는 너희들과 함께 했지만 저녁 식사는 나의 주 예수님과 함께 할 것이다. ❞

헤르만 보어하브 Herman Boerhaave
네덜란드의 의사, 1738년 사망.
하나님을 사랑하는 자는 마땅히 그분께 영광 돌리는 것만을 생각해야 한다.

로버트 보일 Robert Boyle
기체에 관해 다양한 연구를 한 영국의 자연과학자이자 철학자, 1691년 사망.
내 입이 하나님을 더 소리 높여 찬양하는 것 외엔 더 이상 할 일이 없네.

데이비드 브레이너드
David Brainerd
영국의 선교사, 1747년 사망.
이제 영원에 거의 도달했다. 그곳에 가길 늘 원했거늘. 누군가 나를 지켜보고 있구나. 왜 주님의 전차 바퀴가 늦어지는가? 주님, 이제 당신의 종이 평화롭게 떠날 수 있도록 도우소서.

요한 브레이팅거 Johann Breitinger
스위스의 평론가, 1776년 사망.
살아 있거나 죽었거나 우리는 모두 주님의 것이다.

프레데리카 브레머
Frederika Bremer
'스웨덴의 제인 오스틴'이라고 불리는 소설가, 1865년 사망.
애들아, 이제 주님의 사랑을, 가장 훌륭하고 고귀한 사랑에 관해 이야기하자.

아더 브리스베인 Arthur Brisbane
영국의 언론인, 1836년 사망.
볼테르의 《캉디드》 중 한 구절을 인용하며
모든 세상에 있어 이것이 최선일 것이다.

엘드리지 브룩스 Eldridge Brooks
미국의 편집자, 1902년 사망.
내 머리를 사랑하는 주님의 가슴에 누이려고 합니다.

마틴 부서 Martin Bucer
독일의 신교개혁가, 1551년 사망.
그분은 세 손가락으로 하늘을 가리켰다. 그분은 모든 것을 다스리고 모든 것을 처리하신다.

존 번연 John Bunyan
《천로역정》을 쓴 종교작가, 1688년 사망.
장례 미사의 한 구절을 인용하며
나를 위해 울지 말고 당신 자신들을 위해 우시오. 나는 주 예수님의 아버지가 준비하신 땅으로 가오. 당신의 아들을 생각하며 죄인인 나를 받아 주실 그분의 땅으로 말이오. 우리는 새로운 노래를 부르며 다시 만나게 될 것이고 종말이 없는 세상에서 오래도록 행복할 것이오.

호레이스 부쉬넬 Horace Bushnell

'미국 종교자유주의의 아버지'라고 불리는 조합교회 목사, 1876년 사망.

우리 모두 함께 집으로 갈 것이고 주님께서 사랑과 평화 속에 함께 하실 것이다. 나 역시 이렇게 고향으로 향한다.

시메온 칼혼 Simeon Calhoun

미국의 선교사, 1876년 사망.

살아 있는 모든 이들의 귀에서 20년간 주님의 이야기가 울려 퍼져야 교회라 할 수 있을 것이다.

안토니오 카노바 Antonio Canova

이탈리아의 조각가, 1822년 사망.

오, 순수하고 사랑스러운 정신이여!

윌리엄 캑스턴 William Caxton

영국 최초의 인쇄업자, 1491년 사망.

하나님께서 은혜를 베푸셔서 당신께서 우리 안에 머물러 기뻐하시기를. 이 세상에서 우리를 불행으로부터 지켜 주시길. 마지막 날이 되면 성스러운 삼위일체께서 선사한 광영의 동반자가 될 수 있도록 하늘나라로 이끌어 주시길.

에드워드 코크 경 Sir Edward Coke

영국의 판사이자 법률 작가, 1633년 사망.

당신의 왕국이 임하였으며 당신 뜻대로 이루어질 것입니다.

토마스 코브든-샌더슨 Thomas Cobden-Sanderson

영국의 디자이너이자 책 제본사, 1922년 사망.

마지막 일기에서

매일 매일 나의 주께서 말씀하신다. '준비되었느냐?' 하는 질문에 '준비되었습니다' 하고 대답한다. 다시 그분께서 '행진하라'고 말씀하신다. 마지막 그날까지 나는 행진한다. 매일 나는 마지막을 향해 조금씩 사라져 간다.

에드워드 코플스톤 Edward Copleston

영국의 성직자로 랜드다프의 주교, 1849년 사망.

나는 이제 곧 죽을 것이지만 예수님을 통해 그분을 믿는 자는 모두 구원을 받으리라는 강한 믿음을 갖고 죽을 것이다.

에른스트 커티우스 Ernst Curtius

올림피아 발굴을 지휘한 독일의 고고학자, 1896년 사망.

하루 중 마지막의 광채로 새가 울다 지쳐 잠이 들 때, 귀에 희미해지는 나의 노래를 밤이 따라잡을 것이다. 하지만 또 다른 날이 되면 다시 명쾌한 소리가 울려 퍼질 것이다!

폴 L. 던바 Paul L. Dunbar

미국의 시인, 1906년 사망.

어둠의 골짜기를 지나가는구나.

안토니오 카노바

크리스토퍼 콜럼버스 Christopher Columbus
이탈리아의 탐험가이자 아메리카 대륙을 발견한 유럽인, 1506년 사망.

> 주님, 당신의 손에 제 영혼을 드립니다.

메리 베이커 에디

메리 베이커 에디 Mary Baker Eddy
미국의 복음주의자로 크리스천 사이언스교의 설립자, 1910년 사망.
하나님이 나의 생명이다.

조나산 에드워즈 Jonathan Edwards
미국의 청교도 신학자이자 철학자, 1758년 사망.
하나님을 믿으면 두려워할 것이 없다.

드와이트 D. 아이젠하워 Dwight D. Eisenhower
미국 대통령, 1969년 사망.
이제 가고 싶다. 하나님께서 나를 데려가실 것이다.

조지 폭스 George Fox
영국 퀘이커교 창설자, 1691년 사망.
내가 이곳에 있어서 다행이다. 이제 모든 것이 확실하다. 하나님께서 뿌린 씨앗은 모든 죽음을 제압한다. 나의 육신은 미약하나 하나님의 권능이 모든 곳에 퍼져 혼란스러운 영혼을 구원하도다.

앤드류 풀러 Andrew Fuller
미국 침례교 선교협회 창설자, 1815년 사망.
죽음에 이르러 종교적인 기쁨을 누리는 것은 아니지만 영원 속으로 들어갈 수 있는 힘에 대한 희망을 얻었다.

에드워드 기번 Edward Gibbon
《로마제국의 흥망》을 쓴 영국의 역사학자, 1794년 사망.
몽 듀! 몽 듀!(하나님, 나의 하나님!)

조지 길필런 George Gilfillan
영국의 작가이자 장로교 성직자, 1878년 사망.
의사 선생, 내가 죽는 거요? 주님의 뜻이 이뤄졌군…. 네, 나는 하나님과 예수님을 믿습니다.

프레데릭 고데 Frédéric Godet
스위스의 신학자, 1850년 사망.
한 자리에 모인 가족들에게 평생 가족을 마음 속에 담고 살았다. 저 먼 곳에서도 그럴 수 있기를 바랄 뿐이다.

윌리엄 고드프리 William Godfrey
추기경이자 웨스트민스터 대주교, 1963년 사망.
교회는 나에게 모든 것을 선사했다.

에드워드 기번

주위 사람들은 이 말에 바로 '당신께서도 교회에 모든 것을 바쳤습니다'라고 대답했다.

로버트 호커 Robert Hawker
영국의 시인, 1875년 사망.

내 위에 휘날리는 그분의 깃발이 바로 사랑이다.

르뮤엘 하인즈 목사 Rev. Lemuel Haynes
영국의 성직자, 19세기 사망.

나의 아내를 사랑하고 나의 자녀들을 사랑했지만 그 누구보다 나의 주님을 가장 사랑했다.

펠리시아 헤먼스 Felicia Hemans
영국의 작가, 1835년 사망.

성모 마리아와 더불어 주님의 발 아래 앉아, 그분의 목소리를 들으며 부드럽고 온유한 마음을 배우고 있는 듯하다.

윌리엄 잉지 William Inge
영국의 성직자로, 비관주의적 의견을 자주 제기해 '우울한 주교'라는 별명으로 불렸다. 1954년 사망.

또 다른 인생을 살 수 있다면 성직자가 되지 않을 것이다. 사람들이 아는 것만큼 내세에 대해 알고 있지만… 교회에서 가르치는 것과 같은 내세라는 것이 존재하는지는 확실하지 않다.

윌리엄 제닝스 브라이언 William Jennings Bryan
미국의 정치가, 1925년 사망.

하나님에 대한 감사로 가득한 마음을 안고 간다.

요하네스 케플러 Johannes Kepler
독일의 천문학자이자 점성가, 1630년 사망.

어떤 구원을 원하냐는 질문에
오직 구세주이신 우리 주 예수의 은혜로!

찰스 킹슬리 Charles Kingsley
영국의 작가이자 '강건한 기독교'의 선구자, 1875년 사망.

감독파 장례 미사문을 인용해
당신을 알아야 합니다. 우리 마음의 비밀인 주 예수님, 우리의 기도에 은혜로운 귀를 돌리지 마십시오. 가장 거룩한 주님, 가장 전능한 하나님, 거룩하고 온유하신 주님, 당신의 소중한 판단은 영원합니다. 마지막 시간에 우리를 고통 속에 남겨두지 마시고 당신으로부터 떨어져 나가는 죽음의 고통을 겪게 하지 마십시오.

프리드리히 클롭스톡 Friedrich Klopstock
독일의 서사시인이자 서정시인, 1803년 사망.

자신의 시구를 읊으며
여자가 자신의 자궁이 만들어낸 결실이라고 인정하지 않는 자녀를 잊어버리는 일이 있을 수 있을까? 그럴지도… 하지만 나는 당신을 잊지 않을 것이다.

존 녹스 John Knox
스코틀랜드의 종교개혁가, 1572년 사망.

기도소리가 들린다는 질문에

데시데리우스 에라스무스 Desiderius Erasmus
네덜란드 철학자로 동시대 가장 학식 높고 영향력 높은 지식인, 1536년 사망.

하나님!

윌리엄 제닝스 브라이언

존 녹스

내가 기도소리를 들었듯 당신도 기도소리를 들었기를 바라오. 그 천사의 소리로 하나님을 칭송할 것이오.

아드리엔느 르쿠브뢰르
Adrienne Lecouvreur

프랑스의 여배우, 1730년 사망.
사제가 참회를 묻자 연인인 삭스 백작의 흉상을 가리키며
저기 내 우주와 내 희망과 나의 신이 자리하고 있습니다.

존 로크 John Locke
영국의 철학가로 계몽주의의 선구자, 1704년 사망.
풍부하고 선량한 하나님의 지식을 보라!

헨리 루스 Henry Luce
미국의 출판업자이자 사업가로 〈타임〉과 〈라이프〉의 발행인, 1967년 사망.
오, 주님!

메리 리온 Mary Lyon
미국의 교육학자, 1849년 사망.
신학교를 돌보기 위해 다시 돌아오고 싶지만, 하나님께서 잘 살펴주실 거요.

주세페 마치니 Giuseppe Mazzini
이탈리아의 애국자, 1872년 사망.
네, 네, 나는 하나님을 믿습니다!

아론 '도박사' 미첼
Aaron 'The Gambling Man' Mitchell

1967년 처형당한 미국의 범죄자로 샌쿠엔틴 형무소에서 사형을 당한 마지막 인물.
죽음을 맞기 하루 전 층계참에 벌거벗은 채로 서서 자신의 손목을 흉기로 그으며 외쳤다.
내가 예수님과 같은 방식으로 죽을 것이라는 사실을 당신들은 아는가? 나는 당신들을 구하기 위해 죽을 것이다!

샤를-루이 드 스공다, 몽테스키외 백작 Charles-Louis de Secondat, Comte de Montesquieu

프랑스의 정치철학자, 1755년 사망.
하나님의 위대함과 인간의 하찮음을 알고 있다.

캐서린 노튼 Katherine Norton
스코틀랜드의 부인, 1746년 사망.
자신의 약혼자인 왕당파 반란자 제임스 도슨의 죽음을 확인한 후 사망했다. 도슨이 반역을 시도했다 체포되어 반역죄로 처형된 날은 이 두 사람이 결혼하기로 되어 있던 날이었다.
나의 사랑, 나는 당신을 따라갈 것입니다. 주 예수여, 우리 두 사람의 영혼을 받아주소서.

존 오웬 John Owen
영국의 목사이자 풍자시인, 1622년 사망.
윌리엄 페인 목사로부터 《예수 그리스도의 영광에 관한 명상》이 처음으로 인쇄되었다는 말에
그 말을 들으니 기쁘오. 하지만 페인 형제, 오랫동안 기다려 온 날이 드디어 온 것 같소. 전에는 결코 경험하지 못했던 방식의 영광, 이 세상에서는 가능하지 않았던 영광을 보게 됐소.

마틴 루터 킹 Martin Luther King | 미국의 흑인 민권운동 지도자, 1968년 암살당함.

자신의 마지막 설교를 하기 전날 밤

> 나는 산꼭대기에 올라 약속의 땅을 보았다. 이제 너무나 행복해 아무 것도 두렵지 않다. 나의 눈은 앞으로 오실 우리 주의 영광을 목격하였다.

코벤트리 팻모어 Coventry Patmore
영국의 시인, 1896년 사망.

자신의 아내를 끌어안으며

여보, 나는 당신을 사랑하지만 주님이 나의 생명이고, 빛이라오.

윌리엄 펜 William Penn
영국 출신으로 펜실베이니아 발견자. 1718년 사망.

예수님처럼 되려고 노력하는 것이 기독교인의 본분이다.

비오 9세 Pope Pius IX
이탈리아 교황으로 '교황무류설'(∷천주교의 전통으로 교황이 공식적으로 신앙이나 도덕 또는 교리에 관하여 선포한 내용은 틀림이 없다는 것.)의 주창자, 1878년 사망.

이번에는 죽음이 승리한 것 같군.

조셉 프리스틀리 Joseph Priestley
영국의 성직자, 화학자. 1804년 사망.

이제 나는 여러분들처럼 잠들 것입니다. 하지만 우리 모두 영원히 지속될 행복 속에서 다시 깨어나게 될 것입니다.

보에통 드 생 로랑 데르고르스 Boeton de Saint-Laurent d'Airgorse
신교도로 프랑스의 카미사르 반란의 지도자, 1705년 커다란 바퀴에 매달려 고문당하다가 사망.

'충분히 고통스러운가' 하는 집행관의 질문에

친구, 내가 고통을 겪었다고 생각한다면 그것은 맞는 말일세. 나는 충분한 고통을 겪고 있지만 나와 함께하시는 분, 내가 고통을 감내하는 이유가 되는 그분에서 내가 고통을 기쁨으로 이겨낼 수 있도록 힘을 주신다네.

몰려드는 관중을 바라보며

동포 여러분, 내 죽음이 복음의 순수함을 지킬 수 있는 좋은 본보기가 되기를 바랍니다. 내가 우리 주 예수와 그분의 사도들에 대한 믿음 속에서 죽어 간다는 사실을 이해해 주길 바랍니다.

에티엔느 세낭쿠르 Etienne Senancour
프랑스의 낭만파 소설가, 1846년 사망.

영원이여, 네가 나의 안식처가 되리니.

엘리자베스 시튼 Elizabeth Seton
미국 시튼 수녀회의 설립자, 1821년 사망.

주님의 영혼이 나를 거룩하게 하시고 주님의 육신이 나를 구하시

블레즈 파스칼 Blaise Pascal
프랑스의 수학자이자 윤리학자, 1662년 사망.

하나님은 결코 나를 버리지 않으실 거요.

스트라트코나 남작

며 주님의 성혈이 나를 위로하였으며 주님의 양옆에서 흘러내리는 은총이 나를 강하게 만드시도다. 예수님, 성모마리아, 요셉!

프란츠 폰 시킹겐 Franz von Sickingen
독일의 귀족이자 종교개혁의 지도자, 1523년 사망.

임종을 지키러 온 목사에게

이미 나의 죄를 예수님께 고하였습니다.

마운트 로얄, 스트라트코나 남작 Baron Strathcona and Mount Royal
'캐나다-태평양 철도' 개설자, 1914년 사망.

성스러운 하나님, 당신의 손에 의해 이 많은 이들이 생을 이어 가고 있습니다.

카테리 테카휘타 Kateri Tekakwitha
'모호크의 백합'이라 불린 최초의 인디언 성인, 1680년 사망.

이제 나는 떠납니다. 곧 죽게 되겠지요. 우리가 처음 만난 이래 해온 일들을 기억하십시오. 당신이 변한다면 나는 하나님의 법정에서 여러분을 추궁할 것입니다. 믿음을 지니지 못한 사람들의 말에 신경 쓰지 말고 용기를 지니십시오. 주위 사람들이 결혼하라고 설득한다고 해도 오직 우리 주의 말씀에만 귀를 기울이십시오. 이곳에서 하나님을 섬길 수 없다면 로렛트에 있는 수도원으로 가세요. 고행을 포기하지 마십시오. 나는 여러분들을 천국에서도 사랑할 것입니다. 여러분들을 위해 천국에서도 열심히 기도하겠습니다. 여러분을 돕겠습니다.

미스터 언더힐 Mr. Underhill
영국의 신교도 순교자로 메리 여왕의 치세 동안 이단으로 몰리고, 신교를 포기하지 않는다는 이유로 화형당했다.

아버지, 다시 한 번 성스러운 평화와 더불어 당신의 축복을 이 땅에 내려 주소서. 주님의 사망에 있어 퍼부어진 이 불을 저에게도 내려 정화시켜 주시고 성령을 통해 열정을 보내 주소서. 당신이 보시는 앞에서 번제로 저를 바칩니다. 존경하는 친구들, 잘 있으시오. 나를 위해, 나와 함께 기도해 주오.

코르넬리우스 밴더빌트 Cornelius Vanderbilt
미국의 백만장자, 1885년 사망.

주님에 대한 나의 믿음을 결코 포기한 적이 없다. 어떻게 그럴 수 있겠는가.

조지 휘트필드 George Whitfield
영국의 순회 설교사, 1770년 사망.

죽기 전날, 마지막 설교의 끝 부분에서

나의 몸은 쇠약해지나 나의 영혼은 더욱 고양되도다. 주님의 말씀을 전하며 알기를 원했지만 그분과 함께 있기 위해 죽을 것이다!

존 울먼 John Woolman
퀘이커 설교자이자 노예반대운동가, 1772년 사망.

예수님의 지혜 속에서 내가 존재한다는 사실을 믿는다. 그것이 삶일지 죽음일지는 알 수 없다. ■

베니스 프라리의 교회에서 알비우스 비바리니에 의해 주교 자리에 앉는 성 암브로시오

chapter .14

holier than thou

그 누구보다도 더욱 경건하게

천국으로 가는 계단에 선 성자와 순교자들

성 아샤르 Saint Achard
프랑스의 성인, 1170년 사망.

어떤 고통으로도 미움을 속죄할 수는 없다. 순교로도 구원받을 수 없다. 씻을 수 없는 핏자국으로 남아 있게 된다. 그래서 나는 우리 아버지에게로 가고 있다. 나의 시체를 우리 동포들의 무덤에 함께 놓아 주기를.

성 아가타 Saint Agatha
시실리의 귀족이자 기독교 성인, 251년 사망.

양 젖가슴을 도려내는 고문을 당한 후

잔인한 폭군이여, 여인의 젖을 빨고 자란 그대는 나를 이렇게 고문하며 수치심을 느끼지 않는가?

성 암브로시오 Saint Ambrose
이탈리아의 주교이자 성경연구가, 397년 사망.

심플리시타스 주교를 자신의 후계자로 선정하며

나이가 많지만 그가 모든 이 중 최고이다.

성 안드레 Saint Andrew
갈릴리의 사도, 235년 십자가형으로 사망.

가장 고대하고 기대하던 십자가여. 기꺼이 즐겁고 반가운 마음으로, 그분이 매달려 있던 너를 맞이하노라. 나는 언제나 너를 사랑했고 너를 껴안을 수 있기를 바라 왔다.

(::일본의 나라 현에서 발견된 7세기의 부조.)

붓다 Buddah
원명은 고타마 싯다르타로 불교의 설립자, BC 483년 사망.

제행諸行은 필시 소멸하여 없어지는 무상법無常法이다. 중단없이 정진하라.

캔터베리의 성 안셀름
Saint Anselm of Canterbury

이탈리아 출신의 학자, 캔터베리 대주교이자 스콜라 학파의 시조. 1109년 사망.

만일 이것이 그분의 뜻이라면 기꺼이 받아들일 것이다. 하지만 그분이 영혼의 기원에 관한 문제를 풀 수 있도록 약간의 시간을 허락해 주신다면 그 또한 기쁠 것이다. 내가 가버리고 나면 누가 이 문제를 연구할지 알 수 없으니 말이다. 음식을 조금 먹을 수 있다면 힘을 더 낼 수 있을 텐데. 내 몸은 아무런 고통도 느끼지 않지만 음식물을 받아넘길 수 없어서 기운이 빠져 있을 뿐이다.

이집트의 성 앤소니
Saint Anthony of Egypt

기독교 은둔자이자 수도원 창시자, 356년 사망.

아타나시우스 주교가 나에게 주었던, 내가 오랫동안 사용해 낡아버린 양가죽 한 장과 망토를 그분

성 토마스 아퀴나스 Saint Thomas Aquinas

'안젤리쿠스 박사' 라고 불린 이탈리아의 신학자로 《대법전》의 저자, 1274년 사망.

> 당신을 영접합니다. 수많은 밤을 밝히고 연구해 온 당신에 대한 사랑에서 우러나오는 내 영혼을 구원의 대가로 드립니다. 나는 당신의 말씀을 설교했고 가르쳤습니다. 당신의 뜻에 반하는 이야기를 한 적이 없습니다. 고집스레 내 의견만을 강조한 적도 없습니다. 만일 잘못된 말을 한 적이 있다면 거룩한 로마 가톨릭 교회의 판정에 따를 것이며 그 판정에 복종하며 이 세상을 떠납니다.

께 다시 선물하노라. 세라피온 주교에게는 또 다른 양가죽 한 장을 남길 것이다. 너에게는 머리 장식을 남긴다. 나머지 사람에게는 작별 인사를 전하련다. 이제 앤소니는 떠나고 더 이상 너희들과 함께하지 못할 것이다.

루르드의 성 베르나데트 수비루스
Saint Bernadette Soubirous of Lourdes

프랑스의 성인, 1879년 사망.

이 불쌍한 죄인을 위해 기도해 주신 주님의 성스러운 어머니 마리아에게 축복이 있기를.

성 베르나데트 수비루스

성 베르나르 Saint Bernard

프랑스 시토 수도회 사제이자 비전 연구가, 클레르보 아베이 수도원 설립자로 그 시대 가장 영향력 있는 성직자, 1153년 사망.

어떤 것을 따라야 할지 알 수가 없다. 나를 이곳에 머물게 하는 제자들의 사랑인지, 나를 잡아당기는 하나님의 사랑인지….

성 보니파스 Saint Boniface

영국의 순교자, 754년 사망.

뜨겁게 달군 납을 삼키는 고문을 받다 사망했다.

살아 계신 하나님의 아들인 우리 주 예수께 감사합니다.

성 카를로 보로메오
Saint Carlo Borromeo

추기경이자 주교로, 이탈리아 종교개혁 반대론의 지도자, 1584년 사망.

임종 성찬을 하겠냐는 질문에
지금 당장 하겠소!

시에나의 성 캐서린
Saint Catherine of Siena

본명은 카트리나 베네카사. 도미니칸 수도회의 속세 수도자이자 신비주의자, 이탈리아의 수호 성인으로 1380년 사망.

나는 헛된 영광을 추구한 것이 아니오. 오직 우리 하나님의 영광과 찬양에만 힘썼을 뿐.

음악 후원자, 성 세실리아

성 세실리아 Saint Cecilia

음악 후원자이자 기독교 순교자, 230년 사망.

화형을 당했지만 살아남아 참수형을 당했다. 어떤 주교에게 남긴 마지막 말 중에서

3일간의 유예를 얻어 나 자신에게 다짐합니다. 당신의 잔혹한 행위는 나의 집을 더욱 공고한 교회로 만드는 데 도움을 줄뿐임을 알아야 합니다.

성 크리스토퍼 Saint Christopher

그리스의 성자, 3세기 고문으로 사망.

기적의 치유법을 전하며

다음 날 내가 죽을 것임을 알고 있습니다. 내가 죽으면, 왕이시여 내 피를 굳혀 당신의 눈에 바르십시오. 그러면 시력을 되찾을 수 있을 것입니다.

성 크리소고누스 Saint Chrysogonus

로마의 기독교 순교자, 304년 사망.

기독교 박해자인 디오클레티아누스 황제에게

나는 오직 하늘에 계신 한 분의 하나님만을 섬길 뿐, 당신이 주장하는 권위는 한낱 미미한 진흙덩이로 여길 뿐이오.

성 쿠트버트 Saint Cuthbert

스코틀랜드의 린디스펀 수도원 주교로 가장 많은 사랑을 받은 성인 중 한 명, 687년 사망.

내가 살아 있는 동안 사람들이 나를 경멸했음을 안다. 내가 죽고 난 후 내가 어떤 사람이었는지 알게 될 것이고 내 주장이 경멸할 것이 아니었음을 알게 될 것이다.

성 키프리아누스 Saint Cyprian

카르타고의 신학자이자 아프리카 최초로 순교한 주교, 258년 사망.

사형 선고가 내려졌다는 말을 듣자

하나님, 감사합니다.

성 도미니크 Saint Dominic

스페인의 사제로 탁발승단(::13세기, 수

모한다스 카람찬드 간디
Mohandas Karamchand Gandhi

'마하트마'라 불린 인도 독립의 아버지, 1948년 암살당함.

헤 람!(오, 라마신이여!)

안티오크의 성 이그나시우스 Saint Ignatius of Antioch

안티오크의 주교, 110년 산 채로 사자에게 던져지는 고문을 당해 사망.

> 이 야수들을 반갑게 맞이하겠소. 이들이 실제보다 훨씬 더 잔인하기를 바라오. 야수들이 나를 공격하지 않으면 내가 이 사자들에게 덤벼들겠소. 나는 하나님의 밀이니 야수들의 이빨 사이에서 갈아져 주님을 위한 빵이 될 수 있기를 바랄 뿐이오.

도사들이 머리를 깎고 문전걸식을 하며 돌아다니면서 일반 민중에게로 침투하는 계기를 만들면서 사회적 변화를 주도하였다.)의 창립자, 1221년 사망.

어디에 묻히고 싶냐는 질문에
내 탁발승들의 발 밑에.

성 엘로이 Saint Eloi

노이안의 주교, 659년 사망.

주님, 크게 당신의 이름을 부르며 마지막 숨을 들이쉽니다. 당신의 자비로 저를 거두어 주시고 저에 대한 희망을 저버리지 마옵소서. 생명의 문을 열고 어둠의 왕자가 저에게 아무런 힘도 발휘하지 못하도록 물리쳐 주소서. 관용을 베푸시어 저를 보호하시고 당신의 종들을 위해 준비해 놓으신 성전으로 저를 이끄시옵소서.

아시시의 성 프란시스
Saint Francis of Assisi

프란시스코 교단을 세운 수도사이자 13세기 교회 정화운동의 지도자, 1226년 사망.

죽음이여, 어서 오라.

성 마리아 고레티 Saint Maria Goretti

'순수의 순교자'라고 불린 이탈리아의 어린 순교자, 1902년 11세 나이로 사망. 19세 남성의 원치 않는 구애를 거부하다 칼에 찔려 사망하며

하나님께서 그를 용서하시길. 천국에서는 그를 원할지도 모르니.

성 힐다 Saint Hilda

휘트비 수도원에 몸담았던 영국의 수녀, 680년 사망.

다른 수녀들에게 남긴 마지막 말로
주님의 하녀인 여러분, 수녀들과는 물론이고 세상 모든 사람들과 복음의 평화를 나누고 유지하십시오.

대 야고보 James the Apostle

요한의 형제 야고보로 기독교 순교자이자 12사도 중 한 명. AD 43년 참수형을 당함.

유대 왕국의 헤롯 아그리파 왕의 명에 따라 목이 잘린 야고보는 신약성서에 순교 사실이 기록된 유일한 사도이다. 마지막 순간, 다른 순교자에게 키스를 하며

형제여, 평화가 함께하길.

성 잔다르크 Saint Joan of Arc | 백년 전쟁 당시 프랑스의 영웅, 1431년 영국군에 의해 화형당함.

> 아, 루앙, 나의 죽음으로 이 도시가 크나큰 고통을 당하겠구나! 주님! 나의 주님!

작은 야고보 James the Less
알패오의 아들 야고보로 기독교 순교자, AD 44년 돌에 맞아 사망.

하나님, 이들을 용서하소서, 이들은 자신이 무슨 짓을 하는지 알지 못합니다.

생 장 밥티스트 드 라 살르
Saint Jean Baptiste de la Salle

프랑스의 사전편찬가이자 교육자로 기독교 형제단의 설립자, 1719년 사망.

고통을 기쁘게 받아들이고 있느냐는 질문에

하나님께서 의도하신 모든 것들을 경외할 뿐이오.

프라하의 성 제롬
Saint Jerome of Prague

체코의 종교개혁가, 1416년 화형.

횃불을 이리로 가져와 내 눈앞에서 당신이 맡은 일을 완수하시오. 죽음이 두려웠다면 아예 미리 피했을 것이오.

사도 요한 Saint John the Evangelist
요한복음의 저자, 104년 사망.

주님, 당신께서 저를 당신의 식탁으로 초대하셨고 제가 이렇게 왔습니다. 제가 온 마음으로 이 일을 고대하고 있었던 것을 아시고 불러 주셨으니 감사합니다.

성 로렌스 Sant Lawrence
로마의 주교이자 기독교 순교자, 258년 화형 형틀에 매달려 타 죽음.

내 몸의 한쪽이 이제 잘 익었으니 잔혹한 독재자여, 잘 구워진 쪽이나 아직 덜 익은 쪽 중 당신이 원하는 쪽을 골라 시식해 보시오.

성 이그나시우스 로욜라
Saint Ignatius Loyola

스페인의 신학자이자 예수회 창설자, 1556년 사망.

갈 때가 다가오니 축복을 부탁한다고 전해 주오. 나의 기도가 통하는 곳으로 가게 되면, 나 자신을 위해 기도해야 할 때조차도 그분을 위해 늘 기도할 것이오.

성 루시 Saint Lucy
이탈리아의 기독교 신자로 성처녀이자 순교자, 300년 사망.

프라하의 성 제롬

교회에 평화가 깃들기를! 오늘은 막시밀리안이 죽고 디오클레티아누스 황제가 권좌에서 내려온 날이오. 하나님께서 나의 자매 아가타를 카나티아의 수호자로 만드신 것처럼 바로 오늘 나를 시라쿠사의 수호자로 만들어 주실 것이오.

성 마가렛 Saint Margaret
말컴 3세 캔모어의 왕비이자 스코틀랜드의 후원자, 1093년 사망.

마지막 편지에서
고귀한 신분으로 태어나 이 세상에서 마가렛이라고 불렸지만 유혹의 바다를 안전하게 건너기 위해 나는 스스로를 펠라기오스라고 부르며 남성인 양 행동했소. 내 행동이 보여 주듯 거짓과 기만으로 이런 일을 한 것이 아니오. 거짓된 고소를 당했지만 오히려 이를 통해 나의 덕을 증명했고, 결백함에도 불구하고 참회를 해야 했습니다. 이제 남자를 모르는 성스러운 자매님들에게 부탁하나니 나를 잘 묻어 주오. 간통의 혐의를 받았으나 사실은 순결을 지켰던 여성의 증거가 필요할 때, 죽음을 통해 내 결백한 삶을 보여 줄 것이오.

안티오크의 성 마가렛
Saint Margaret of Antioch
순결을 지킨 성인으로 중세시대에 가장 많은 사랑을 받았다. 304년 처형당함.

마지막 순간 처형자에게
형제여, 지금 당장 칼을 뽑아 나를 내리치시오.

성 마가 Saint Mark
마가복음의 저자, AD 75년 사망.
당신의 손에 내 영혼을 맡깁니다.

투르의 성 마르탱 Saint Martin of Tours
프랑스의 수호 성인이자 서구 수도원 최초의 지도자, 370년 사망.

가까이 다가오는 악마를 향해
끔찍한 야수여, 왜 거기 서 있는가? 너는 내 안에서 차지할 자리가 없다. 아브라함의 가슴이 나를 받아줄 것이다.

모하메드 Mohammed
본명은 아부 알 카심 무하마드 이븐 아브드 알라 이븐 아브드 알 무하립 이븐 하심. 이슬람교 창설자, 632년 사망.
알라여, 이제 되었습니다.

성 모니카 Saint Monica
성 오거스틴의 어머니, 387년 사망.
있어야 할 곳에 이 몸을 뉘어 주오. 당신들을 귀찮게 하지 않았으면 좋겠군요. 한 가지 바라는 것은 여러분들이 어디에 있건 주님의 제단에서 나를 기억해 달라는 것입니다.

성 팬크라티우스 Saint Pancratius
로마의 기독교 성인, 1세기에 14세 나이로 사망.

초기 기독교 박해자인 로마의 디오클레티아누스 황제에게
몸은 비록 어린아이이지만 나는 남자의 마음을 지니고 있다. 나의 주인인 예수 그리스도의 은총이 함께하기에 당신의 위협은 저기 서있는 우상처럼 헛된 것으로 보

복음서 저자인 성 마가

성 프리스카 Saint Prisca
로마의 순교자, 250년 사망.

나의 용기와 나의 결심은
예수님의 단단한 바위 위에 깊이 새겨져
있기에 어떤 공격으로도 마음을 바꿔
놓을 수는 없다.
당신의 말은 그저 바람소리이고
당신의 약속은 덧없는 빗줄기이며
당신의 협박은 흘러가는 홍수 같은
것이다. 이런 것들이 내 용기의 원천을
아무리 공격한다고 해도
나를 바꿀 수는 없을 것이다.

성 폴리카프 Saint Polycarp | 그리스 스미르나의 주교로 2세기 동로마의 중심적인 인물, 166년 화형을 당해 사망.

기둥에 그를 못 박겠다는 요구를 거절하며,

> 내게 힘을 주신 우리 주님께서는 고통을 이기기 위해 못을 박지 않아도 불꽃 속에서 나를 안전하게 지켜 주실 것이오.

이오. 당신이 나에게 경배하기를 강요하는 신들은 여성들을 욕되게 하고 친족을 불명예롭게 하는 허깨비에 불과하오. 당신이 거느린 노예들이 이 신들처럼 행동한다면 당신은 이들에게 죽음을 선고할 것이오. 그런 신들을 섬기면서 부끄러운 줄 모르다니 정말 이상하군.

뛰어난 용모로 인해 황제 아들의 약혼녀가 되었으나, 이를 탐탁하게 여기지 않고 크리스챤이 되자 황제의 아들은 자살하였고, 황제가 그녀를 탐하려 하자 그녀는 황제에게 수치심을 불러일으켰으며 황제는 분노하여 그녀를 처형하도록 했다.)

당신이 그리스도의 진정한 사도라면 나를 위해 주님께 기도를 드려 주시오.

성 바울 Saint Paul
기독교 선교사이자 초기 교회의 가장 영향력 있는 인물, AD 67년 사망.

디모데후서에서

겨울 전에 어서 오라. 모든 형제가 문안하느니라. 나는 주께서 네 심령에 함께 계시기를 바라노니 은혜가 너희와 함께 있을 지어다.

성 폴리누스 Saint Paulinus
놀라의 주교, 431년 사망.

당신의 말씀이 내 발을 비추는 등잔이 되고 그 빛은 내 길을 비추도다.

안티오크의 성 펠라지아
Saint Pelagia of Antioch

311년 자신의 정절을 지키기 위해 15세에 지붕 위에서 몸을 던져 자살함.(::

성 베드로 Saint Peter
로마 가톨릭에서 초대 교황으로 인정하는 기독교 사도들의 지도자, AD 67년 사망.

죽으러 가며 아내에게 마지막으로 남긴 말

주 예수님을 기억하시오.

성 프로타시우스 Saint Protasius
기독교 순교자, 352년 처형

백작, 나는 당신에게 아무런 분노를 느끼지 않소. 마음의 눈이 멀었기에 오히려 당신을 동정하오. 자신이 무슨 일을 저지르는지 알지 못하니까. 나에게 향한 고문을 멈추지 마오. 우리 주님의 후원을 내 형제와 나눌 것이오.

성 사비니아누스 Saint Savinianus
기독교 순교자, 275년 사망.

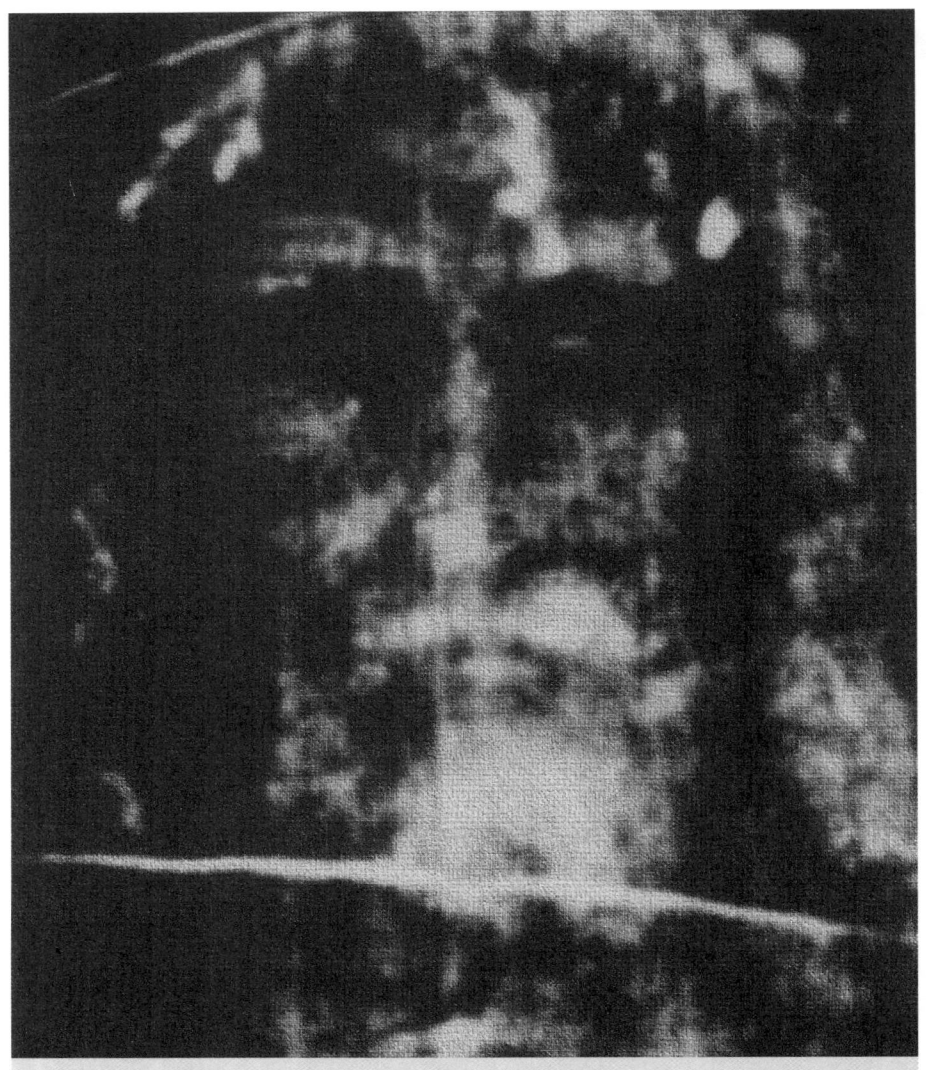

나자렛 예수 Jesus of Nazareth
반체제 유대 선지자이자 기독교 구세주, AD 33년 십자가에 달려 사망.
모두 이루었도다.

(∷1532년 이탈리아의 토리노 성당에서 한 피 묻은 수의가 어렴풋하게 예수의 모습을 나타내어서 기적으로 여겨졌다. 그러나 후대 탄소측정법에 의해, 예수님의 시신을 싼 것이 아니고 1260년대에서 1390년대에 만들어진 가짜일 확률이 높다고 판명되었다. 한편에서는 레오나르도 다 빈치의 자화상이라는 주장도 있다.)

성 세쿤두스 Saint Secundus | 기독교 순교자, 119년 고문을 받다 사망.

끓는 물에 내던져지기 전 뜨거운 납을 목에 부어 넣는 고문을 당하며

> 당신의 말씀은 내게 얼마나 달콤한지, 내 입에는 벌꿀보다 더 달도다!

내게 칼을 휘두르는 것을 망설일 필요는 없소. 나의 피 몇 방울을 황제에게 가져다 주시오. 황제가 눈을 뜨고 하나님의 권세를 확인하게 될 테니까.

식스투스 Sixtus
기독교 주교, 258년 사망.

고문을 통해 죽음을 맞는 순간을 기다리고 있는 성 로렌스에게

눈물을 멈추오. 당신도 곧 나를 따라올 테니.

성 스테판 Saint Stephen
헝가리의 초대 국왕이자 헝가리 건국자, 1038년 사망.

내 죄를 다른 이들에게 돌리지 않도록 해 주소서.

성 테오도라 Saint Theodora
기독교 순교자, 867년 사망.

여인의 몸으로 수도승으로 변장하고 다니다가 '아이의 아버지'라는 모함을 받자 문제가 된 아이에게 마지막 말을 건네며

인생의 끝이 다가오고 있구나. 너를 하나님께 남기고 가야겠다. 그분이 너의 아버지이고 너의 조력자이다. 아들아, 열심히 수행하고 기도하며 동포들을 아껴야 한다.

성 테오도어 Saint Theodore
7대 캔터베리 주교이자 영국 교회의 초대 책임자, 690년 사망.

예수님과 함께 나는 존재했고 지금도 존재하며 앞으로도 그러할 것이다.

성 도마 Saint Thomas
'의심 많은 도마'로 불리는 사도 중 하나로 예수의 신성을 처음으로 인정했다. AD 53년 사망.

내가 숭배하는 것은 이 철조각이 아니오, 내가 숭배하는 것은 조각된 형상도 아니오. 내가 존경하는 것은 나의 주인인 예수 그리스도로, 그분의 이름을 따라 너 악독한 사탄에게 명하나니 썩 물러가거라!

롤링스톤즈 멤버였던 브라이언 존스가 1969년 자택 풀장에서 죽은 채 발견되었다.

chapter
.15

somebody help me

도와줄 누군가가 필요해

좋건 싫건, 죽음은 혼자만의 모험

헨리 애덤스 Henry Adams
미국의 작가, 1918년 사망.

비서에게

이봐, 나를 계속 살게해 줄 수 있겠나?

오스트리아의 돈 카를로스 Don Carlos of Austria
스페인 왕위를 노리다가 1909년 사망.

신이 이 죄인에게 호의를 베푸시는군.

막스 베어 Max Baer
독일의 헤비급 권투 선수, 1959년 사망.

하나님, 당신께 가고 있습니다.

루이 바르투 Louis Barthou
프랑스의 정치가, 1934년 사망.

프랑스 외무부 장관이었던 그는 유고슬라비아의 알렉산더 1세와 함께 파시스트 암살범에게 살해당했다.

도대체 지금 무슨 일이 일어난 거지? 안경은 어디 있나?

오브리 비어즐리 Aubrey Beardsley
영국의 예술가이자 일러스트레이터, 1898년 사망.

죽음 앞에서 고통스러워하던 그의 마지막 요구는 다행히 받아들여지지 않았다.

나의 외설적인 시와 그림을 모두 태워버려!

헨리 뷰포트 Henry Beaufort
윈체스터의 주교, 1447년 사망.

성자와 같은 삶을 산 그는 임종 시 사탄을 본 듯 이렇게 말했다.

내가 죽어야 하는 것일까? 나의 모든 재산으로도 목숨을 구할 수는 없는 것일까? 내 생명을 구하기 위해서라면 이 왕국을 모두 사들일 수도 있다. 죽음에 있어서는 뇌물도 통하지 않는다는 것인가?

루드비히 벡 장군 General Ludwig Beck
독일 장교, 1944년 처형.

히틀러를 암살하려 했던 스토펀버그 계획이 실패로 돌아가자 자살을 시도했지만 두 번이나 실패하는 바람에 옆에 있던 병사의 힘을 빌려야 했다.

이번에도 제대로 되지 않으면, 자네가 나를 도와 주어야 하네.

루크레지아 보르지아 Lucrezia Borgia
이탈리아의 음모가, 1519년 사망.

자신의 아버지인 교황 알렉산더 6세에게

가장 고귀한 아버지이자 영예로운 나의 주인, 성스러운 당신의 발에 키스를 보내고 자비로운 은총에 감사드립니다. 지난 두 달 넘게 계속된 고통을 겪고 오늘 14일 아침에 드디어 딸을 낳았습니다. 하지만 세상에 진 나의 빚을 갚지 못할 듯합니다. 자비로운 하나님께서 베풀어 주신 은혜에도 불구하고 이제 인생의 마지막 순간을 향해 가려 합니다. 몇 시간 지나 교회의 마지막 미사를 드린 후 이승에서의 삶을 마치게 될 것입니다.

루크레지아 보르지아

찰스 코핀 Charles Coffin | 미국의 종군특파원, 1916년 사망.

> 고통스럽지만 않다면 당장 일어나 글을 쓸 것을.

로버트 번스 경 Sir Robert Burns
스코틀랜드의 국민 시인, 1796년 사망.
저 어리석은 함대가 나를 향해 발사하지 않도록 하시오.

리처드 버튼 경 Sir Richard Burton
영국의 탐험가이자 작가, 1890년 사망.
엄격한 청교도인인 그의 부인이 의사의 입회가 없으면 어떤 약도 남편에게 주지 않아서 병세 악화를 불러왔다.
서둘러! 클로르폼, 에테르를 어서 빨리… 안 그러면 나는 죽네.

로버트 번스 경

리처드 버튼 경

엔리코 카루소 Enrico Caruso
이탈리아의 오페라 가수, 1921년 사망.
숨을 쉴 수가 없군!

부르봉 가의 앙리 1세, 콩데 공
Henri I de Bourbon, Prince de Condé
프랑스 위그노의 지도자, 1588년 사망.

나에게 의자를 주오, 기운이 하나도 없군.

우리엘 아코스타 Uriel Acosta
스페인의 자유주의 사상가이자 합리주의자, 1640년 사망.

스페인의 유대인 가문에서 태어난 기독교도로, 네덜란드로 향해 그곳에서 유대교를 재발견했다. 하지만 이 자유주의 사상가는 유대교 또한 다른 종교와 마찬가지로 관용보다는 이데올로기를 앞세운다는 사실에 실망해 이런 말을 남겼다.

내 인생 역정에 대해 말하자면 이렇다. 나는 사람들에게 덧없는 세상이라는 극장에서, 또 의미 없고 무분별한 인생에서 어떤 역할을 맡아 왔는지 보여 주었다. 동지들, 이제 진정한 남자답게 진실에 따라 공정하고 치우치지 않게 판단을 하시오. 동정을 불러일으킬 만한 것을 발견한다면 이 사람의 불행한 운명을 애도해 주길 바라오. 하지만 혼란 없기를. 포르투갈에서 내가 지녔던 이름은 가브리엘다 코스타였소. 유대인 사이에서는, 이들과 엮이는 일이 없었더라면 더 좋았겠지만, 약간의 변화를 주어 우리엘이라고 불렸다오.

헨리 H. 딕슨 Henry H. Dixon
미국의 스포츠 작가, 1870년 사망.

제퍼슨 데이비스 Jefferson Davis | 미국 남부 동맹의 대통령, 1889년 사망.

약을 거절하며

> 미안하지만 받아들일 수 없소.

하나님, 감사합니다. 하지만 더 이상은 견뎌낼 수 없습니다.

존 포드 John Ford
미국의 영화 감독, 1973년 사망.
시가를 한 대 피워도 좋을까?

폴 고갱 Paul Gauguin
프랑스의 화가, 1903년 사망.

열대 낙원에서 홀로 지내던 고갱은 근처에 머무는 선교사에게 메모를 보냈으나 그가 도착하기 전 사망했다.

지금 나를 보러 와달라고 부탁하는 것이 지나친 일일까요? 눈앞이 점점 흐려져서 걸을 수가 없습니다. 몸이 매우 좋지 않군요.

요한 볼프강 폰 괴테
Johann Wolfgang von Goethe

《젊은 베르테르의 슬픔》,《파우스트》를 쓴 독일의 시인, 극작가. 1832년 사망.

빛을, 더 많은 빛을!

조셉 골드버거 Joseph Goldberger
미국의 의학 연구자, 1929년 사망.

아내에게

메리, 나를 떠나지 마오. 당신은 늘 나의 반석이었고 나의 힘이었소. 메리, 우리는 인내심을 가져야 하오.

래프카디오 헌 Lafcadio Hearn
일본 문화와 문학작품을 서양에 소개한 미국의 작가, 1904년 사망.

이 모든 것이 병 때문이오.

워렌 G. 하딩 Warren G. Harding
미국 대통령, 1923년 사망.

좋군, 계속 하게나. 조금 더 읽어주오. 이제 내 집에 거의 다 왔네.

해리 후디니 Harry Houdiny
본명은 에리히 바이스. 미국의 탈출 곡예사로 1926년 사망.

이제 싸움에 지쳤네. 죽음이 나를 이긴 듯하네.

로버트 하우스먼 Robert Housman
영국의 성직자, 1838년 사망.

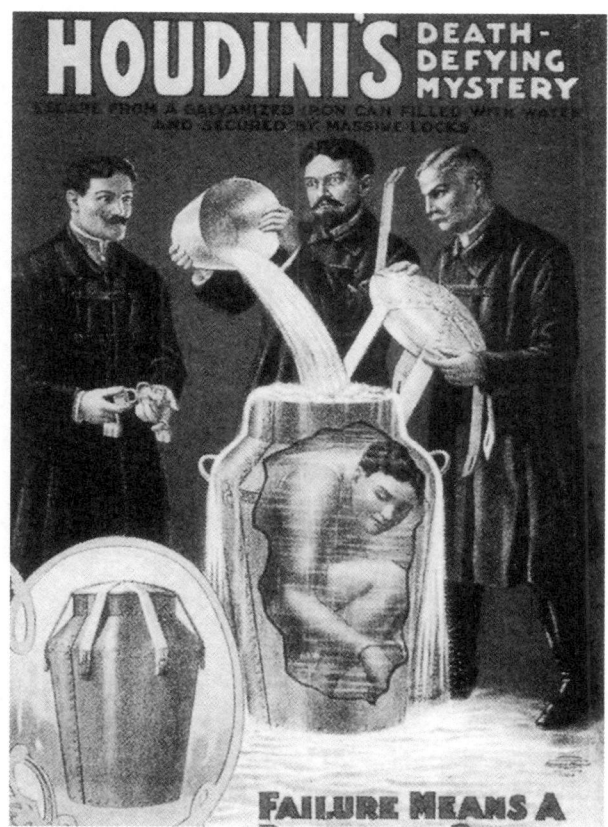

탈출 곡예사, 해리 후디니

D. H. 로렌스

1920년 사망.
어머니, 숨이 막혀요!

존 키토 John Kitto
영국의 신학자, 1854년 사망.
나를 빨리 데려가 달라고 하나님께 기도드려 주시오.

D. H. 로렌스 D. H. Lawrence
《채털리 부인의 사랑》과 《아들과 연인》을 쓴 영국의 소설가, 1930년 사망.
모르핀이 필요한 순간이 되었군.

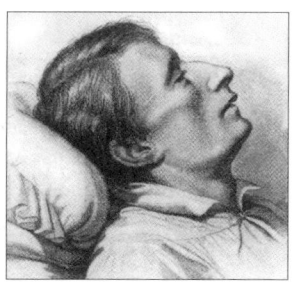

지아코모 레오파르디 Giacomo Leopardi
이탈리아의 시인이자 학자로 1837년 사망.
당신이 더 이상 보이지 않아.

윌리엄 H. 맥거프리 William H. McGuffrey
미국의 아동 작가, 1873년 사망.
사랑스러운 아이들에게 한 번 더 이야기를 들려 주고 싶지만 당신의 뜻이 정 그러시다면.

헨리 매닝 추기경 Cardinal Henry Manning
영국의 성직자, 1892년 사망.
앤드류 클락 경에게

바이올렛 꽃다발을 선물로 받고 이 꽃들이 자라는 곳을 다시는 바라볼 수 없겠군. 선물에 감사한다고 전해 주게.

브라이언 존스 Brian Jones
영국의 록밴드 롤링 스톤즈의 멤버, 1969년 익사.
죽기 전날 보낸 전보에서
나를 너무 가혹하게 평가하지는 말게.

호셀리토 Joselito
본명은 호세 고메즈. 스페인의 투우사,

빌헬름 헤이 Wilhelm Hey
독일의 시인, 1854년 사망.
자신을 도와준 두 명의 남자 간호사에게 보낸 마지막 시에서

고마운 간호사들,
마지막 힘든 순간,
쓰라린 이별이 다가오면
다정한 마음을 표현해 주오.
그동안 나에게 베풀어 준 배려와
그 뒤에 자리한 강한 힘은
앞으로 다가올 천국을
미리 맛보게 해주는 것 같았소.

로렌조 드 메디치 Lorenzo de Médici
피렌체의 통치자, 1492년 사망.
아직도 음식이 먹고 싶냐는 질문에
죽어 가는 사람은 언제나 그렇지.

당신이 내일 방문하는 것이 소용이 있을지 모르겠군요. 하지만 꼭 오고 싶다면 내일 아침 9시 경이 좋겠소.

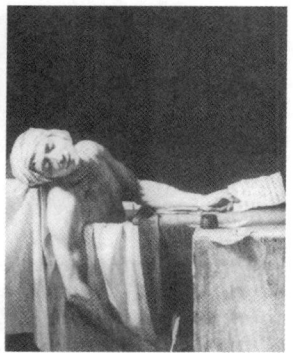

장 폴 마라 Jean Paul Marat
프랑스 혁명가, 1793년 암살당함.
암살자인 샤를로트 코르데이가 칼로 찌르자 사람들을 부르며
사람 살려! 도와 주오!

오웬 메레디스 Owen Meredith
본명은 에드워드 벌워 리튼. 영국의 시인, 1891년 사망.
목이 마르니 마실 것을 좀 가져다 주면 좋겠군.

존 A. 모어헤드 John A. Morehead
미국 루터파 지도자, 1866년 사망.
아내의 장례식에서
내 부탁을 하나 들어 주겠나? 내 의사에게 사랑하는 아내 넬리 곁에 묻히려면 얼마나 기다려야 하는지 물어봐 주게.

존 피어폰트 모건
John Pierpont Morgan
미국의 백만장자, 1913년 사망.

나를 불쌍하게 보지 마오.

얀 파데레프스키 Jan Paderewski
폴란드의 음악가이자 정치가, 1941년 사망.
샴페인을 마시겠냐는 질문에
물론이지.

루이 파스퇴르 Louis Pasteur
프랑스의 화학자이자 미생물학자, 1895년 사망.
우유 한 잔을 건네자
마시지 못하겠군.

존 페인 John Payne
영국의 출판가이자 번역가, 1800년 사망.
침대보는 갖고 있소? 베개보는?

클라레타 페타치 Claretta Petacci
이탈리아 독재자인 베니토 무솔리니의 정부로 자신의 연인과 1945년 살해당함.
무솔리니는 죽어야만 해!

페탱 원수 Marshal Petain
프랑스 군인, 1차 대전 중 국민 영웅이었으나 2차 대전 중 비시 정부에 협력해 반역자로 몰려 1951년 감옥에서 사망.
울지도 말고 슬퍼하지도 말라.

프랭클린 딜라노 루스벨트

조셉 퓰리처 Joseph Pulitzer

미국의 언론사주, 1911년 사망.
책을 읽어 주는 친구에게
부드럽게, 아주 부드럽게.

잔느 앙투와네트 프와송
Jeanne-Antoinette Poisson

'마담 퐁파두르'로 불린 루이 15세의 정부이자 예술후원자, 1764년 사망.
사제가 그녀의 방에서 나가려 하자
무슈 르 퀴레, 잠시만요. 편안하게 작별할 수 있을 것 같네요.

W. 그래엄 로버트슨
W. Graham Robertson

영국의 작가, 1948년 사망.
마지막 지시를 내리며
유골은 매장하거나 납골당에 보관해 주게. 매장지에는 묘비를 비롯한 그 어떤 시설도 마련해서는 안 되네. 장례식도, 애도의 행렬도, 조화도 사양하네. 바라건대, 다른 사람들에게 폐를 끼치지 않도록 잘 준비해 주게.

프랭클린 딜라노 루스벨트
Franklin Delano Roosevelt

미국 대통령, 1945년 사망.
끔찍한 두통을 겪었네.

테어도르 루스벨트 Theodore Roosevelt

미국 대통령, 1919년 사망.
제발 불을 좀 꺼 주시오.

프레데릭 H. 슐라이어마허
Friedrick H. Schleiermacher

독일의 신학자, 1834년 사망.
이제 더 이상 이대로는 누워 있지

조셉 퓰리처

니콜라스 루빈스타인 Nicholas Rubinstein | 모스크바 관측대 설립자이자 피아니스트 안톤 루빈스타인의 형, 1881년 사망.

> 굴! 굴을 열 두 개 먹고 나서 차가운 얼음을 먹는 것처럼 만족스러운 것은 없다!

못하겠네. 자세를 좀 바꿔 주면 좋겠는데.

올리브 슈라이너 Olive Schreiner
남아프리카의 작가, 1920년 사망.
마지막 편지에서
남아프리카 초원 지대에서 별을 보고 싶다. 나를 데려다 줄 사람이 있다면 마체스폰테인에 하루라도 올라가 보고 싶건만. 내게는 이곳이 아프리카처럼 보이지 않는군. 내 사랑, 즐거운 새해를 맞기를.

존 셔먼 John Sherman
미국의 정치가, 1900년 사망.
의사를 부르는 게 좋겠군. 머리가 어지러워 현기증이 나는 것 같아.

스탠리 스펜서 경 Sir Stanley Spencer
영국의 예술가, 1959년 사망.
주사를 놓아준 간호사에게
정말 훌륭한 솜씨였소.

헨리 팀로드 Henry Timrod
미국의 성직자, 1867년 사망.
임종을 앞두고 음료를 마시려 시도하다 여의치 못하자
신경쓰지 마시오. 이제 곧 나는 영원한 생명수를 들이마시게 될 터이니.

폴 베를렌 Paul Verlaine
프랑스의 시인, 1896년 사망.
아직은 죽은 자의 신발에 못을 칠 때가 아니오.

제임스 J. 워커 James J. Walker
미국의 정치가, 1946년 사망.
충직한 민주당원으로 간호사가 민주당의 신념에 동조할 때까지 돌아눕기를 거절했다.
공정한 선거구에 대한 소망을 지킬 것이오.

부커 T. 워싱턴 Booker T. Washington
흑인 민권운동가, 1915년 사망.
나를 집으로 데려다 주오. 나는 남부에서 태어났고 남부에서 살며 일해왔고 그곳에서 죽어 묻히고 싶소.

존 리 '소니 보이' 윌리엄슨
John Lee 'Sonny Boy' Williamson
미국의 블루스 음악가로 1948년 바에서 공연을 마치고 나오는 길에 피살당함.
주님, 자비를.

윌리엄 C. 휘트니 William C. Whitney
미국의 정치가, 1904년 사망.
간호사, 화내지 마시오. 나는 아들

소니 보이 윌리엄슨. 그가 죽은 후 그의 이름을 도용하는 음악가가 나타났다.

과 딸을 사랑해서 이 아이들과 이야기하는 것이 내 병에도 큰 도움이 될 거요.

찰스 울프 Charles Wolfe
아일랜드의 시인이자 성직자, 1823년 사망.

이쪽 눈을 감겨 주시오, 한쪽 눈은 이미 감겼소. 이제 작별을 고할 때가 되었군.

엘리노어 와일리 Elinor Wylie
미국의 시인, 1928년 사망.

물 한 잔을 마시며
이것이 전부인가?

윌리엄 L. '캡 앤 밥' 얀시
William L. 'Cap'n Bob' Yancey

미국의 변호사, 1863년 사망.

몇 분만 여기 이렇게 누워 있겠소.

그저 당신을 즐겁게 하기 위해 말이요. 아가씨, 내 곁을 떠나지 마오. 환하게 빛나는 당신 얼굴을 보는 것이 좋으니까. 이 세상에서 내가 가장 좋아하는 두 가지가 바로 밝게 빛나는 젊은 처녀의 얼굴과 햇빛 속의 산책이라오.

아브드 알라 이븐 아즈 주바이어
Abd Allah ibn az-Zubayr

우미아드 왕조에 대항한 아랍의 반란자, 692년 전투에서 사망.

아브드 알라가 어디 있는지 물어볼 필요는 없다. 그를 필요로 하는 사람은 만나게 될 테니까. 신이시여! 엄청난 수의 시리아의 군대가 공격해 와 당신의 성스러운 장막을 찢고 있습니다. 나를 도울 군대를 보내 주소서! ■

흑인 민권운동가인 부커 T. 워싱턴 ▶

chapter .16

fear and loathing
두려움 그리고 싫증
분명히 여기서 빠져나가는 길이 있을 겁니다!

피에르 아벨라르 Pierre Abelard
스콜라 신학의 기초를 다진 학자, 1142년 사망.
나는 아는 것이 없다! 아무 것도 알지 못한다!

잔느 베퀴, 바리 백작부인 Jeanne Bécu, Comtesse de Barry
루이 15세의 마지막 정부, 1793년 단두대형.
당신들이 나를 해치려 드는군! 제발, 나에게 손대지 마!

프레데릭 바스티아 Frédéric Bastiat
프랑스의 경제학자, 1850년 사망.
내 자신을 설명할 방법이 없구나!

윌리엄 바티 William Battie
영국의 의사, 1776년 사망.
젊은이, 죽음이 주는 공포가 얼마나 큰지 들어서 알고 있을 것이다. 오늘 밤 아마 그 경험을 하게 될 것이네. 편안하고 고요하게 기독교인으로 눈을 감으려면 생전에 자신의 임무를 열심히 수행해야 한다는 사실을 알게 될 것이네.

조르주 비제 George Bizey
프랑스의 작곡가, 1875년 사망.
차가운 땀을 흘리고 있군. 아마 죽음의 땀인가 봐. 아버지께 말씀드리는 게 어떨까?

앤 볼린 Anne Boleyn
헨리 8세의 두 번째 부인이자 엘리자베스 1세의 어머니로, 간통 혐의를 받아 1536년 참수형.
처형관이 전문가였으면 좋겠군… 내 목이 가는 편이니… 하나님, 불쌍한 제 영혼에 자비를 베푸소서!

조지 브릭스 George Briggs
매사추세츠 주지사, 1861년 사망.
아들에게
나 혼자 내버려두지 않을 거지? 그렇지?

게오르그 뷔히너 Georg Buchner
《보이체크》와 《당통의 죽음》을 쓴 독일의 극작가, 1837년 사망.
지나치게 많은 고통을 당한 것이 아니라 지나치게 적은 고통을 당했을 뿐. 고통을 통해 우리는 하나님께 도달할 수 있다. 우리의 존재는 죽음이자 먼지, 재에 지나지 않는다. 어찌 감히 불평할 수 있겠는가?

존 칼뱅 John Calvin
스위스의 종교개혁가, 1564년 사망.
주님, 당신께서 저를 상처 입게 하십니다. 하지만 당신의 손에 의해서라면 고통도 감내할 수 있습니다.

샤를롯 브론테 Charlotte Brontë | 영국의 소설가, 1855년 사망.

결혼 1년 만에 죽음을 맞게 되자

> 나는 죽지 않을 거예요, 그렇죠? 이렇게 행복했는데 신께서 우리 둘을 갈라놓으실 리가 없어요.

로저 케이스먼트 Roger Casement
아일랜드의 애국자, 1916년 스파이로 몰려 총살형 당함.

누이동생에게 보낸 마지막 편지에서

오해 속에서 죽어 간다니 얼마나 잔인한가.

창과 잉 Chann & Eng
유명한 샴 쌍둥이, 1874년 사망.

창이 먼저 죽고 3시간 후, 잉이 죽었다. 늘 하던 대로 말싸움을 하며

창: 잠자리에 들고 싶지 않아.

창이 죽은 것을 보고

잉: 마지막 순간이 찾아왔군. 주님께서 내 영혼에 자비를 베푸시길.

엘리자베스 치버스 Elizabeth Chivers
영국의 여성 살인자, 1712년 교수형.

'망나니 아들'을 연못에 빠뜨려 죽게 한 혐의를 받아 처형당하며 마지막 순간 목사에게 남긴 말 중

제 정신이 아니었습니다. 동정을 구하기에는 죄가 너무 크기에 기도를 할 수도 참회를 할 수도 없습니다. 곰곰이 생각한 후 냉정하게 저지른 일입니다. 어쩔 수 없어서 그랬다고는 말할 수 없습니다. 아버지가 나와 이 아이를 위해 일을 해서 먹을 것을 벌어왔습니다. 내가 아들을 살해하지 않았다면 지금까지도 그랬을 것입니다. 그렇기에 나 스스로 이런 끔찍한 일을 저지른 것입니다.

로베르 다미엥 Robert Damiens
루이 15세의 암살범으로 '악마 로베르'라고 불린 그는 1717년 고문을 받다 사망했다.

다미엥은 뜨겁게 달궈진 '쇠침대'에 묶여 배를 갈라 내장을 들어내는 고문을 당했다.

죽음이여, 나에게 다가오는데 왜 이렇게 오랜 시간이 걸리는가? 하나님께서 나에게 자비를 베푸시길, 주님 저를 구하소서!

가스통 두메르그 Gaston Doumergue
프랑스 공화국 대통령, 1937년 암살당함.

의사의 진찰을 거부하며

그는 나를 포기해 버리고 말 테니까…

조지 엘리엇 George Eliot
본명은 메리 앤 에반스. 《플로스 강의 물방앗간》을 쓴 영국의 소설가, 1880년 사망.

왼쪽 옆구리가 심하게 아프다고 전해 주세요.

1849년 39세로 죽기 직전의 쇼팽

프레데릭 쇼팽 Frédéric Chopin
폴란드의 작곡가, 1849년 사망.

마지막으로 글을 써서 요청하며

질식할 것 같군. 내가 산 채로 묻히는 일이 없도록 반드시 확인해 보도록.

토마스 콜리 Thomas Colley
영국의 굴뚝청소부로 살인을 저질러 1751년 교수형을 당함.
존과 루스 오스번을 이단으로 몰아 물에 빠뜨려 죽인 후, 모여 있던 군중에게 '게임'을 즐겼으니 대가를 치르라고 돈을 걷게 한 혐의를 받았다.

여러분, 이 불행한 남자의 고통을 통해 경고를 얻으시길 바랍니다. 이 세상에 마녀가 있다는 어리석고 사악한 말에 속아서는 안 됩니다. 그저 술의 힘 때문에 부풀려지고 자극받은 헛된 상상에 지나지 않으니까요. 끔찍하고 잔혹하게 루스 오스본을 마녀로 몰아 살해한 죄로 나는 죽음을 당하게 되었습니다. 죽음을 앞둔 사람의 진심에서 우러나와 세상에 마녀란 없다고 다시 한 번 말합니다. 그 어떤 형태로든 우리가 세상의 다른 피조물을 위험에 빠뜨릴 권리가 없음을 깨닫게 해달라고 하나님께 기도합니다. 저를 위해 하나님께 기도해 주십시오. 저의 더러운 영혼을 구세주이신 예수님의 피 속에서 깨끗하게 씻을 수 있도록 기도해 주십시오. 여러분께 간곡히 부탁합니다.

빈센트 반 고흐 Vincent Van Gogh
네덜란드 화가, 1890년 자살.

이제 집에 가고 싶다. 울지 마라. 내가 저지른 일은 우리 모두를 위해 최선이다. 더 이상 쓸모 없는 몸… 이 슬픔을 결코 이겨낼 수 없으니 어쩔 수 없다.

리처드 할리버튼 Richard Halliburton
영국의 항해가, 1939년 바다에서 실종.
마지막 메시지에서
남쪽에서 광풍이 불고 바다 속에서는 파도가 치고 선체는 온통 젖었고 돛은 심하게 흔들리며 식량은 온통 불어터졌다. 원컨대 여기 내가 아닌 당신이 있으면 좋을 것을.

로버트 헤어 Robert Hare
영국의 골동품 연구자이며 캠브리지 대학 후원자, 1611년 사망.
모든 삶에 있어 '고통'이라 불리는 길고 험난한 길이 있으니, 내가 지금 바로 그 길에 들어섰도다.

워렌 해스팅스 Warren Hastings
영국의 인도 총독, 1818년 사망.
이 정도 나이가 되면 갈 때가 되었다고 할 수 있지. 하나님은 내게 늘 좋은 일만 선사하셨는데 왜 지금 이렇게 고통을 겪어야 하지? 아무도 내가 얼마나 고통스러운지 알지 못할 것이다.

성 힐러리 Saint Hilary
로마의 성직자이자 프와티에 주교, 나중에 교황이 됨, 468년 사망.
영혼이여, 70년 동안 주님을 섬겨온 네가 죽음을 두려워하느냐? 나가거라, 썩 나가!

가츠시카 호쿠사이 葛飾北齋
'후지 36경'으로 널리 알려진 일본의 화가, 1849년 사망.
하늘이 나에게 5년을 더 허락하신다면 진정한 화가가 될 수 있을 것을.

헨리크 입센 Henrik Ibsen
《인형의 집》, 《헤다 가블러》 등을 쓴 노르웨이의 극작가, 1906년 사망.
곧 회복될 거라는 주위 사람들의 말을 일축하며
그 반대겠지!

워싱턴 어빙 Washington Irving
'미국 최초의 학자'로 알려진 미국의 수필가, 1859년 사망.
또 한 번의 밤을 위해 베개를 정리해야겠군. 도대체 언제나 이 일이 끝나려나?

프리드리히 야콥 Friedrich Jacobs
독일의 고전문헌학자, 1819년 사망.
라틴어 시를 암송하며
고통을 연장해 숨이 점점 잦아들길 바라는 자가 누구인가? 힘들게 목숨을 질질 끌고 가느니 차라리

노르웨이의 극작가, 헨리크 입센

윌리엄 제이 William Jay | 국교에 반대한 영국의 성직자, 1853년 사망.

> 죽음이 어떤 것인지 아는 자가 없군.

미라보 백작

죽는 것이 낫다. 손발에 감각이 없구나.

조셉 라카날 Joseph Lakanal
프랑스 대혁명 중에 교육 제도를 정비한 교육자, 1845년 사망.
의사에게
당신의 관심으로도 나를 구하지는 못할 거요. 램프에 기름이 다 떨어진 것 같소.

찰스 램 Charles Lamb
《엘리아 수필집》을 쓴 영국의 시인이자 수필가, 1834년 사망.
나의 친구는 통증과 기침인가… 우리 셋이 한 침대에 누워 있구나.

헨리 롱펠로우 Henry Longfellow
《히아와타의 노래》로 당대 최고의 인기를 누린 미국의 시인, 1812년 사망.
누이동생에게
네가 온 것을 보니 내가 정말 심하게 아픈가 보다.

장 밥티스트 룰리 Jean-Baptiste Lully
작곡가이자 파리 오페라 감독, 1687년 사망.
죄인, 너는 반드시 죽어야 하리.

쥘 마자랭 Jules Mazarin
추기경이자 프랑스 수상, 1661년 사망.
불쌍한 내 영혼이여! 어떻게 될 것인가? 어디로 가는가?

오노레 가브리엘 리퀘티, 미라보 백작
Honoré-Gabriel Riqueti, Comte de Mirabeau
프랑스 대혁명의 지도자 중 한 명, 1791년 사망.
당신은 나의 의사이자 친구가 아니었던가? 죽음의 고통으로부터 나를 구해 주겠다고 약속하지 않았던가? 당신을 믿었던 나 자신을 후회하며 세상에서 사라지기를 바라는가?

마리아 몬테소리 Maria Montessori
자신의 이름을 딴 몬테소리 교육법을 고안해낸 이탈리아 교육자, 1952년 사망.
내가 더 이상 아무런 소용이 없겠군요.

헤리엇 뉴웰 Harriet Newell
영국의 선교사, 1812년 사망.
고통, 신음, 죽음과의 투쟁…. 주님, 얼마나 오래, 얼마나 오래 고통스러워야 합니까?

샤를 노디에르 Charles Nodier
프랑스의 학자, 1844년 사망.
애들아, 너희들을 더 이상 볼 수 없을 것 같구나. 나를 기억하렴, 언제까지나 사랑해 주렴.

필 오치스 Phil Ochs
미국의 포크송 가수, 1975년 자살.
마지막 콘서트 무대에서

호쿠사이의 자화상 ◀

죽기 몇 달 전 친한 친구인 밥 딜런(오른쪽)과 함께 무대에 선 필 오치스

어느 날 여러분들은 이런 이야기를 읽게 될 것입니다. 필 오치스 35세에 자살하다.

아멜리아 오피 Amelia Opie

영국의 소설가이자 시인, 1853년 사망.

자신의 안부를 묻는 사람에게 이렇게 전해 달라며

극심한 고통을 겪었다고 전해 주오. 하지만 그럴 때마다 나를 위해 고통을 받은 그분을 생각했습니다. 내가 늘 우리 주님을 믿었고 그런 나를 위해 기도해 달라고 전해 주세요.

윌리엄 패티슨 William Pattison

영국의 시인, 1727년 사망.

굶어 죽어 가며 도움을 청하는 마지막 탄원에서

자비를 베풀어 저의 상황을 헤아려 주십시오. 지금 말씀드리는 그대로의 상태입니다. 캠브리지 대학의 시드니 칼리지에 몸을 담았던 저이지만 몇 시간 후 어떻게 될지 생각하니 온몸이 떨립니다. 부끄럽지만… 지난 이틀간 꼭 필요한 정도의 식사도 하지 못했습니다. 나 자신이 어떻게 될지 알 수 없습니다.

에드가 앨런 포 Edgar Allan Poe

시와 추리소설, 괴기소설을 쓴 미국의 작가, 1849년 사망.

주님, 저의 불쌍한 영혼을 도와주소서.

윌리엄 포프 William Pope

영국의 무신론자, 1797년 사망.

신성한 종교적 장소와 성상을 더럽히는 데에서 기쁨을 느끼던 사교도로, 그가 주최하는 회합에서는 사람들이 성서를 발로 차 마룻바닥에 떨어뜨리곤 했다.

나는 저주받을 행동, 끔찍한 행동을 해왔다. 하나님이 나와 관련이 없기를 기도할 수는 없다. 하나님의 손에 내 구원을 맡길 수 없을 것이다. 끝없는 구덩이, 불과 유황이 끓는 호수 속에 빠져 있게 될 것이다. 나는 저주받았다. 구원받

에드가 앨런 포

모데스트 페트로비치 무소르그스키 Modest Petrovich Mussorgsky

〈보리스 고두노프〉를 쓴 러시아 작곡가, 1881년 사망.

이제 끝이다. 이 비통함을 어찌할까!

1906년, 친구이자 인상파 화가인 폴라 모데르손 베커가 그린 릴케

라이너 마리아 릴케 Rainer Maria Rilke | 〈두이노의 비가〉,〈오르페우스에게 부치는 소네트〉로 널리 알려진 독일의 시인, 1926년 사망.

> 한때 이 땅의 일부분이었음을 기억하는 사금파리 조각. 우리의 감각을 다치게 하고 고통으로 점철된 페이지를 넘기게 하는 사전과 같은 이 세상.

지 못할 것이다. 나에겐 오직 지옥뿐이다. 영원한 고통이여, 내게 오라! 구원받을 수 없을 터이니 하나님, 제 기도를 듣지 마시길! 나는 하나님께서 만든 모든 것을 혐오한다!

루이, 리슐리외 공작
Louis, Duc Richelieu

프랑스 귀족, 1789년 사망.
프랑스 혁명 전날 사망하며
루이 16세가 뭐라고 했지?

호세 리잘 이 알론소
Jose Rizal y Alonso

필리핀의 국민영웅으로 스페인 군대에 의해 1896년 총살당함.
아버지, 죽음이란 얼마나 끔찍한지요! 저는 마음 깊은 곳에서 모든 사람을 용서했습니다. 그 누구도 미워하지 않습니다. 믿어 주소서.

안톤 루빈스타인 Anton Rubinstein
폴란드 출신의 미국 피아니스트이자 작곡가, 1894년 사망.
숨이 막힌다, 의사! 빨리 오시오!

라파엘 사바티에 Raphael Sabatier
프랑스의 외과의사, 1811년 사망.

아들에게
내가 쓰러진 그 순간을 기억해 죽음에 관해 배워야 한다.

도나티엔 알퐁스 프랑수와, 사드 후작
Donatien Alphonse François, Marquis de Sade

프랑스의 철학자, 1814년 사망.
유언장의 마지막 부분에서
내 무덤 위에 도토리를 뿌려 놓아서 무덤의 흔적이 모두 사라지게 하라. 그래서 나의 존재가 인간의 기억으로부터 완전히 사라지게 하라.

로버트 루이 스티븐슨
Robert Louis Stevenson

스코틀랜드의 소설가이자 여행작가, 1894년 사망.
머리, 내 머리!

에리히 폰 스트론하임
Erich von Stronheim

오스트리아의 영화 감독, 1957년 사망.
임종 시까지 할리우드 영화를 못마땅해하며
그저 최악이라고 말하는 것으로는 충분치 않지, 그들은 내 인생에서 25년을 훔쳐갔어.

안톤 루빈스타인

레오나르도 다 빈치 ^{Leonardo da Vinci} | 밀라노의 도안가이자 해부학자, 과학자 이자 예술가, 1519년 사망.

> 나의 작업이 마땅히 도달했어야 할 수준에 이르지 못했으므로 나는 결국 하나님과 인류에 심려를 끼쳤도다.

레오나르도 다 빈치의 자화상 ▶

베렝게 드 투르 ^{Bérenger de Tours}
프랑스의 신학자, 1088년 사망.

그의 저작은 바티칸에 의해 금서로 지정되었다.

이제 곧 하나님 앞에 서게 될 것이므로 양심과 교황 사이에서 전혀 망설이지 않을 것이다. 하지만 비난을 받을까 두렵기도 하다.

이반 투르게네프 ^{Ivan Turgenev}
러시아의 작가, 1883년 사망.

친구인 레오 톨스토이에게 보낸 편지에서

걸을 수도, 먹을 수도, 잠잘 수도 없다. 이런 말을 하는 것조차 힘들 정도다. 러시아의 위대한 작가인 친구여, 나의 부탁을 좀 들어 주게. 이 편지를 받았는지 알려주게. 다시 한 번, 한 번 더 자네와 자네의 아내, 자네의 모든 가족들을 뜨겁게 포옹할 수 있기를 바라네. 더 이상 쓸 수가 없네, 너무 지쳤어.

윌리엄 H. 밴더빌트
William H. Vanderbilt

미국의 백만장자, 1899년 사망.

50만 달러의 가치를 지닌 저 아래쪽 내 이웃을 제외하곤 그 아무런 감사나 즐거움이 없었다.

존 월콧 박사 ^{Dr. John Walcot}
《피터 핀다》를 쓴 영국의 풍자작가, 1819년 사망.

어떻게 해주면 도움이 되겠냐는 말에 내 청춘을 돌려준다면 모를까. ■

바루크 스피노자 ^{Baruch Spinoza}
네덜란드 출신의 유대인 철학자, 17세기 이성주의의 대표자. 1677년 사망.

하나님께서는 내게 자비로우시고 다정하시지. 이 비천한 죄인에게 말이야.

1955년 전성기 당시의 제임스딘

chapter .17

look back in anger
성난 얼굴로 돌아보라
죽음보다 더 심각한 것은 까다로운 성격!

아그리피나 Agrippina
로마 황제 네로의 어머니로 AD 59년 사망.
내 자궁을 원망하고 싶다.

가브리엘르 다눈치오
Gabriele D'Annunzio
이탈리아의 시인, 소설가. 1938년 사망.
너무 지겨워, 정말 지겨워!

아라투스 Aratus
그리스 시인, BC 213년 독약을 마시고 사망.
자신이 토한 피를 바라보며
이것이 왕에게 충성을 바친 대가이군.

알렉산더 그래엄 벨
Alexander Graham Bell
스코틀랜드 출신의 전화 발명가이자 농아교육가, 1922년 사망.
해놓은 것은 너무 없고 할 것은 너무 많군.

알반 베르그 Alban Berg
오스트레일리아의 작곡가, 1936년 사망.
긴장을 풀라는 말에
하지만 나에게는 시간이 없소!

베스토제프 Bestoujeff
러시아의 혁명가, 1926년 교수형.
페스텔 백작과 함께 교수형을 당하는 중 밧줄이 끊어지자
도대체 나에게 성공이란 인연이 없단 말인가. 이곳에서조차도 실망을 만나게 되니 말이야.

폴린 보나파르트 Pauline Bonaparte
나폴레옹이 가장 아낀 누이동생, 1825년 사망.
나는 언제나 아름다웠지.

티코 브라헤 Tyco Brahe
네덜란드의 천문학자, 1601년 사망.
헛되게 살지 않은 것으로 보일 수 있기를.

리처드 브로클스비
Richard Brocklesby
영국 의사, 1797년 사망.
옷 벗는 것을 도와 주는 사람들에게
이렇게 단추를 채웠다 풀었다 하는 일은 지금 나에게 얼마나 한심한 의식인가.

카이우스 카시우스 Caius Cassius
줄리우스 카이사르 암살 음모를 이끈 지도자, BC 42년 자살.
내 눈 앞에서 적에 의해 친구가 잡혀가는 모습을 봐야 하다니 그동안 인생에 대해 너무나 호의적으로 생각해 왔나 보다.

엘리자 보나파르트 Elisa Bonaprte | 나폴레옹의 누이동생, 1820년 사망.

죽음만큼 확실한 것은 아무 것도 없다며

 아, 단 한 가지, 세금은 예외야.

폴 세잔 Paul Cezanne
프랑스 화가, 1906년 사망.
자신의 작품 전시를 거절한 엑스의 미술관 전시 책임자 이름을 부르며
폰티에! 폰티에!

찰스 처칠 Charles Churchill
영국 시인이자 풍자가, 1764년 사망.
나는 정말 바보였어.

그로버 클리블랜드 Grover Cleveland
미국 대통령, 1908년 사망.
제대로 하려고 늘 노력했다.

오귀스트 콩트 August Comte
프랑스의 철학자, 1857년 사망.
이 얼마나 비교할 수 없는 손실이란 말이냐.

앤 코폴라 Ann Coppola
미국의 폭력배인 '타이거 마이크' 코폴라의 아내, 1962년 자살.

유서에서
마이크 코폴라… 언젠가 어떻게 서든지 하나님이건 누군가이건 너를 잡아들일 것이다. 겁 많은 사기꾼, 너는 내가 지금까지 만난 사람 중 가장 형편없고 가장 한심한 인물이다.

헨리 스튜어트, 단리 백작
Henry Stewart, Earl of Darnley
영국의 귀족으로 스코틀랜드 메리 여왕

그림을 그리러 가는 폴 세잔

스티븐 가디너 Steven Gardiner | 영국 신교도 주교, 1555년 이단으로 화형당함.

가톨릭 교회의 우월성을 부정한 것을 후회하며

> 베드로처럼 신을 부정했고 베드로처럼 도망갔지만 아직 베드로처럼 울지는 않았다.

의 두 번째 남편, 1567년 사망.

여왕의 명령에 따라 죽음을 택하며 시편 60장을 읊었다.

이런 불명예를 나에게 행한 자는 나의 적이 아니었다. 그랬더라면 차라리 참을 수 있을 것을. 나의 동료이자 지도자, 친근한 친구가 내게 불명예를 선사했도다.

제임스 딘 James Dean
미국 영화배우, 1955년 자동차 사고로 사망.

사고 직전 짧게 한 말로

즐거운 날은 이제 끝났다.

카미유 데스물랭 Camille Desmoulins
프랑스 대혁명의 지도자 중 한 명, 1794년 단두대형에 처해짐.

불쌍한 나의 아내, 불쌍한 국민들…. 저자들로부터 얼마나 기만을 당했던가.

알렉산드르 뒤마 Alexandre Dumas
프랑스의 극작가이자 소설가, 1870년 사망.

역시 작가인 아들이 쓴 《몽테크리스토 백작》에 대해 불평하며

도대체 모든 일이 어떻게 이렇게 진행되었는지 알 수가 없더구나.

조셉 뒤플레 후작
Marquis Joseph Dupleix

프랑스의 식민지 관리, 1763년 사망.

아시아에서 나의 조국을 살찌우기 위해 내 젊음과 재산과 인생을 모두 바쳤다. 운이 좋지 않은 친구들은 나의 과업의 성공을 위해 자신들의 모든 재산을 희생했다. 지금 이들이 모두 곤궁한 상태에 놓여 있다. 채권자들을 대신해 모든 법령 서식을 정리해 제출했다. 나의 봉사는 하찮은 취급을 받았고 나의 요구는 어리석은 것으로 치부되었으며 나는 인류 역사상 가장 악독한 인물로 불리게 되었다. 도대체 어떻게 돌이켜야 할지 알 수가 없다. 나에게 남아 있는 약간의 재산은 압류되었다. 감옥으로 끌려가지 않도록 법 집행 유보를 요청하는 바이다.

존 골스워디 John Galsworthy
《포사이트 사가》를 쓴 영국의 소설가, 1933년 사망.

말 대신 노트에 적은 마지막 말 중

너무 즐거운 상황을 그동안 누려왔다.

제로니모 Geronimo
아파치 인디언 추장, 1909년 사망.

알렉산드르 뒤마

존 골스워디

장 메셀리에 Jean Messelier | 프랑스의 무정부주의자, 1733년 사망.

볼테르가 기록했다가 출판한 유언에서

> 나의 마지막이자 가장 간절한 바람은, 마지막 남은 사제의 창자로 마지막 왕의 목을 조르는 장면을 보는 것이다!

앤드류 잭슨

죽음 직전 인터뷰에서
죽기 전에 나의 옛 집으로 돌아가고 싶다. 싸움에 지쳐 이제는 쉬고 싶을 뿐이다. 위대한 백인 아버지에게 나의 귀환을 허락해 달라고 했지만 거절당했다.

니콜라이 고골리 Nikolai Gogol
러시아의 소설가이자 극작가, 1852년 사망.

구약성서를 인용하며
쓰디쓴 웃음을 지을 것이다.

그레고리 7세 Pope Gregory VII
이탈리아의 교황이자 성자로 중세의 위대한 개혁가, 1085년 사망.

공정함을 사랑하고 불공정을 미워해 오다 유배 중 세상을 뜨는구나.

위고 그로티우스 Hugo Grotius
네덜란드의 판사이자 정치가, 학자로 국제법의 개척자. 1645년 사망.

많은 것들에 대한 이해를 기본으로 판단하건대 내가 이룩한 것은 아무 것도 없도다.

광서제 Gouang Zhou
중국 황제, 1912년 사망.

실행되지 못한 유언을 남기며
황태후가 춘 왕자의 둘째 아들인 짐을 왕위에 올렸다. 태후는 짐을 언제나 미워했지만 지난 십 년간의 고통은 다름 아닌 위안스카이 때문이다. 때가 되면 그 자의 목을 베길 바라노라.

야로슬라브 하첵 Jaroslav Hasek
《병사 츠바이크》를 쓴 체코의 작가, 1923년 사망.

마지막 브랜디 한 모금을 금지한 의사에게 화를 내며
당신은 나에게 거짓말을 했잖아!

게오르그 프리드리히 헤겔
Georg Friedrich Hegel
독일의 철학자, 1831년 사망.

아무도 나를 이해하지 못할 것이다.

앤드류 잭슨 Andrew Jackson
미국 대통령, 1845년 사망.

두 가지 후회가 남는데… 하나는 헨리 클레이(∷잭슨과 대통령을 두고 경합한 미국의 정치가.)에게 제대로 총을 겨누지 못했던 것이고 또 하나는 존 칼훈(∷대통령 J.Q. 애덤스 때의 부통령을 역임.)을 교수형 시키지 못한 것이지.

제임스 조이스 James Joyce
《율리시즈》를 쓴 아일랜드의 소설가,

칼 마르크스 Karl Marx
독일의 정치이론가, 1883년 사망.

마지막으로 세상에 남길 말이 없냐는 가정부의 질문에
저리 나가! 유언이란 살아서 충분히 말하지 못한 바보들이나 남기는 거야.

1941년 사망.
나를 이해하는 자가 없단 말인가?

프란츠 카프카 Franz Kafka
체코의 작가, 1924년 사망.
자신의 모든 원고를 불태워 버리라고 지시하며
내가 작가였다는 사실에 대한 증거조차 남지 않게 해주게.

존 키츠 John Keats
영국의 시인, 1821년 사망.
자신의 묘비명을 지시하며
여기 물 위에 자신의 이름을 쓴 자 잠들다.

애덤 나르세비치 Adam Narsewicz
폴란드의 역사가, 1796년 사망.
일을 미처 끝내지 못하고 죽는 것을 한탄하며
채 끝내지도 못하고 죽어야 한단 말인가?

비오 10세 Pope Pius X
이탈리아의 교황, 1914년 사망.
신성로마제국 군대를 위한 축도를 거부한 교황은 프란츠 조셉 황제를 내쫓은 다음 심장발작을 일으켰다.
내 눈 앞에서 사라지시오! 저리 가, 저리 가란 말이오! 이 세상에 전쟁을 불러일으키려는 자에게 축복을 내려줄 수는 없소!

제임스 조이스와 그의 초상작가 오거스투스 존

영국의 물리치료사, 스티븐 워드

산드로 산드리 Sandro Sandri
파시스트 이탈리아의 종군통신원, 1937년 중일전쟁 사망.

드디어 이번엔 그들이 나를 죽음으로 몰고 가는군. 이 얼마나 이상한 죽음인가. 남의 나라 전쟁, 남의 나라 배 안에서 죽다니.

어네스트 섀클턴 경
Sir Ernest Shackleton

아일랜드의 남극탐험가, 1922년 사망.

의사에게 불평을 하며

당신은 나에게 늘 무언가를 포기하라고 말하는군요. 이번에는 또 무얼 그만두라는 거요?

어네스트 섀클턴 경

조나단 스위프트 Jonathan Swift
아일랜드의 성직자이자 풍자가로 《걸리버 여행기》의 작가, 1745년 사망.

약을 먹고 구멍에 빠진 생쥐처럼 죽어가는구나. 이게 바로 내 모습이지!

헨리 웨인라이트 Henry Wainwright
영국의 살인자, 1875년 사망.

영국에서는 처형 장면을 대중에게 공개하지 않았으나 웨인라이트의 처형 당시에는 수백 명의 관리와 기자, 간수의 친구들이 지켜보았다.

이 망할 인간들! 사람이 죽어 가는 장면을 지켜보러 오다니!

스티븐 워드 Stephen Ward
영국의 물리치료사, 1963년 자살.

프로푸모 사건(::콜걸과 관계를 가진 영국 총리가 관련된 사건)에 연루되었다가 희생양이 되어서 재판 도중 자살을 했다. 그가 남긴 열 장의 유서 중

저 독수리 떼를 실망시켜서 정말 안됐군. ■

1941년, 물에 빠져 자살한 버지니아 울프

chapter .18

all my own work
내 인생의 역작
자살! 고통은 없지만 그렇다고 고요한 것만은 아니다

줄리우스 아그레스티스
Julius Agrestis

로마의 귀족, AD 69년 반역죄로 몰리자 결백을 증명하기 위해 자살했다.

비텔리우스 황제가 결정적인 증거를 원한다면, 또 내가 다른 방식으로 그분을 섬길 수 없다면, 나의 목숨이나 죽음을 통해 황제가 믿을 수 있는 증거를 보일 것이다.

신원 미상의 17세 소녀
자살을 하며 도스토예프스키의 글을 인용해

이제 긴 여행을 떠나렵니다. 내가 실패한다면 사람들로 하여금 모두 모여 좋은 술을 따르며 나의 부활을 축하하게 해 주세요. 내가 성공한다면, 완전히 죽은 것으로 밝혀진 다음 매장해 주세요. 땅 속에 묻혀 관 속에서 깨어나는 일이 없게요. 괜히 멋 부리는 게 아닙니다!

신원 미상의 의사
자살을 하며

자유로운 듯, 나의 심장은 강렬함에 틀림없다. 절대 포기하지 않을 것이다. 맥박도 잘 뛰고 있다. 기분이 좋다. 언제 이 모든 것이 끝나게 될까?

신원 미상의 미국 노동자
유서에서

내가 지닌 작은 땅은 어머니에게 드린다. 나의 육신은 가장 가까운 의대에 기증하며 나의 영혼과 심장은 아가씨들에게. 그리고 나의 두뇌는 해리 트루먼 대통령에게.

신원 미상
런던 햄스테드의 빈 집 벽에서 발견된 글에서

왜 자살을 하냐고? 왜 자살을 하면 안 되는데?

신원 미상의 약제사
자신의 정부에게 버림받자 권총 자살을 하며 남긴 유서

자신의 연인을 기쁘게 만드는 법을 모르는 남자라면, 어떻게 죽을지는 알고 있어야 하지 않을까.

신원 미상의 연기 지망생
마침내 연극에 출연하게 됐지만 무대에 올라 야유를 듣다 퇴장한 후 자살하며 남긴 유서에서

어머니, 제 꿈이 모두 엉망이 되고 말았어요. 나 스스로를 천재라고 생각했지만 사실은 바보였어요. 더 이상 기대할 것이 없는 인생이라 죽음을 선택합니다. 저의 마지막 행동을 자비로운 눈으로 지켜봐 주세요.

폴 번 Paul Bern
영화배우 진 할로우의 남편, 1932년 손목을 그어 자살함.

결혼 후 두 달만에 발기부전으로 괴로워하다 사망하며

내가 가장 사랑하는 당신에게, 불행하게도 이것이 내가 당신에게 저지른 잘못을 사과할 수 있는 유일한 방법이오. 또 나의 비참한

폴 번

찰스 칼렙 콜튼 Charles Caleb Colton | 《라콘》을 쓴 영국의 작가, 1832년 권총 자살.
고통스러운 질병으로 괴로워하다 자살한 그는 사람은 신체적 고통 때문이 아니라 정신적 고통 때문에 자살하는 것이라고 주장한 자신의 책 《라콘》과 상반되는 행동을 감행했다.

> ❝ 삶이 참을 수 없는 것일 때, 죽음은 바람직한 것이 되고 자살은 정당한 것이 된다. ❞

모욕을 닦아낼 수 있는 방법이기도 하오.

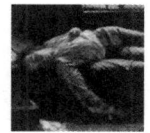

토마스 체터튼 Thomas Chatterton
영국의 시인, 1770년 18세 나이로 비소를 먹고 자살.
이 배은망덕한 나라와 영원히 작별하게 될 것 같다. 차라리 이 나라를 인간보다 천 배는 더 자애로운 호랑이들로 가득한 아프리카 사막과 바꾸면 좋을 것을.

존 데이비슨 John Davidson
영국의 시인, 1909년 자살.
'존 데이비슨의 유언'이라고 적힌 마지막 말을 적어 놓고 사라져 바다에 빠져 죽었다.
인간은 인식하는 우주와 같은 존재. 가장 단순한 인간은 스스로를 너무나도 대단하게 생각해서 그 어떤 이름으로도 불리려 들지 않는다.

데모스테네스 Demosthenes
아테네의 웅변가, BC 322년 자살.
마케도니아 군에게 포로로 잡히는 대신 자살을 선택하며
당신이 원한다면 지금 바로 이 비극에서 당신이 맡은 역할을 시작하시오. 그리고 나의 시체를 매장하지 말고 저 멀리 던지시오. 위대한 포세이돈 신이시어, 살아 있는 동안 맡은 역할을 다한 나는 일어서서 이 신성한 장소를 떠날 것입니다. 마케도니아군이 당신의 신전을 더럽히지 않고 떠나가기를.

조지 이스트먼 George Eastman
미국의 과학자, 1932년 자살.
친구들, 내 일이 끝났는데 기다릴 필요가 무엇이겠나?

플로린과 기용 Florine and Guyon
파리의 연인.
센 강에 투신해 사망한 부유한 여성 플로린과 경기병 기용이 마지막으로 남긴 유언 중에서
누가 되던 자비로운 영혼을 지닌 분이 하나로 엮인 우리 두 사람의 시체를 발견한다면 우리가 서로를 더할 나위 없이 깊이 사랑했고 영원히 하나가 되기 위해 이렇게 함께 스러져간다는 사실을 알아주오. 마지막 바람은 우리 두 사람을 이대로 하나로 엮인 채 같은 무덤에 묻어달라는 것이오. 죽음으

샤를롯 길먼 Charlotte Gilman
미국의 여권운동가, 1935년 자살.

인간의 삶은 서로 간의 도움으로
이루어진다. 이런 도움의 힘이 남아 있는
한 그 어떤 슬픔이나 고통, 불운이나
'무너진 가슴'도 스스로의 목숨을 끊는
데 대한 변명이 되지 못한다.
하지만 그 모든 효용이 끝나고 나면,
피할 수 없고 촉박한 죽음을 확신하게
되면 서서히 치뤄지는 끔찍한 방식 대신
빠르고 쉬운 방법을 선택하는 것이
인간의 권리다.

히틀러의 선전 참모, 요셉 괴벨스

로 하나가 된 자들을 인간이 갈라 놓을 수는 없소.

제임스 V. 포레스탈
James V. Forrestal

유명한 미국 장성의 아들, 1949년 자살.

소포클레스의 글을 언급하며
하루를 마감하는 어머니에게 비애 있으라. 이 소식을 듣고 비참한 심정이 될 그 어머니와 음울함이 감도는 신전에 비애 있으라. 그녀가 사랑했던 이의 이야기가 귓전에 맴돌고 온몸을 부르르 떠는 듯한 통곡과도 같은 고요한 웅얼거림은 울음이 될 것이다.

M. 길레 ^{M. Guillet}

75세 나이에 목매달아 자살한 프랑스 인.

예수님께서 말씀하시길, 나무가 나이 들어 더 이상 열매를 맺지 못한다면 아낌없이 베어 던지라고 하셨다.

페니 고드윈 ^{Fanny Godwin}

메리 울스턴크래프트(::영국의 작가, 여권신장론자.)와 윌리엄 고드윈의 숨겨 놓은 딸로 1816년 자살.

오래 전부터 나는, 불운한 출생의 이력을 지녔고 그것으로 인해 주위 사람들이 여러 가지 고통을 겪게 된다면 세상에 그만 존재하는 것이 낫다고 생각해 왔다. 나의 죽음을 알게 되는 것이 고통이겠으니 결국 존재했던 그 인생에 대해 잊어버리는 것이 축복임을 알게 될 것이다.

요셉 괴벨스 ^{Joseph Goebbels}

히틀러의 선전 참모, 1945년 자살.

러시아 군이 베를린에 도착하기 전 그는 아내, 자식과 함께 자살을 선택했다.

이는 최악의 변절행위다. 장군들은 총통을 배신했다. 모든 것이 사라졌다. 나는 내 아내, 모든 가족과 함께 죽음을 선택할 것이다. 우리의 시체는 화장해 주길 바란다.

마그다 괴벨스 Magda Goebbels

요셉 괴벨스의 아내로 1945년 자식을 죽인 다음 남편과 함께 자살.

우리는 불명예스러운 죽음을 맞이하게 되었다. 헤럴드(마그다가 첫 번째 결혼에서 낳은 아들로, 전쟁포로로 잡혀 있었다.)가 돌아온다면 그애에게 우리가 명예롭게 죽었다고 전해 주오.

토니 핸콕 Tony Hancock

영국 코미디언, 1968년 약물 과용으로 사망.

1964년 마지막으로 텔레비전에 등장해 아이러니컬한 말을 남겼다.

당신이 달성한 것은 무엇인가? 무엇을 이루었는가? 당신은 이제 기회를 잃었다. 이 생에 있어 아무것도 기여하지 못했다. 여기서 한 것이라고는 시간 낭비가 전부일 뿐. 웨스트민스터 사원에 당신의 자리는 없다. 당신이 기대할 수 있는 최선은 빈 병에 꽂힌 수선화 몇 송이뿐. 묘비에는 아마 '그는 왔다 갔다'라고 적힐 것이다. 당신이 이 세상에 존재하지 않는다는 것을 눈치채는 사람이 없을 것이다. 1년쯤 지난 후 누군가 말하겠지. "아, 그러고 보니 그가 죽었지?" "그래? 그랬단 말이야?" 그것이 바로 올바른 존재의 이유란 말인가. 나란 사람이 존재했다는 사실을 사람들은 알지 못할 것이다. 내가 남기고 갈 것도 없고 남겨줄 것도 없다. 나를 위해 비통해할 사람이 없다. 그것이 가장 슬픈 일이다.

한니발 Hannibal

카르타고의 장군, BC 183년 자살.

자, 이제 미워하는 노인의 죽음을 기다리느라 지루해하는 로마군의 계속된 두려움과 조바심을 덜어주도록 하지. 티투스는 영광스러운 승리를 쟁취하지 못할 것이다. 배반자들이 준비한 독약을 조심하라고, 적이자 정복자인 피루스에게 주의를 주었던 조상들의 말도 소용이 없겠지.

하인리히 히믈러 Heinrich Himmler

독일 나치 지도자이자 친위대 책임자, 1945년 자살.

미리 독약을 마시고 죽음을 택해 용케 교수형을 피했다.

내가 바로 하인리히 히믈러다!

휴고 폰 호프만스탈
Hugo von Hofmannsthal

오스트리아의 시인이자 극작가, 1929년 사망.

아들의 자살에 대해 적은 편지에서

하인리히 히믈러 ▶

유다 이스카리오 Judas Iscariot | 예수를 배반한 사도, AD 33년 자살.

 순결한 피를 배반한 나는 죄인이다.

별일 없기를 바라네. 어제 오후 우리 로다우너 하우스에 엄청난 불운이 찾아왔다네. 천둥번개가 치는 동안 불쌍한 프란츠가 권총으로 자살을 했네. 이 무서운 죽음의 원인은 그의 성격과 운명이라는 아주 근원적인 거라네. 외적인 동기란 없었다네. 늘 그렇듯 함께 식사를 했는데 프란츠에게서 왠지 슬프고 엄숙한 분위기가 느껴졌다네. 그 나이의 생각을 우리 가족이 함께 나눌 수 없었네. 우리를 떠날 때에도 아주 조용하게 갔지…. 레이몬트는 우리와 함께 있네.

않고는 죽을 수 없구나. 나에게 보낸 편지에 나타난 깊은 관심과 우려를 멈추거라. 누이동생으로서의 힘은 물론 남자가 무색할 정도의 힘을 발휘해 너는 나를 살리기 위해 온 힘을 다했지. 하지만 이제는 다 소용없다. 이 세상 그 누구도 나를 도울 수 없다. 이제 작별 인사를 해야 할 시간! 내가 누리는 기쁨과 축복의 절반만큼이라도 누리며 너 또한 세상과 작별할 수 있기를. 그것이 너를 위해 내가 할 수 있는 전부구나. 포츠담 스팀머그에서 죽음을 맞는 날 아침에 너를 아끼는 헨리가.

짐 존스 목사 Rev. Jim Jones

1978년 기아나에서 913명의 대량 자살로 널리 알려진 인민사원을 설립한 미국의 종교 지도자.

마지막 남긴 메모에서

우리는 자살을 감행한 것이 아니다. 우리는 비인간적인 세상에 저항하는 의미로 혁명적인 자살을 시도한 것이다.

하인리히 폰 클라이스트
Heinrich von Kleist

독일의 극작가이자 시인, 1811년 자살.

누이동생에게 보낸 유서에서

사랑하는 울리케, 이 세상 그리고 다른 누구보다도 너와 화해하지

군터 폰 클루제 Gunther von Kluge

독일의 야전사령관으로 1944년 자살. 히틀러를 암살하려는 음모에 참여한 것으로 생각된다.

아돌프 히틀러에게 보낸 마지막 편지에서

내가 최선을 다해 임무를 수행했다고 생각한 당신의 짐작보다 훨씬 더 당신 가까이에 있던 이 사람이 총통을 떠납니다. 총통께 경례. 폰 클루제, 1944년 8월 18일.

카롤 랜디스 Carole Landis

미국 영화배우, 1948년 자살.

사랑하는 어머니, 이런 일을 겪으시게 해서 죄송해요. 하지만 어쩔

폴과 제르멩 리유보 Paul & Germaine Lieubaut | 프랑스의 신혼 부부, 1923년 동반 자살.

폴은 30세, 제르멩은 22세로 결혼한 지 6일만에 자살을 했으며 제르멩은 웨딩드레스를 입고 있었다.

> 너무나 행복해서 우리는 죽기로 했어요. 3만 프랑 이상의 가치가 있는 우리들에겐 돈이 필요 없어요. 몸도 건강하고 우리 앞에는 멋진 삶이 기다리고 있지만 이 세상에서 가장 행복한 사람들이기 때문에 기꺼이 죽기로 했어요. 서로를 존중하지만 이렇게 행복할 때 함께 무덤으로 향하는 것이 좋다고 믿었지요.

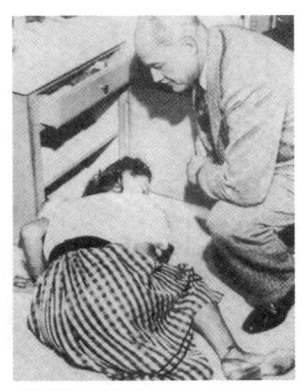

미국 영화배우, 카롤 랜디스

수가 없어요. 어머니를 사랑해요. 세상에서 가장 좋은 어머니셨어요. 우리 가족 모두 그렇게 생각한답니다. 나는 우리 가족 모두를 너무나도 아끼고 사랑해요. 서류 파일을 보면 모든 것들이 들어 있을 거예요. 안녕, 나를 위해 기도해 주세요.

로버트 레이 박사 Dr. Robert Ley
나치의 전범, 1945년 목매달아 자살.
감방에서 목을 매달기 직전 쓴 메모에서
내가 범죄자라는 사실을 도저히 참을 수가 없다.

플로렌스 마사 밀러
Florence Martha Miller
런던의 재봉사, 1924년 가스 중독으로 자살.
검시관은 그녀의 손에 들려 있던 이 시를 보며 '그녀가 직접 쓴 것이라면 정말 훌륭한 증거가 될 것'이라고 말하기도 했다.

저 멀리서 나를 부르는 소리가 들려온다/무덤의 안개가 내 별 빛을 가려 버리고/ 지치고 기운이 빠져 여행하는 나는/ 비틀거리는 발이 가시에 찔려 아프고/ 이 잔인한 세상은 나의 약한 심장을 피 흘리게 만들었다/ 꿈조차 꾸지 못하는 휴식이 내 것이 되면/오늘 이렇게 갈망하는 부드러움도/ 더 이상 필요로 하지 않게 될 것을….

샤를롯 뮤 Charlotte Mew
영국의 시인, 1928년 자살.
나를 붙잡지 말아요. 가게 내버려 둬요.

리처드 미들턴 Richard Middleton
영국의 시인이자 이야기꾼으로 1641년 자살.
안녕 해리. 나는 다시 모험을 떠나

네. 자네 덕에 여행 가방에 좋은 추억을 담아서 갈 수 있게 되었다네. 쓰라리고 아픈 기억도 예전과 같은 무게로 느껴지지 않는군. '산산이 조각나고 회한에 가득한 이 불쌍한 영혼을 주님께서 버리지 않기를'.

필립 모르던트 Philip Mordaunt

영국의 귀족으로 부유하고 거칠 것 없는 삶을 살았지만 권태로 인해 자살했다고 전해진다.

빚을 갚고 친구들에게 인사를 한 후 다음과 같은 유서를 남기고 자살했다. 삶이 나에게 두통을 안겨 주었다. 제 정신으로 제대로 돌려놓기 위해 교회 무덤에 누워 편히 잠을 자야겠다.

카이사르 파베세 Cesare Pavese

이탈리아의 작가, 1950년 약물 과용으로 사망.

마지막 일기에서

가장 두려운 일은 비밀리에 찾아온다. 필요한 것은 약간의 용기뿐. 고통이 확실해질수록 삶에 대한 본능이 일어나 자살에 대한 생각이 잦아든다. 생각해 보면 쉬운 일인 듯하다. 연약한 여성들도 자살을 감행하지 않았는가. 자살에는 자부심이 아닌 모멸감이 필요한 것을. 이 모든 것들에 이젠 질렸다. 말은 필요 없고 행동만이 필요할 뿐이다.

롤랑 드 라 플라티에르
Roland de la Platière

프랑스의 과격분자, 1793년 자살.

내 인생의 역작 **239**

소크라테스 Socrates
그리스의 철학자, BC 399년 독배를 마시고 자살.
크리토, 아스클레피우스 신에게 닭 한 마리 빚진 게 있네. 잊지 말고 그 빚을 좀 갚아 주게.

어윈 롬멜 Eerwin Rommel
독일의 장군, 1944년 자살.
히틀러의 명령에 따라 자살한다는 메시지를 아들에게 남겼다.
자신이 봉사했던 국민의 손에 의해 죽음을 맞는 것은 쉽지 않은 일이지.

솔로몬 로스바흐 Solomon Rosbach
미국의 다이아몬드 상인, 1946년 자살.
엠파이어스테이트 빌딩에서 뛰어내려 자살했다.
위로도, 아래로도 아무 것도 없으니, 뛰어내릴 수밖에.

조지 샌더스 George Sanders
미국의 영화배우, 1970년 '권태' 때문에 자살.

아내인 마담 롤랑의 단두대형이 집행된 후 바로 목숨을 끊었다.
아내가 살해된 후 범죄로 물든 이 세상에 더 이상 남고 싶지 않다.

자신의 자살에 대한 설명을 남기며
세상이여, 너무나 지루해서 너를 떠나려 한다. 나를 걱정하겠지만 그래도 그 걱정을 안은 채 가려고 한다. 행운을!

진 세버그 Jean Seberg
미국의 영화배우, 1979년 자살.
이런 상태로는 더 이상 살 수가 없군요.

루시우스 아나에우스 세네카
Lucius Annaeus Seneca
로마의 철학자, AD 64년 자살.
피를 흘리며 뜨거운 욕조로 들어가 가까이 있는 노예에게 피를 뿌리며
이 액체를 주피터 신에게 제주로 바치노라.

필리포 스트로치 2세
Filippo Strozzi II
메디치 가문에 대항한 피렌체의 군주, 1538년 자살.

미국 영화배우, 조지 샌더스 ▶
히틀러의 명령에 따라 자살을 감행한 사막전의 영웅, 롬멜 ◀

베르길리우스가 남긴 말을 인용하며
어떻게 사는지를 몰랐더라면 어떻게 죽는지를 알 수 있었을 것이다. 내 뼈에서 언젠가 원수를 갚을 자가 나올 것이다.

게리 스완 Gary Swan
1977년 사랑 때문에 25세에 자살을 감행한 미국 청년.

공원 산책로에서 몸에 석유를 뿌리고 성냥을 그어 분신자살을 하며 자신을 차버린 여인에게 유서를 남겼다.

불에 타 죽는 것은 가장 고통스러운 일이라고 말한다. 너는 불에 타 죽을 필요는 없다. 대신 충격과 고통으로 죽게 될 거야. 이게 내가 꼭 하고 싶었던 말을 표현하는 나만의 방식이야. 사랑해.

헤닝 폰 트레스코프
Hennig von Tresckow
독일의 장군이자 히틀러 암살 음모를 꾸민 스타우펜버그 결사의 일원, 1945년 자살.

처형되는 대신 자살을 감행하며
인간의 가치란 신념을 위해 목숨을 희생할 준비가 되어 있을 때 비로소 확실해진다.

자크 바슈 Jacques Vache
20세기 프랑스 초현실주의 화가로 자살.

대학친구 두 명과 함께 자살을 하며 자신의 바람을 모두 이루었다.

죽고 싶을 때 죽을 것이다. 그 때에는 다른 누구와 함께 죽고 싶다. 혼자 죽는 것은 지루하니까. 가장 친한 친구들과 함께 죽는다면 좋을 텐데.

루페 벨레즈 Lupe Velez
할리우드 영화 배우, 1944년 자살.

헤럴드, 신이 당신과 나를 용서하시길. 우리 아기에게 수치를 안겨주기 전에 내 목숨과 우리 아기의 목숨을 끊기로 했어요.

유서 뒷면에
나와 아기를 원치 않으면서도 어쩌면 그렇게 속일 수가 있었나요? 당신에게 작별 인사를 할 다른 방법이 생각나지 않아요. 행운을 빌며, 루페.

버지니아 울프 Virginia Woolf
영국 소설가, 1941년 물에 빠져 자살.

내가 미쳐 가고 있는 기분이 들어요. 이 끔찍한 상황을 계속 이어갈 수는 없어요. 환청이 들려서 정신을 집중할 수가 없군요. 애써 대항했지만 어쩔 수 없었어요. 내가 이승에서 누린 행복은 모두 당신 덕분이에요. 그러니 더 이상 당신의 인생을 망칠 수는 없겠지요.
(∷소녀 시절부터의 심한 신경증의 재발로 투신자살한 것으로 전해짐.)

스테판 츠바이크 Stefan Zweig
오스트리아의 철학자, 1942년 자살.

유럽이 전체주의에 휩쓸릴 것을 두려워하며

이 세상에서 가장 소중한 인류의 자유와 나 자신의 자유를 고려할 때 영적 작업에 헌신한 인생을 끝내야 할 시간이 되었다. 친구들에게 깊은 사랑을 전한다. ■

▶ 영화 〈브래들리스〉에서 장 폴 벨몽도와 진 세버그

| 역자 후기 |

마지막 1분,
짧은 말 그러나 긴 울림을 위해

번지 점프를 해본 사람은 말했다. 발목에 줄을 묶고 떨어지는 단 몇 초의 시간 동안 자신이 지금껏 살아오면서 경험했던 중요한 일들이 영화처럼 눈앞에 펼쳐지더라고. 아마 죽음 직전에 도달해도 이와 비슷하지 않을까. 지상에서 보내는 마지막 순간에도 눈앞에는 지난 삶이 파노라마처럼 펼쳐질 것이다. 기쁘고 좋았던 일들, 아프고 괴로웠던 일들…. 이 모든 것을 뒤로 하고 떠나야 하는 바로 그 순간, 사람들은 무슨 말을 할까?

 동양과 서양, 고대와 근대, 현대에 이르기까지 수많은 사람들이 세상을 뜨며 남긴 마지막 한 마디를 한데 모아 엮은 《마지막 1분》은 바로 이런 궁금증에서 시작된 책이다. 미국과 유럽 위주로 자료를 수집하고 정리했기에 우리에게 조금 낯선 사람들의, 조금 낯선 상황들도 자주 등장하긴 하지만 세상에 존재하는 사람의 수만큼 그 죽음의 모습도 다르니 크게 문제되지는 않을 것이다(아쉽게도 우리나라 인물로는 고 박정희 대통령이 유일하게 등장한다). 짧은 몇 마디 말이 주는 깊은 울림이 크기에, 맨 앞 장부터 차근차근 읽어나가도 좋지만 되는 대로 펼쳐들고 바로 그 장부터 읽어도 그 감동의 폭은 줄어들지 않는다.

 요즘 사람들은 늘 '최고', '최대', '최악' 등 최상급이 아니면 별 감동을 받지 않는데, 그중 '최후'라는 말이 가장 길고 오랜 울림을 갖는 듯하다. 더 이상의 그 무엇도 남아 있지 않다는 비장미가 더해지기 때문일 것이다. 마지막 순간이 되면 가장 솔직해질 수도 있고, 가장 기만적이 될 수도 있음을 이 책을 통해 다시 확인한다. 이탈리아 건국의 영웅 가리발디는 창가에 날아온

새를 잘 보살펴달라고 했고 히틀러는 세상을 망치는 유태인에 대항해 모두 싸우라는 말을 남기지 않았는가. 또 비범한 사람들이 의외로 평범한 마지막 말을 남겼고 평범한 사람들이 오히려 비범한 마지막 말을 남겼음을 발견하게 될 것이다. 기쁜 마음으로 세상을 떠나는 사람보다 두려움과 회한에 가득 차 죽음을 맞이하는 사람이 많다는 점과 죽음 앞에서는 돈도 권력도 명예도 재능도, 미모도 모두 부질없음을 확인하게 될 것이다.

1백여 년 전만 해도 대부분의 사람들은 자신의 집에서 가족과 친지들에게 둘러싸여 임종을 맞았다. 한 사람 한 사람 눈을 맞추며 마지막 인사를 하고 사랑의 말 한 마디, 깊은 후회 한 마디를 남길 수 있었다. 하지만 21세기를 사는 우리에게 그런 모습은 커다란 사치가 되어 버렸다. 대부분의 사람들은 세상과 격리된 병실에서, 심한 경우 응급실이나 중환자실에 있다가 숨이 멎어 마지막 한 마디는커녕 정확한 임종 시간조차 남기지 못하고 박정한 마지막을 맞곤 한다. 이런 현대적인 임종 풍경에 등장하는 마지막 말, 유언이란 대부분 그저 생전에 모은 재산을 누구에게 어떻게 분배할까에 관한 것이 전부다. 때로는 감동적이고 때로는 격정적이며 또 때로는 비탄과 고뇌에 가득한 마지막 한 마디와 더불어 세상과 품위 있게 작별하기란 점점 더 어려워지는 것은 아닐까 하는 서글픔을 이 책을 읽는 사람이라면 공통적으로 느끼게 될 것이다.

잘 살기란 결국 잘 죽기 위해 길고 긴 길을 헤쳐 가는 과정인지도 모른다. 이 책을 보며 누구의 마지막 말이 가장 마음에 들고 기억에 오래 남는지 한번 생각해 보시길. 바로 그런 마지막 한 마디를 남길 수 있는 멋진 인생을 살기 위해 어떻게 노력해야 할지 마음을 가다듬어 보시길. 가장 짧은 말로 가장 긴 울림을 남기는 방법을 미리 고민해 보는 것도 나쁘지 않을 것이다.

옮긴이 김은령

찾아보기

| ㄱ |

가브리엘 다눈치오 _ 222
가스통 두메르그 _ 211
가스파르 드 콜리니 _ 81
가츠시카 호쿠사이 _ 213
갈릴레오 갈릴레이 _ 139
거트루드 로렌스 _ 142
거트루드 스타인 _ 171
게리 스완 _ 240
게바르트 폰 불뤼허 _ 15
게오르그 뷔히너 _ 210
게오르그 폴스터 _ 20
게오르그 프리드리히 헤겔 _ 225
고드프리 털 경 _ 28
고든 포셋 햄비 _ 94
고팔 고세 나라얀 아팔 _ 59
공자 _ 154
광서제 _ 225
교황 알렉산더 6세 _ 32
교황 요한 바오로 1세 _ 82
구스타브 말러 _ 170
구스타브 홀스트 _ 113
구스타브스 아돌프스 2세 _ 38
군터 폰 클루제 _ 236
그램 파슨스 _ 116
그레고리 7세 _ 225
그레이스 닷지 _ 19
그로버 클리블랜드 _ 223

| ㄴ |

나사렛 예수 _ 194
나폴레옹 2세 _ 43
나폴레옹 3세 _ 43
나폴레옹 보나파르트 _ 56
낫 치 마이 _ 62
내서니얼 보디치 _ 153
네드 켈리 _ 97
네비 챔벌레인 _ 154
네빌 히스 _ 94
네이션 헤일 _ 60
넵튠 _ 75
노만 베셀 소령 _ 122
노아 웹스터 _ 64
노아 포터 _ 26
노엘 코워드 _ 107
니콜라스 루빈스타인 _ 205
니콜라스 브왈로 _ 106
니콜라이 고골리 _ 225
니콜로 마키아벨리 _ 126
니콜로 반제티 _ 105

| ㄷ |

다니엘 드레이퍼 _ 81
다니엘 디포 _ 136
다니엘 블레이크 _ 153
다리우스 3세 _ 35
다미안 신부 _ 123
대 야고보 _ 189
더글러스 페어뱅크스 시니어 _ 110
더치 슐츠 _ 171
던디 자작 _ 51
데니스 디드로 _ 168
데모낙스 _ 107
데모스테네스 _ 231
데시데리우스 에라스무스 _ 180
데이비드 그레이엄 필립스 _ 83
데이비드 리빙스턴 _ 142
데이비드 브레이너드 _ 177
데이비드 비튼 추기경 _ 176
데이비드 치트라우스 _ 135
데이비드 칼라쿠아 _ 40
데이비드 흄 _ 157
데카브리스트 _ 70

도나티엔 알퐁스 프랑수와,
　　사드 후작 _ 217
도로시 파커 _ 145
도로시 W. 패티슨 _ 159
도미니크 부우르 _ 122
도조 히데키 _ 173
돈 로드리고 칼데론 _ 122
돌리 매디슨 _ 25
드라자 미하일로비치 _ 62
드와이트 리만 무디 _ 170
드와이트 D. 아이젠하워 _ 179
디디우스 줄리아누스 _ 35
디오게네스 더 사이닉 _ 155
딜란 토마스 _ 148

| ㄹ |

라 리비에르 드 바일리 _ 152
라몬 마리아 나르베즈 _ 115
라이너 마리아 릴케 _ 217
라이오넬 배리모어 _ 122
라파엘 _ 128
라파엘 사바티에 _ 217
라파이에트 부인 _ 24
라파이에트 후작 _ 114
란존 드 비롱 공작 _ 87
랄프 애버크롬비 경 _ 48
랄프 어스킨 _ 123
랄프 왈도 에머슨 _ 20
랍비 아키바 _ 68
래드클리프 홀 _ 125
래프카디오 헌 _ 200
레오 10세 _ 82
레오 니콜라예비치 톨스토이 _ 173
레오나르도 다 빈치 _ 218
레오폴드 1세 _ 40
레오폴드 2세 _ 40
레온 블룸 _ 106
레온 초골츠 _ 58

레온 트로츠키 _ 83
레옹 감베타 _ 21
레이몬드 페르난데스 _ 71
레지날드 드 코븐 _ 126
로렌스 오츠 대위 _ 76
로렌조 드 메디치 _ 203
로버트 데브로, 2대 에섹스 공작 _ 92
로버트 레이 박사 _ 237
로버트 루이 스티븐슨 _ 217
로버트 버튼 _ 167
로버트 번스 경 _ 199
로버트 보일 _ 177
로버트 브라우닝 _ 16
로버트 브루스, 스코틀랜드 왕 _ 57
로버트 브루스,
　　스코틀랜드 신학자 _ 177
로버트 브루킹스 _ 16
로버트 오하라 버크 _ 70
로버트 팰컨 스콧 _ 63
로버트 하우스먼 _ 200
로버트 헤어 _ 213
로버트 호커 _ 180
로버트 A. 태프트 _ 28
로베르 다미엥 _ 211
로베르 블룸 _ 56
로비 로스 _ 171
로저 '더 테러블' 투이 _ 104
로저 케이스먼트 _ 211
로즈 로댕 _ 26
로칠리오 바니니 _ 162
로타 1세 _ 40
론스데일 경 _ 24
롤라 몬테즈 _ 158
롤랑 드 라 플라티에르 _ 238
롤랜드 테일러 목사 _ 104
루 월리스 _ 129
루더포드 B. 헤이스 _ 111
루돌프 발렌티노 _ 118

루드비히 라이하르트 박사 _ 142
루드비히 벡 장군 _ 198
루드비히 본 _ 153
루르드의 성 베르나데트
　　수비루스 _ 187
루스 스나이더 _ 103
루시 스톤 _ 147
루시우스 아나에우스 세네카 _ 239
루이 13세 _ 40
루이 14세 _ 41
루이 15세 _ 40
루이 16세 _ 40
루이 17세 _ 40
루이 18세 _ 41
루이 1세 _ 40
루이 1세, 부르봉가 _ 41
루이 2세, 부르봉가 _ 41
루이 드 도팽 _ 41
루이 드 카모엔스 _ 57
루이 바르투 _ 198
루이 아가시 _ 68
루이 파스퇴르 _ 203
루이, 리슐리외 공작 _ 217
루이스 스톤 _ 147
루이스 아미스테드 장군 _ 50
루이스 캐럴 _ 154
루이스 터크 스탠튼 _ 171
루이자 M. 앨콧 _ 152
루이즈 _ 41
루이즈 세르망 _ 173
루이지 피란델로 _ 170
루크레치아 보르지아 _ 198
루트비히 폰 베토벤 _ 107
루퍼스 W. 그리스올드 _ 139
루페 벨레즈 _ 240
르네 데카르트 _ 124
르네 드 샤토브리앙 _ 135
르뮤엘 하인즈 목사 _ 180

리 헌트 _ 125
리처드 1세 _ 45
리처드 3세 _ 45
리처드 그렌빌 경 _ 59
리처드 럼볼드 _ 147
리처드 미들턴 _ 237
리처드 박스터 _ 176
리처드 버튼 경 _ 199
리처드 브로클스비 _ 222
리처드 왓슨 길더 _ 156
리처드 유진 히콕 _ 95
리처드 하딩 데이비스 _ 58
리처드 할리버튼 _ 213
리처드 해리스 바험 _ 14
리처드 힐러리 _ 113
리트마이스터 맨프레드 프레이어
  폰 리히트호펜 _ 52
리튼 스트래치 _ 148
리하르트 바그너 _ 118

| ㅁ |

마가렛 _ 42
마가렛 노블 _ 145
마가렛 폭스 _ 20
마그다 괴벨스 _ 234
마담 드 스타엘 _ 155
마담 루이즈 _ 41
마담 엘리자베스 _ 36
마레샬 드 메일리 _ 75
마르셀 프루스트 _ 26
마르코스 보차리 _ 56
마르쿠스 리비우스 드루수스 _ 59
마르쿠스 셀비우스 오토 _ 44
마르쿠스 아우렐리우스 _ 34
마르쿠스 안토니우스 _ 68
마르쿠스 주니우스 브루투스 _ 51
마르쿠스 툴리우스 키케로 _ 70
마리 베체라 _ 47

마리 앙투아네트 _ 42
마리 퀴리 _ 155
마리 테레즈 루이즈, 람발의 왕녀 _ 40
마리 투소 _ 29
마리 프랑수와 사디 카르노 _ 83
마리아 몬테소리 _ 215
마리아 테레사 _ 43
마사 벡 _ 80
마오쩌둥 _ 62
마운트 로얄, 스트라트코나 남작 _ 183
마이라 벨 스타 _ 171
마이클 드레이튼 _ 19
마이클 카모디 _ 57
마이클 콜린스 _ 81
마일즈 코르벳 _ 91
마조리 플레밍 _ 20
마크 트웨인 _ 28
마크 한나 _ 140
마타 하리 _ 98
마티아스 브린스덴 _ 88
마틴 루터 _ 142
마틴 루터 킹 _ 182
마틴 부서 _ 177
마틴 조지 쏜 _ 104
막스 베어 _ 198
막스 비어봄 _ 153
막시밀리앙 드 로베스피에르 _ 101
막시밀리언 _ 43
말콤 X _ 83
매튜 모우리 _ 170
매튜 헨리 _ 124
메리 1세 _ 43
메리 2세 _ 43
메리 구치 _ 21
메리 리온 _ 181
메리 베이커 에디 _ 179
메리 서랫 _ 104
메리 에드몬드슨 _ 110

메리 울스턴크래프트 _ 149
메리 워틀리 몬태규 _ 127
메리, 스코틀랜드의 여왕 _ 43
메리언 크로포드 _ 167
메이어 엠셜 로칠드 _ 146
메테르니히 백작 _ 62
메허르 바바 _ 114
모건 어프 _ 155
모데스트 페트로비치
  무소르그스키 _ 216
모리스 라벨 _ 159
모리스 메테르링크 _ 25
모리스 바링 _ 15
모리스 삭스 백작 _ 128
모하메드 _ 191
모한다스 카람찬드 간디 _ 188
몰리에르 _ 115
몽모랑시 공작 _ 144
몽칼므 후작 _ 52
미구엘 드 세르반테스 _ 17
미스터 언더힐 _ 183
미친 앤소니, 웨인 _ 53
미켈란젤로 부오나로티 _ 115

| ㅂ |

바루크 스피노자 _ 218
바르톨로뮤 사코 _ 101
바바르 _ 34
바스코 누네즈 드 발보아 _ 86
바실리 타라킨 _ 116
박정희 대통령 _ 115
밥 돌튼 _ 70
버나드 코이 _ 70
버지니아 울프 _ 240
베너러블 비드 _ 176
베네딕트 아놀드 _ 86
베니토 무솔리니 _ 98
베렝게 드 투르 _ 218

베르게루스_ 176
베르나르 드 라 비으,
  라세페드 백작_ 142
베르나르드 퐁트넬_ 123
베르톨트 브레히트_ 108
베르트랑 뒤 게스클랭_ 51
베스토제프_ 222
베아트리체 첸치_ 90
베아트릭스_ 34
베아트릭스 포터_ 115
벤 트래버스_ 148
벤자맹 콩스탕_ 107
벤자민 디즈레일_ 110
벤자민 러쉬_ 27
벤자민 프랭클린_ 139
보니 파커_ 77
보리스 파스테르나크_ 115
보에티 드 생 로랑 데르고르스_ 182
볼테르_ 148
볼프강 아마데우스 모차르트_ 145
부커 T. 워싱턴_ 205
붉은 옷옷_ 63
붓다_ 186
브라시다스_ 106
브라이언 존스_ 201
블라디미르 마야코프스키_ 143
블레즈 파스칼_ 182
비오 10세_ 226
비오 9세_ 182
비텔리우스_ 47
비토리아 아코람보니_ 80
비토리오 알피에리_ 14
빅터 엠마뉴엘 2세_ 47
빅토르 위고_ 169
빅토리아_ 47
빈세트 반 고흐_ 213
빈센테 블라스코 이바네즈_ 169
빌리 더 키드_ 69

빌헬름 헤이_ 202
빌헬름, 침묵왕_ 47
빙 크로스비_ 107

| ㅅ |
사도 요한_ 190
사무엘 가스 경_ 124
사무엘 모스_ 127
사무엘 버틀러_ 154
사무엘 존스_ 24
사무엘 콜트_ 155
사무엘 테일러 콜리지_ 18
사무엘 홉킨스 목사_ 113
사울_ 46
사이몬 드 몬포트_ 52
사이몬 프레이저, 12대 로밧 남작_ 21
사포_ 28
산드로 산드리_ 227
살라딘_ 46
살바토르 로사_ 161
삼손_ 146
샘 푸이_ 94
생 루이_ 40
생 장 밥티스트 드 라 살르_ 190
샤르미온_ 35
샤를 5세_ 34
샤를 8세_ 34
샤를 9세_ 35
샤를 노디에르_ 215
샤를 모리스 들 탈레랑-페리고르_ 116
샤를로트 엘리자베스, 오를레앙
  공작부인_ 127
샤를로트 코르데이_ 91
샤를롯 길먼_ 232
샤를롯 뮤_ 237
샤를롯 브론테_ 211
샤를.루이 드 스공다,
  몽테스키외 백작_ 181

샤를르 데브로르_ 137
샤를드 베두와예르_ 69
샤를마뉴 대제_ 34
서태후_ 35
성 도마_ 195
성 도미니크_ 188
성 로렌스_ 190
성 루시_ 190
성 마가_ 191
성 마가렛_ 191
성 마리아 고레티_ 189
성 모니카_ 191
성 바울_ 193
성 베드로_ 193
성 베르나르_ 187
성 보니파스_ 187
성 사비니아누스_ 193
성 세실리아_ 188
성 세쿤두스_ 195
성 스테판_ 195
성 아가타_ 186
성 아샤르_ 186
성 안드레_ 186
성 암브로시오_ 186
성 엘로이_ 189
성 이그나시우스 로욜라_ 190
성 잔다르크_ 190
성 카를로 보로메오_ 187
성 쿠트버트_ 188
성 크리소고누스_ 188
성 크리스토퍼_ 188
성 키프리아누스_ 188
성 테오도라_ 195
성 테오도어_ 195
성 토마스 베케트_ 80
성 토마스 아퀴나스_ 187
성 팬크라티우스_ 191
성 폴리누스_ 193

성 폴리카프 _ 193
성 프란시스 자비에 카브리니 _ 107
성 프로타시우스 _ 193
성 프리스카 _ 192
성 힐다 _ 189
성 힐러리 _ 213
세르비우스 셀피시우스 갈바 _ 37
세베루스 _ 28
셀리나 해스팅스,
　헌팅던 백작부인 _ 125
셉티무스 세베루스 _ 46
소크라테스 _ 239
소피아 피바디 _ 26
솔 바울즈 _ 16
솔로몬 로스바흐 _ 239
솔로몬 풋 _ 168
수브리우스 플라부스 _ 94
슈발리에 드 라 바르 _ 87
스키피오 나시카 _ 75
스타니슬라우스 1세 _ 46
스탠리 스펜서 경 _ 205
스테판 츠바이크 _ 240
스테판 A. 더글러스 _ 19
스튜어트 앨솝 _ 152
스티븐 가디너 _ 224
스티븐 맥케나 _ 143
스티븐 워드 _ 227
스티븐 콜린스 포스터 _ 20
시드니 스미스 _ 147
시드니 허버트,
　리아의 허버트 공 _ 124
시메온 칼혼 _ 178
시모니아데스 _ 53
시몬 뒤보프 _ 71
시몬 볼리바르 _ 167
시에나의 성 캐서린 _ 187
식스투스 _ 195
신원 미상 _ 230

신원 미상의 17세 소녀 _ 230
신원 미상의 미국 노동자 _ 230
신원 미상의 약제사 _ 230
신원 미상의 연기 지망생 _ 230
신원 미상의 의사 _ 230
실비오 펠리코 _ 127
싱클레어 루이스 _ 126
쑨 원 _ 64

| ㅇ |

아구스틴 드 이투르비데 _ 60
아그리파 도빈 _ 14
아그리피나 _ 222
아나톨 프랑스 _ 21
아낙사고라스 _ 14
아낙사비우스 _ 50
아더 머피 _ 127
아더 버나드 쿡 _ 136
아더 브리스베인 _ 177
아더 울프 _ 64
아더 웰레슬리, 웰링턴 공작 _ 118
아더 코난 도일 경 _ 18
아돌프 히틀러 _ 141
아드리엔느 르쿠브뢰르 _ 181
아라곤의 캐서린 _ 34
아라투스 _ 222
아론 '도박사' 미첼 _ 181
아르망-장 뒤 플레시,
　리슐리외 추기경 _ 161
아르키메데스 _ 69
아르타 크세르크세스 1세 _ 33
아멜리아 에어하트 _ 137
아멜리아 오피 _ 216
아브드 알라 이븐 아즈 주바이어 _ 206
아브드-에르-라만 _ 152
아브라함 링컨 _ 114
아브람 S. 휴이트 _ 157
아비멜렉 _ 32

아빌라의 성 테레사 _ 173
아스트로 추기경 _ 176
아시시의 성 프란시스 _ 189
아우구스투스 _ 33
아우란제브 _ 33
아이삭 와츠 _ 130
아이작 뉴튼 경 _ 160
아이작 스트라우스 부인 _ 76
아이작 피트먼 경 _ 127
아이크 클랜튼 _ 70
아주노르드 가스파렝 백작 _ 21
아치볼드 카메론 _ 89
아치볼드 캠벨, 8대 아가일 백작 _ 86
안나 파블로바 _ 115
안느 뒤 부르 _ 153
안드레아 '휩스' 펠드만 _ 137
안드로니쿠스 1세 _ 32
안토니오 카노바 _ 178
안토니우스 파이우스 _ 33
안톤 루빈스타인 _ 217
안톤 파블로비치 체호프 _ 135
안티오크의 성 마가렛 _ 191
안티오크의 성 이그나시우스 _ 189
안티오크의 성 펠라지아 _ 193
알 좋슨 _ 157
알레이스터 크로울리 _ 136
알렉산더 1세 _ 32
알렉산더 2세 _ 32
알렉산더 그래엄 벨 _ 222
알렉산더 대왕 _ 32
알렉산더 보로딘 _ 15
알렉산더 울콧 _ 149
알렉산더 일리체브스키 _ 125
알렉산더 코르다 _ 24
알렉산더 포프 _ 161
알렉산더 푸시킨 _ 27
알렉산더 훔볼트 _ 125
알렉산드르 뒤마 _ 224

알론조 카노 _ 135
알리 마흐모드 엘레페시 _ 110
알반 베르그 _ 222
알베르 1세 _ 32
알브레히트 폰 할러 _ 156
알폰소 13세 _ 32
알프레도 콰하노 장군 _ 100
알프레드 드 뮈세 _ 158
알프레드 윌리엄스 _ 29
알프레드 햄스워스,
    노스클리프 공 _ 25
알프레드 L. 뒤퐁 _ 110
압둘 라만 칸 _ 40
앙드레 마지노 _ 143
앙드레 셰니에 _ 91
앙드레 지드 _ 124
앙리 1세, 브르봉 가 _ 199
앙리 4세 _ 38
앙리 그레고아르 _ 169
앙리 뒤낭 _ 136
앙리 드 생시몽 백작 _ 116
앙리 바르뷔스 _ 134
앙리에트 캉팡 _ 154
앙투안 카렘므 _ 135
애덤 나르셰비치 _ 226
애덤 스미스 _ 163
애봇 주교 _ 176
애비게일 애덤스 _ 14
앤 길버트 _ 21
앤 볼린 _ 210
앤 브론테 _ 16
앤 여왕 _ 33
앤 코폴라 _ 223
앤드류 잭슨 _ 225
앤드류 카네기 _ 154
앤드류 풀러 _ 179
앤소니 노리스 그로브스 _ 22
앤소니 배빙톤 _ 86

앤소니 베네젯 _ 15
앤소니 트롤로프 _ 162
앤소니 피어슨 _ 99
앤젤리카 카우프먼 _ 125
앨런 긴스버그 _ 111
앨리스 애덤스 _ 14
앨버트 피시 _ 94
앨버트, 색스-코부르-고다 공 _ 32
앰벌리 자작 _ 14
야곱 _ 60
야로슬라브 하첵 _ 225
얀 지스카 _ 64
얀 파레데프스키 _ 203
어네스트 새클튼 경 _ 227
어빙 탈버그 _ 29
어윈 롬멜 _ 239
얼 넬슨 _ 98
에곤 쉴레 _ 83
에단 앨런 _ 68
에델 워터스 _ 129
에두아르트 데케르 _ 168
에드가 앨런 포 _ 216
에드나 세인트 빈센트 밀레이 _ 144
에드먼드 고스 경 _ 124
에드먼드 에드워즈 _ 19
에드먼드 캠피온 _ 17
에드바르 그리그 _ 156
에드워드 1세 _ 35
에드워드 2세 _ 36
에드워드 6세 _ 36
에드워드 7세 _ 36
에드워드 8세 _ 36
에드워드 기번 _ 179
에드워드 '데스 밸리 스코티'
    스코트 _ 76
에드워드 마커스 데스파드 대령 _ 92
에드워드 브래도독 _ 50
에드워드 스메들리 목사 _ 128

에드워드 앨더슨 _ 152
에드워드 윌슨 _ 163
에드워드 코크 경 _ 178
에드워드 코플스톤 _ 178
에드워드 G. 로빈슨 _ 146
에르네스트 르낭 _ 128
에른스트 로엄 _ 83
에른스트 커티우스 _ 178
에리히 폰 스트론하임 _ 217
에메랄드 쿠나드 _ 136
에밀 졸라 _ 118
에밀리 디킨슨 _ 155
에밀리 브론테 _ 153
에바리스트 갈루아 _ 82
에이미 허친슨 _ 93
에텔 로젠버그 _ 101
에티엔느 세낭쿠르 _ 182
에피쿠로스 _ 20
엑토르 베를리오즈 _ 15
엔리코 카루소 _ 199
엘드리지 브룩스 _ 177
엘리 메치니코프 _ 144
엘리노어 와일리 _ 206
엘리자 보나파르트 _ 223
엘리자베스 1세 _ 36
엘리자베스 바렛 브라우닝 _ 16
엘리자베스 브랜치와 그녀의 딸
    메리 _ 88
엘리자베스 시튼 _ 182
엘리자베스 치버스 _ 211
엘리자베스 캐디 스탠튼 _ 147
엘리자베스 크리스틴 _ 36
엘비스 프레슬리 _ 145
엠브로스 비어스 _ 81
여호람 _ 39
오 헨리 _ 169
오거스트 스트린드버그 _ 161
오거스트 스파이스 _ 103

오거스틴 코칭 _ 58
오귀스트 로댕 _ 146
오귀스트 생 고뎅 _ 171
오귀스트 콩트 _ 223
오노레 가브리엘 리퀘티,
　미라보 백작 _ 215
오노레 드 발자크 _ 134
오브리 비어즐리 _ 198
오스카 _ 43
오스카 와일드 _ 149
오스트리아 앤 공주 _ 32
오스트리아의 돈 카를로스 _ 198
오스트리아의 마거렛 _ 41
오스트리아의 마리아 테레지아 _ 42
오웬 메레디스 _ 203
오토 릴리엔탈 _ 52
오토 폰 비스마르크 백작 _ 57
오트마 메르겐탈러 _ 25
올리버 크롬웰 _ 155
올리브 슈라이너 _ 205
요세프 2세 _ 39
요셉 괴벨스 _ 233
요하네스 브람스 _ 16
요하네스 케플러 _ 180
요하임 뮤라 _ 43
요하임 폰 리벤트로프 _ 63
요한 게오르규 야코비 _ 142
요한 고트프리트 조이메 _ 28
요한 반벨트 _ 152
요한 베사리온 _ 176
요한 베이스도우 _ 134
요한 볼프강 폰 괴테 _ 200
요한 뷔허 _ 16
요한 브레이팅거 _ 177
요한 스트라우스 _ 162
요한 크리스토프 프리드리히 폰
　실러 _ 171
요한 파우스트 _ 168
요한 피히테 _ 111
요한 필립 팜 _ 98
우렌 G. 하딩 _ 200
우리엘 아코스타 _ 199
울리히 츠빙글리 _ 119
울시 추기경 _ 29
워렌 해스팅스 _ 213
워싱턴 어빙 _ 213
워험 대주교 _ 118
월터 데브로 _ 19
월터 렐리 경 _ 100
월터 스콧 경 _ 116
월터 파쿠아 후크 _ 157
월터 화이트 _ 149
월테오프 _ 105
위고 그로티우스 _ 225
위니프레드 홀트비 _ 140
윈스턴 처칠 _ 123
윌 헤이 _ 156
윌리엄 2세 _ 47
윌리엄 3세 _ 47
윌리엄 고드윈 _ 139
윌리엄 고드프리 _ 179
윌리엄 그래엄 _ 156
윌리엄 맥킨리 _ 82
윌리엄 모리스 _ 25
윌리엄 바클레이
　'배트' 마스터슨 _ 143
윌리엄 바티 _ 210
윌리엄 버틀러 예이츠 _ 117
윌리엄 브레르튼 _ 88
윌리엄 블레이크 _ 15
윌리엄 '빅 빌' 톰슨 _ 129
윌리엄 세실, 벌리 경 _ 16
윌리엄 셰익스피어 _ 147
윌리엄 슈웽크 길버트 경 _ 111
윌리엄 엘러리 채닝 _ 154
윌리엄 와일드 경 _ 29
윌리엄 우드빌 _ 163
윌리엄 워즈워드 _ 29
윌리엄 위철리 _ 29
윌리엄 이워트 글래드스톤 _ 156
윌리엄 잉지 _ 180
윌리엄 제닝스 브라이언 _ 180
윌리엄 제이 _ 215
윌리엄 존스 _ 74
윌리엄 캑스턴 _ 178
윌리엄 콜링번 _ 90
윌리엄 쿨렌 _ 107
윌리엄 패터슨 _ 216
윌리엄 펜 _ 182
윌리엄 포프 _ 216
윌리엄 피트 1세, 대피트 _ 63
윌리엄 피트 2세, 소피트 _ 63
윌리엄 하워드, 스태포드 자작 _ 95
윌리엄 핫먼 _ 74
윌리엄 해즐릿 _ 124
윌리엄 헌터 _ 142
윌리엄 휘태커 _ 130
윌리엄 B. 트래비스 _ 53
윌리엄 C. 휘트니 _ 205
윌리엄 H. 밴더빌트 _ 218
윌리엄 H. 맥거프리 _ 201
윌리엄 H. 프레스콧 _ 26
윌리엄 L. '캡 앤 밥' 얀시 _ 206
윌리엄, 정복왕 _ 47
월버 피스크 _ 20
윌슨 미즈너 _ 144
유다 이스카리오 _ 236
유렐리 코렐리 힐 _ 124
유진 비독 _ 129
유진 아람 _ 166
유클레스 _ 51
율리시스 S. 그랜트 _ 22
율리우스 쉬트라이허 _ 104
이디스 카벨 _ 58

이름 없는 멕시코의 양도둑 _ 68
이름이 밝혀지지 않은 축구팬 _ 80
이름이 밝혀지지 않은
　프랑스 귀족 _ 134
이름이 알려지지 않은
　〈뉴욕 월드〉지의 기자 _ 134
이반 투르게네프 _ 218
이사도라 던컨 _ 137
이사벨라 여왕 _ 39
이사포 묵시카 크로우풋 _ 167
이집트의 성 앤소니 _ 186
이토 히로부미 _ 81
일라이야 임피 경 _ 24
임마누엘 칸트 _ 127

ㅈ

자크 다비드 _ 167
자크 바슈 _ 240
자크 클레망 _ 90
작은 야고보 _ 190
잔느 베퀴, 바리 백작부인 _ 210
잔느 앙투와네트 프와송 _ 204
잔느-마리 롤랑 드라
　플라티에르 _ 101
장 란느, 몽트벨로 공작 _ 52
장 메셀리에 _ 225
장 밥티스트 룰리 _ 215
장 밥티스트 코로 _ 136
장 빅토르 모로 _ 127
장 실뱅 베일리 _ 86
장 윔베르 장군 _ 52
장 자크 루소 _ 171
장 폴 마라 _ 203
장 프랑수와 뒤코 _ 92
장 E. 뒤랑티 _ 81
장자 _ 111
재커리 테일러 _ 162
잭 미튼 _ 115

잭 B. 예이츠 _ 118
제논 _ 163
제레미 벤담 _ 15
제로니모 _ 224
제시 제임스 _ 74
제인 애덤스 _ 134
제인 오스틴 _ 167
제인 칼라일 _ 154
제임스 2세 _ 39
제임스 5세 _ 39
제임스 더글러스 경 _ 59
제임스 더글러스, 4대 모튼 백작 _ 92
제임스 딘 _ 224
제임스 로렌스 함장 _ 52
제임스 맥퍼슨 _ 97
제임스 버틀러 히콕 _ 74
제임스 베인엄 _ 86
제임스 부캐넌 _ 57
제임스 스콧, 먼머스 공작 _ 98
제임스 와트 _ 163
제임스 울프 장군 _ 53
제임스 잉스 _ 95
제임스 조이스 _ 225
제임스 칼드클로 _ 89
제임스 크롤 _ 107
제임스 해크먼 _ 22
제임스 헐 _ 23
제임스 J. 워커 _ 205
제임스 M. 배리 경 _ 152
제임스 V. 포레스탈 _ 233
제임스 W. 로저스 _ 101
제툴리오 바르가스 _ 64
제퍼슨 데이비스 _ 200
조나단 스위프트 _ 227
조나산 에드워즈 _ 179
조나스 한웨이 _ 156
조니 토리오 _ 76
조르주 당통 _ 92

조르주 비제 _ 210
조르주 상드 _ 28
조르주 퀴비에 남작 _ 123
조르주 클레망소 _ 58
조세핀 드 보아르나이 _ 39
조셉 골드버거 _ 200
조셉 뒤플레 후작 _ 224
조셉 라카날 _ 215
조셉 버틀러 _ 106
조셉 뷰몬트 목사 _ 176
조셉 애디슨 _ 14
조셉 장가라 _ 105
조셉 퓰리처 _ 204
조셉 프리스틀리 _ 182
조슈아 레이놀즈 경 _ 128
조지 4세 _ 37
조지 5세 _ 37
조지 길필런 _ 179
조지 깁 _ 139
조지 더프 대령 _ 51
조지 로렌스 필킹턴 _ 26
조지 리슬 경 _ 75
조지 바이런 경 _ 70
조지 버나드 쇼 _ 147
조지 베이어드 장군 _ 50
조지 '보' 브럼멜 _ 106
조지 부캐넌 _ 106
조지 브릭스 _ 210
조지 샌더스 _ 239
조지 스멀리지 _ 116
조지 엘리엇 _ 211
조지 오웰 _ 144
조지 워싱턴 _ 130
조지 위샤트 _ 105
조지 워싱턴 고에탈스 _ 139
조지 이스트먼 _ 231
조지 잭슨 _ 74
조지 캐스카트 _ 50

조지 커스터 장군 _ 50
조지 코길 _ 135
조지 포다이스 _ 156
조지 폭스 _ 179
조지 휘트필드 _ 183
조지 M. 비어드 _ 134
조지 S. 카우프먼 _ 114
조지, 초대 리텔튼 남작 _ 24
존 _ 39
존 골스워디 _ 224
존 녹스 _ 180
존 던 _ 123
존 데이비슨 _ 231
존 두들리, 노덤벌랜드 공작 _ 92
존 러브조이 엘리옷 _ 20
존 로크 _ 181
존 리 '소니 보이' 윌리엄슨 _ 205
존 밀링튼 싱 _ 162
존 배리모어 _ 122
존 번연 _ 177
존 벨링엄 _ 87
존 보일 오레일리 _ 26
존 브라운 _ 89
존 브래드포드 _ 87
존 샤프 윌리엄스 _ 130
존 셔먼 _ 205
존 스콧 엘든 경 _ 110
존 스튜어트 경 _ 129
존 스튜어트 밀 _ 126
존 안드레 _ 86
존 '애니 버드' 벨 _ 87
존 애덤스 _ 166
존 애덤스 박사 _ 56
존 에릭슨 _ 123
존 에버릿 밀레이 경 _ 25
존 오웬 _ 181
존 울먼 _ 183
존 윌콧 박사 _ 218

존 웨슬리 _ 130
존 웨슬리 하딩 _ 74
존 윌크스 부스 _ 56
존 제이 _ 142
존 카터렛, 그랜빌 백작 _ 59
존 칼뱅 _ 210
존 퀸시 애덤스 _ 14
존 크롬 _ 18
존 톨러, 노버리 공 _ 145
존 키츠 _ 226
존 키토 _ 201
존 팔머 _ 159
존 페인 _ 203
존 펜루오덕 대령 _ 99
존 포드 _ 200
존 프리트 할리 _ 140
존 플래킷 _ 100
존 피어폰트 모건 _ 203
존 피츠제럴드 케네디 _ 82
존 필폿 쿠란 _ 155
존 하우 _ 113
존 하우튼 신부 _ 95
존 하워드 _ 113
존 행콕 _ 111
존 A. 달그렌 _ 18
존 A. 모어헤드 _ 203
존 C. 칼훈 _ 57
존 J. 오두본 _ 122
주세페 가리발디 _ 59
주세페 마치니 _ 181
줄리 드 레카미에 _ 128
줄리아 마가렛 카메론 _ 122
줄리우스 로젠버그 _ 101
줄리우스 아그레스티스 _ 230
줄리우스 카이사르 _ 39
줄피카 알리 부토 _ 87
쥘 마자랭 _ 215
쥘 미슐레 _ 170

쥘 베른 _ 29
쥘 조셉 보노 _ 69
지롤라모 올지아티 _ 98
지아코모 레오파르디 _ 201
지아코모 푸치니 _ 26
지오다노 브루노 _ 69
지오바니 지아코모 카사노바 _ 107
지오아키노 로시니 _ 27
지한기르 _ 37
진 세버그 _ 239
짐 존스 목사 _ 236

| ㅊ |

찰리 스타크웨더 _ 104
찰스 1세 _ 34
찰스 2세 _ 34
찰스 다윈 _ 110
찰스 디킨스 _ 19
찰스 램 _ 215
찰스 루카스 경 _ 75
찰스 리드 _ 170
찰스 벨 경 _ 15
찰스 섬너 _ 148
찰스 애봇 _ 166
찰스 엘리엇 경 _ 19
찰스 울프 _ 206
찰스 워너 _ 118
찰스 웨슬리 _ 130
찰스 '차이니스' 고든 장군 _ 51
찰스 처칠 _ 223
찰스 칼렙 콜튼 _ 231
찰스 캐럴 _ 17
찰스 코핀 _ 199
찰스 킹슬리 _ 180
찰스 프로만 _ 81
찰스 피스 _ 76
찰스 휘트먼 _ 105
창과 잉 _ 211

체로키 빌 _ 90

| ㅋ |

카롤 랜디스 _ 236
카르타고의 장군인 하스드루발의
　아내 _ 74
카미유 데스물랭 _ 224
카이사르 파베세 _ 238
카이우스 카시우스 _ 222
카테리 테카휘타 _ 183
카트린 드 메디치 _ 158
칼 로디 _ 61
칼 마르크스 _ 225
칼 브란트 장군 _ 56
칼 왈렌다 _ 148
칼 테오도어 쾨르너 _ 52
칼 판츠럼 _ 99
칼리굴라 _ 107
칼리아예프 _ 97
칼리크라테스 _ 57
캐롤린 소피아 _ 34
캐서린 노튼 _ 181
캐서린 맨스필드 _ 158
캐서린 하워드 _ 39
캔터베리의 성 안셀름 _ 186
캘빈 쿨리지 _ 18
케네스 렉스로스 _ 161
케리 그랜트 _ 139
코르넬리우스 밴더빌트 _ 183
코벤트리 팻모어 _ 182
코튼 마더 _ 126
콘라딘 _ 40
콘스탄스 베넷 _ 134
콜레트 _ 167
쿠사카베 _ 97
크리스마스 에반스 _ 20
크리스찬 야콥 크라우스 _ 157
크리스토퍼 슬러터우드 _ 103

크리스토퍼 콜럼부스 _ 179
크리스토프 비렌드 _ 163
크리스티나 _ 35
크리스티나 로세티 _ 128
클라라 보 _ 106
클라레타 페타치 _ 203
클라우스 폰 스타우펜버그 백작 _ 64
클라크 게이블 _ 138
클래런스 바론 _ 134
클래리사 할로우 바튼 _ 152
클레오파트라 _ 35
클로드 베르나르 _ 166
클로디우스 살마시우스 _ 161
키루스 _ 35
키루스 대왕 _ 35

| ㅌ |

타이타닉 호 _ 116
탬벌레인 _ 46
테리 카스 _ 82
테어도르 루스벨트 _ 204
테오도르 베자 _ 15
테오도릭 황제 _ 46
테오도어 헤르첼 _ 140
테오파라스투스 _ 148
테옥세나 _ 76
테컴세 _ 53
토니 핸콕 _ 234
토마스 게인스버러 _ 124
토마스 그레이 _ 22
토마스 덴튼 _ 18
토마스 드 랭니 _ 142
토마스 러브 피콕 _ 145
토마스 모어 경 _ 99
토마스 배빙턴 매컬리,
　초대 매컬리 남작 _ 114
토마스 블러드 _ 106
토마스 알바 에디슨 _ 168

토마스 와이엇 경 _ 105
토마스 울스튼 _ 130
토마스 울프 _ 29
토마스 윌리엄 로버트슨 _ 27
토마스 제퍼슨 _ 62
토마스 체터튼 _ 231
토마스 칼라일 _ 154
토마스 코브든-샌더슨 _ 178
토마스 콜리 _ 212
토마스 크랜머 _ 91
토마스 크롬웰 _ 91
토마스 킹 _ 24
토마스 페인 _ 145
토마스 해리슨 _ 94
토마스 헉슬리 _ 113
토마스 헌터 목사 _ 95
토마스 홉스 _ 169
토마스 후드 _ 140
토마스 B. 모란 _ 75
토마스 B. 알드리치 _ 14
토스타인 베블렌 _ 162
톨로프 오카를란 _ 129
투루의 성 마르탱 _ 191
티코 브라헤 _ 222
티투스 _ 47
티투스 폼포니우스 아티쿠스 _ 33

| ㅍ |

파루크 _ 36
파벨 이바노비치 페스텔 _ 100
파블로 에스코바 _ 156
파블로 피카소 _ 127
파올로 파리나토 _ 20
파크 벤자민 _ 15
팔머스턴 경 _ 115
패트릭 헨리 _ 124
페니 고드윈 _ 233
페루치오 부조니 _ 16

페리 에드워드 스미스_ 103
페리클레스_ 43
페텡 원수_ 203
펠리시아 헤먼스_ 180
펠릭스 멘델스존_ 158
펠릭스 아르베르_ 152
포르투갈의 피터 왕자_ 45
폴 고갱_ 200
폴 두메르_ 155
폴 번_ 230
폴 베를렌_ 205
폴 세잔_ 223
폴 스카롱_ 128
폴 지그프리드_ 64
폴 L. 던바_ 178
폴과 제르멘 리유보_ 237
폴린 보나파르트_ 222
폴크 베르나도트 백작_ 80
표트르 3세_ 45
표트르 대제_ 45
프라 파올로 사르피_ 146
프라하의 성 제롬_ 190
프랜시스 마리온 장군_ 114
프랜시스 버클랜드_ 167
프랜시스 베이컨_ 122
프랜시스 호지슨 버넷_ 153
프란츠 레하르_ 157
프란츠 리스트_ 169
프란츠 보아스_ 134
프란츠 슈베르트_ 161
프란츠 요셉 하이든_ 111
프란츠 카프카_ 226
프란츠 페르디난도_ 37
프란츠 폰 시킹겐_ 183
프랑수와 기조_ 111
프랑수와 라 바일락_ 100
프랑수와 라블레_ 146
프랑수와 페넬롱_ 139

프랜시스 코브_ 17
프랭크 멀로_ 25
프랭클린 딜라노 루스벨트_ 204
프레데리카 브레머_ 177
프레데릭 3세_ 37
프레데릭 5세_ 37
프레데릭 고데_ 179
프레데릭 대왕_ 37
프레데릭 메리엇 선장_ 158
프레데릭 바스티아_ 210
프레데릭 쇼팽_ 211
프레데릭 윌리엄_ 37
프레데릭 프레벨_ 168
프레데릭 H. 슐라이어마허_ 204
프리드리히 야콥_ 213
프리드리히 클롭스톡_ 180
프리츠 서켈_ 104
플로렌스 마사 밀러_ 237
플로렌즈 지그펠드_ 173
플로린과 기용_ 231
플로티누스_ 159
피니어스 T. 바넘_ 134
피셔 에임스_ 176
피에르 라플라스_ 157
피에르 아벨라르_ 210
피에르 캄브론 제독_ 50
피에르 캉브론 사령관_ 167
피에르-오귀스트 르누아르_ 116
피에르-조셉-조르주 피노 드브엔_ 153
피에트로 아레티노_ 122
필 오치스_ 215
필록시네스_ 115
필리페 2세_ 45
필리페 3세_ 45
필리포 스트로치 2세_ 239
필립 멜랑크톤_ 126
필립 모르던트_ 238

필립 스탠호프_ 17
필립 시드니 경_ 52
필립 해머튼_ 60

| ㅎ |

하드리아누스 황제_ 38
하룬 알 라시드_ 38
하워드 휴즈_ 140
하인리히 4세_ 38
하인리히 폰 클라이스트_ 236
하인리히 하이네_ 111
하인리히 히믈러_ 234
한니발_ 234
한스 콜바인_ 97
한스 프랑크_ 59
합스부르그의 루돌프_ 46
해롤드 로스_ 146
해롤드 함스워스, 로더미어 자작_ 63
해리 홉킨스_ 113
해리 후디니_ 200
해리 S. 트루먼_ 148
해브록 엘리스_ 110
허먼 머젯_ 98
허먼 멜빌_ 170
허버트 비어봄 트리 경_ 148
허버트 크로프트_ 18
험프리 보가트_ 135
헤닝 폰 트레스코프_ 240
헤르만 노스나젤_ 158
헤르만 보어하브_ 177
헤르만 스트로트먼_ 162
헤르만 폰 카트_ 95
헤르만 헤세_ 140
헤리엇 뉴웰_ 215
헤리엇 마티노_ 114
헤리엇 비처 스토우_ 28
헨리 2세_ 38
헨리 4세_ 38

헨리 8세 _ 39
헨리 데이비드 소로 _ 173
헨리 로렌스 경 _ 62
헨리 롱펠로우 _ 215
헨리 루스 _ 181
헨리 매닝 추기경 _ 201
헨리 베인 경 _ 129
헨리 뷰포트 _ 198
헨리 세그레이브 경 _ 146
헨리 스타 _ 128
헨리 스튜어트, 단리 백작 _ 223
헨리 애덤스 _ 198
헨리 에그버트 대령 _ 51
헨리 우튼 경 _ 130
헨리 워드 비처 _ 166
헨리 웨인라이트 _ 227
헨리 제임스 _ 169
헨리 제임스 시니어 _ 125
헨리 캠벨-바너만 _ 107
헨리 커크 화이트 _ 118
헨리 팀로드 _ 205
헨리 퍼셀 _ 161
헨리 휘츠 대위 _ 105
헨리 H. 딕슨 _ 199
헨리, 볼링브로크 자작 _ 177
헨리, 웨일즈의 왕자 _ 39
헨리크 입센 _ 213
헬렌 헌트 잭슨 _ 60
호레이쇼 넬슨 경 _ 62
호레이스 부쉬넬 _ 178
호세 리잘 이 알론소 _ 217
호셀리토 _ 201
휴 라티머 _ 97
휴고 폰 호프만스탈 _ 234

A. T. 마한 _ 126
C. P. 스탠튼 _ 147
D. H. 로렌스 _ 201
e. e. 커밍스 _ 107
E. J. 스미스 선장 _ 76
F. 스코트 피츠제럴드 _ 111
G. K. 체스터튼 _ 167
G.E. 벤슨 _ 50
H. L. 멘켄 _ 143
J. E. B. 스튜어트 장군 _ 53
J. M. W. 터너 _ 173
M. 길레 _ 233
O. O. 매킨타이어 _ 24
PSA 182편 조종사 _ 80
S. S. 루시타니아 호 _ 157
T. E. 로렌스 _ 114
W. 그래엄 로버트슨 _ 204
W. 서머싯 몸 _ 143

| 기타 |

7명의 마카베 형제 _ 72
A. P. 도스티 _ 81

초판 1쇄인쇄 | 2004년 12월 10일
초판 1쇄발행 | 2004년 12월 15일

펴낸곳 | (주)청년의사
주소 | 서울시 마포구 성산동 53-2 우성빌딩 3층
전화 | (02)2646-0852
FAX | (02)2643-0852
전자우편 | webmaster@fromdoctor.com
홈페이지 | www.fromdoctor.com

마지막 1분
조나손 그린 엮음 | 김은령 옮김

펴낸이 | 이왕준
편집주간 | 박재영
책임편집 | 전지운(bookeditor@fromdoctor.com)
마케팅 | 박광운(spice@fromdoctor.com)
디자인 | 정희숙

ISBN 89-91232-03-5 03040
가격 9,800원